複数契約の
理論と実務
―判例法理から契約条項作成まで

筑波大学准教授 小林和子／弁護士 太田大三 編著

発行 ㊙ 民事法研究会

は し が き

　販売会社から商品をクレジットで購入すると、商品の引渡しは販売会社から消費者へ、代金の支払いは消費者からクレジット会社へなされる。また、収益を目的とした建物の建築に関する取決めの後、土地所有者から不動産会社が、建築された建物を賃借・管理し、転貸をすることがある。このように、1つの取引が複数の契約の履行により実現されることが現代では多くある。

　複数の契約はさまざまな場面で相互に依存しうる。1つの契約が終了すると、他方の契約も終了しうるし、1つの契約を解釈するとき、他方の契約の存在の影響を受けうる。

　本書の特徴の1つは、複数の契約が相互に依存するか否かを考えるときに、指針となりうる考え方を提示していることにある（第1部）。指針となりうる考え方では、複数の契約がどのように依存しているかを示すアプローチは、問題となった契約の内容や場面によって、さまざまであることを示している。

　この考え方は、まだ十分なものとは決していえない。しかし、第1部によって、読者が、複数の契約がどのように依存しているかを示すさまざまなアプローチについてより深く考えるようになり、また、この考え方が、読者にとって、今後、参考になりうる考え方となることができれば、誠に幸いである。

　第2部第1章・第3部第1章では、それぞれ2当事者間または3当事者以上の間において複数の契約が相互に依存するか否かが裁判で問題となった具体例を紹介している。具体例ごとに、関連する裁判例や学説を整理し、第1部で提示した考え方に基づき分析を行っている。

　一方、第2部第2章・第3部第2章では、2当事者間または3当事者以上の間において、ある契約（主契約）と、同契約と一定の関係にある他の契約（他契約）の双方が締結された場合に、他契約に関する事項が主契約に影響を与える可能性があることを考慮しつつ、実務的な観点から、紛争を未然に

はしがき

防止するための対応策等を検討している。なお、検討においては、特に主契約の契約書において、いかなる条項を設けるべきかという観点を重視した。

　最後になったが、本書を執筆する機会をくださった㈱民事法研究会、そして、南伸太郎氏（企画・編集・校正すべての段階において、全面的にサポートしてくださった）には、大変お世話になった。心からの感謝を申し上げる。

　平成25年10月吉日

　　　　　　　　　　　　　　　　　筑波大学准教授　小 林　和 子
　　　　　　　　　　　　　　　　　弁護士　　　　　太 田　大 三

＝凡　例＝

民集	最高裁判所民事判例集
集民	最高裁判所裁判集民事
最高裁HP	最高裁判所ホームページ裁判例情報
調査官解説	最高裁判所判例解説民事篇
判時	判例時報
判評	判例時報添付の判例評論
判タ	判例タイムズ
ジュリ	ジュリスト
別冊ジュリ	別冊ジュリスト
平成〇年度重判	平成〇年度重要判例解説（ジュリスト臨時増刊）
法教	法学教室
セレクト	判例セレクト（法学教室付録）
法協	法学協会雑誌
法時	法律時報
民商	民商法雑誌
金商	金融・商事判例
金法	金融法務事情
リマ	私法判例リマークス
法セ	法学セミナー
ひろば	法律のひろば
民研	民事研修
論叢	法学論叢
自研	自治研究

=目 次=

第1部 総論――複数契約へのアプローチ

Ⅰ　はじめに……………………………………………………………………2
Ⅱ　多様なアプローチの存在………………………………………………2
　1　複数の契約の「結び目」という視点 ………………………………3
　2　相互依存関係のアプローチ …………………………………………4
　　(1)　契約アプローチ …………………………………………………4
　　(2)　全体アプローチ …………………………………………………4
　　(3)　中間的アプローチ ………………………………………………5
　　(4)　小　括 ……………………………………………………………5
Ⅲ　全体の意義………………………………………………………………6
　1　契約を示す場合 ………………………………………………………6
　2　債権債務関係を示す場合 ……………………………………………7
　3　取引の目的を示す場合 ………………………………………………7
　4　経済的同一性を示す場合 ……………………………………………8
　5　契約の目的を示す場合 ………………………………………………9
Ⅳ　相互依存関係の再構成…………………………………………………9
　1　それぞれのアプローチが並存する場面 ……………………………10
　2　いずれかのアプローチが優位する場面 ……………………………11
　　(1)　中間的アプローチの優位性 ……………………………………11
　　(2)　全体アプローチの優位性 ………………………………………12
Ⅴ　まとめ……………………………………………………………………12

第2部　2者間の複数契約の法理と実務

第1章　2者間における複数契約の判例と法理 …………………14

はじめに ……………………………………………………………14
Ⅰ　契約の終了 ………………………………………………………14
　1　概　説 …………………………………………………………14
　2　公序良俗違反 …………………………………………………15
　　(1)　売買契約と金銭配当契約 …………………………………15
　　(2)　売買契約とモニター契約 …………………………………19
　　(3)　雇用契約と消費貸借契約 …………………………………24
　3　錯誤無効 ………………………………………………………26
　　(1)　準消費貸借契約と抵当権設定契約 ………………………26
　　(2)　売買契約と講習契約 ………………………………………30
　4　解　除 …………………………………………………………32
　　(1)　売買契約と賃貸借契約 ……………………………………33
　　(2)　売買契約と会員権契約 ……………………………………36
　　(3)　売買契約と在学契約 ………………………………………44
　　(4)　売買契約と請負契約 ………………………………………46
　　(5)　売買契約と管理契約 ………………………………………48
　　(6)　賃料保証契約と設計契約 …………………………………51
　　(7)　リース契約と売買契約（リースバック） ………………55
　5　期間満了 ………………………………………………………58
Ⅱ　契約の性質決定 ………………………………………………61
　1　概　説 …………………………………………………………61
　2　サブリース契約 ………………………………………………62
Ⅲ　契約の内容決定 ………………………………………………73

5

1　概　説 …………………………………………………………73
　　2　金銭消費貸借に係る第1契約と第2契約 ……………………73
　Ⅳ　相　殺 ………………………………………………………………87
　　1　概　説 …………………………………………………………87
　　2　金銭消費貸借に係る第1契約、第2契約と第3契約 ………87
　Ⅴ　同時履行の抗弁 ……………………………………………………92
　　1　概　説 …………………………………………………………92
　　2　売買契約と売買契約（継続的取引）…………………………92

第2章　2者間の複数契約における実務 ……………………95

はじめに ……………………………………………………………………95
　Ⅰ　売買契約に対する他の契約の影響（主契約が売買契約である場合）…96
　　1　売買契約と会員権契約（主契約が売買契約、他契約が会員権契約である場合）………………………………………………96
　　(1)　総　論 ………………………………………………………96
　　(2)　契約に関する当事者の認識 ………………………………96
　　(3)　会員権契約（他契約）が無効である場合 ………………98
　　　㈦　主契約に影響を及ぼさせる条項例／98
　　　㈣　主契約に影響を及ぼさせない条項例／98
　　(4)　会員権契約（他契約）に解除事由が発生した場合 ……99
　　　㈦　概　要／99
　　　㈣　民法（債権関係）改正の影響／100
　　　㈥　主契約に影響を及ぼさせる条項例（その1）／101
　　　㈢　主契約に影響を及ぼさせる条項例（その2）／102
　　　㈤　主契約に影響を及ぼさせない条項例／103
　　　㈹　実務上の留意点／104
　　(5)　その他の事由により会員権契約（他契約）が効力を失った場合…104
　　　㈦　主契約に影響を及ぼさせる条項例／105

(イ)　主契約に影響を及ぼさせない条項例／105

　(6)　会員権契約（他契約）に債務不履行等が発生した場合の影響 …106

　　　(ア)　主契約・他契約の債務を同時履行の関係に立たせる条項例／106

　　　(イ)　他契約の債務の履行を前提条件に主契約の債務を履行させる条項例／107

2　売買契約と賃貸借契約（主契約が売買契約、他契約が賃貸借契約である場合）……………………………………………………107

　(1)　総　論 ………………………………………………………………107

　(2)　契約に関する当事者の認識 ………………………………………108

　(3)　賃貸借契約（他契約）が無効である場合 ………………………109

　　　(ア)　主契約に影響を及ぼさせる条項例／110

　　　(イ)　主契約に影響を及ぼさせない条項例／110

　(4)　賃貸借契約（他契約）に解除事由が発生した場合 ……………111

　　　(ア)　主契約に影響を及ぼさせる条項例（その1）／111

　　　(イ)　主契約に影響を及ぼさせる条項例（その2）／112

　　　(ウ)　主契約に影響を及ぼさせない条項例／113

　(5)　その他の事由により賃貸借契約（他契約）が効力を失った場合 …114

　(6)　賃貸借契約（他契約）に債務不履行等が発生した場合の影響 …114

3　売買契約と請負契約（主契約が売買契約、他契約が請負契約である場合）……………………………………………………………115

　(1)　総　論 ………………………………………………………………115

　(2)　契約に関する当事者の認識 ………………………………………115

　(3)　請負契約（他契約）が無効である場合 …………………………116

　　　(ア)　主契約に影響を及ぼさせる条項例／117

　　　(イ)　主契約に影響を及ぼさせない条項例／117

　(4)　請負契約（他契約）に解除事由が発生した場合 ………………117

　　　(ア)　主契約に影響を及ぼさせる条項例／118

　　　(イ)　成果物に瑕疵がある場合に、主契約に影響を及ぼさせる条項例／119

㈦　主契約に影響を及ぼさせない条項例／119
　(5)　その他の事由により請負契約（他契約）が効力を失った場合 … 120
　(6)　請負契約（他契約）に債務不履行等が発生した場合の影響 …… 120
　　㈦　請負契約の成果物に瑕疵が存在した場合または成果物の性能保証に違反している場合／121
　　㈣　請負契約の完了期限が遅延した場合／122
4　継続的な売買契約相互間の関係（その1）——買主と売主が固定されている場合 ………………………………………………………123
　(1)　総　論 ……………………………………………………………123
　(2)　契約に関する当事者の認識 ……………………………………124
　(3)　ある個別売買契約が効力を有さない（原始的無効であるか後に効力が失われた場合であるか否かを問わない）場合に、他の個別売買契約に与える影響 ……………………………………124
　(4)　ある個別売買契約に解除事由が発生した場合に、他の個別売買契約に与える影響 …………………………………………125
　(5)　ある個別売買契約に債務不履行等が発生した場合に、他の個別売買契約に与える影響 …………………………………126
　　㈦　同時履行の抗弁権または先履行の抗弁権／126
　　㈣　期限の利益の喪失／128
5　継続的な売買契約相互間の関係（その2）——買主と売主が固定されない場合 …………………………………………………………129
　(1)　総　論 ……………………………………………………………129
　(2)　契約に関する当事者の認識 ……………………………………129
　(3)　ある個別売買契約が効力を有さない（原始的無効であるか否かと効力が失われた場合であるか否かを問わない）場合に、他の個別売買契約に与える影響 ……………………………………131
　(4)　ある個別売買契約に解除事由が発生した場合に、他の個別売買契約に与える影響 …………………………………………132

(5)　ある個別売買契約に債務不履行等が発生した場合に、他の個別売買契約に与える影響 ……………………………………………133

Ⅱ　賃貸借契約に対する他の契約の影響（主契約が賃貸借契約である場合）……………………………………………………………134

　1　賃貸借契約と賃貸借契約（複数の賃貸借契約を締結する場合）…134
　　(1)　総　論 ……………………………………………………………134
　　(2)　契約に関する当事者の認識 ……………………………………134
　　(3)　一方の賃貸借契約が無効である場合 …………………………135
　　(4)　一方の賃貸借契約に解除事由が発生した場合 ………………135
　　(5)　一方の賃貸借契約が契約期間の満了により効力を失った場合 …137
　2　賃貸借契約と売買契約（主契約が賃貸借契約、他契約が売買契約である場合）……………………………………………………139
　　(1)　総　論 ……………………………………………………………139
　　(2)　契約に関する当事者の認識 ……………………………………139
　　(3)　売買契約（他契約）が効力を有さない（原始的無効であるか後に効力を失った場合であるか否かを問わない）場合または売買契約に解除事由が発生した場合において、賃貸借契約に与える影響 …140
　　(4)　売買契約（他契約）に債務不履行等が発生した場合の影響 ……142

Ⅲ　消費貸借契約に対する他の契約の影響（主契約が消費貸借契約である場合）…………………………………………………………144

　1　消費貸借契約と担保設定契約（主契約が消費貸借契約、他契約が担保設定契約である場合）………………………………………144
　　(1)　総　論 ……………………………………………………………144
　　(2)　契約に関する当事者の認識 ……………………………………144
　　(3)　担保設定契約（他契約）が効力を有さない（原始的無効であるか後に効力を失った場合であるか否かを問わない）場合または担保設定契約に債務不履行等が発生した場合に、消費貸借契約または準消費貸借契約に与える影響 …………………………145

2　消費貸借契約と消費貸借契約（複数の消費貸借契約を締結する場合） ……………………………………………………………147
　　　(1)　総　論 ……………………………………………………147
　　　(2)　借主からの弁済の充当関係 ……………………………147
　　　(3)　相　殺 ……………………………………………………148
　　3　消費貸借契約と雇用契約（主契約が消費貸借契約、他契約が雇用契約である場合） ……………………………………148
　　　(1)　総　論 ……………………………………………………148
　　　(2)　契約に関する当事者の認識 ……………………………149
　　　(3)　雇用契約が消費貸借契約に与える影響 ………………149

第3部　3者間以上の複数契約の法理と実務

第1章　3者間以上における複数契約の判例と法理 …………152

はじめに …………………………………………………………152
Ⅰ　契約の成立・不成立 ……………………………………………152
　1　概　説 …………………………………………………………152
　2　売買契約と立替払契約 ………………………………………153
Ⅱ　契約の終了 ………………………………………………………157
　1　概　説 …………………………………………………………157
　2　公序良俗違反 …………………………………………………157
　　(1)　稼働契約と前借金契約 …………………………………157
　　(2)　売買契約等（ネズミ講）と立替払契約 ………………161
　　(3)　談合とシール製造契約 …………………………………165
　　(4)　詐欺商法と金銭消費貸借契約 …………………………168
　　(5)　過量販売契約と立替払契約 ……………………………170

(6)　売買契約（デート商法）と立替払契約 …………………177
　3　錯誤無効 …………………………………………………………183
　　(1)　売買契約（アポイントメント商法）と立替払契約 ………184
　　(2)　不動産売買契約と金銭消費貸借契約 …………………………188
　　(3)　空リース・空クレジットと連帯保証契約 …………………193
　　(4)　変額保険契約と金銭消費貸借契約 …………………………198
　4　解　除 ……………………………………………………………207
　　(1)　リース契約と売買契約 …………………………………………207
　　(2)　売買契約とライフケア契約とケアホテル会員契約 ………211
　　(3)　マネジメント契約と専属実演家契約 …………………………215
Ⅲ　抗弁の接続 ……………………………………………………………218
　1　概　説 ……………………………………………………………218
　2　立替払契約と売買契約 …………………………………………218
Ⅳ　行為義務違反 …………………………………………………………222
　1　変額保険契約と金銭消費貸借契約 ……………………………222
　2　不動産売買契約と融資契約 ……………………………………227
　3　小　括 ……………………………………………………………231
Ⅴ　契約の解釈 ……………………………………………………………233
　1　リース契約と請負契約 …………………………………………233
　2　元請負契約と下請負契約 ………………………………………235
　3　情報提供契約と通信契約（ダイヤルQ²） ……………………238
　4　小　括 ……………………………………………………………241

第2章　3者間以上の複数契約における実務 ……………………242

はじめに …………………………………………………………………242
Ⅰ　売買契約に対する他の契約の影響（主契約が売買契約である
　場合） …………………………………………………………………242
　1　売買契約と会員権契約（主契約が売買契約、他契約が会員権契

約である場合）……………………………………………………243
　　(1) 総　論 ……………………………………………………………243
　　　　〔図１〕　売買契約と会員権契約／243
　　(2) 契約に関する当事者の認識 ……………………………………244
　　(3) 会員権契約（他契約）が無効である場合 ……………………245
　　　(ｱ)　主契約に影響を及ぼさせる条項例／245
　　　(ｲ)　主契約に影響を及ぼさせない条項例／246
　　(4) 会員権契約（他契約）に解除事由が発生した場合 …………246
　　　(ｱ)　概　要／246
　　　(ｲ)　主契約に影響を及ぼさせる条項例／249
　　　(ｳ)　主契約に影響を及ぼさせない条項例／250
　　　(ｴ)　民法（債権関係）改正の影響／250
　　(5) その他の事由により会員権契約（他契約）が効力を失った場合 …251
　　(6) 会員権契約（他契約）に債務不履行等が発生した場合の影響 …251
　　　(ｱ)　主契約・他契約の債務を同時履行の関係に立たせる条項例／252
　　　(ｲ)　他契約の債務の履行を前提条件に主契約の債務を履行させる条項
　　　　　例／252
　2　売買契約と賃貸借契約（主契約が売買契約、他契約が賃貸借契
　　　約である場合）……………………………………………………253
　　(1) 総　論 ……………………………………………………………253
　　　　〔図２〕　売買契約と賃貸借契約／254
　　(2) 契約に関する当事者の認識 ……………………………………254
　　(3) リース契約（他契約）が無効等である場合 …………………256
　　　(ｱ)　主契約に影響を及ぼさせる条項例／256
　　　(ｲ)　主契約に影響を及ぼさせない条項例／257
　　(4) リース契約（他契約）に解除事由が発生した場合 …………257
　　　(ｱ)　主契約に影響を及ぼさせる条項例／258
　　　(ｲ)　主契約に影響を及ぼさせない条項例／258

(5)　その他の事由によりリース契約（他契約）が効力を失った場合 …259

　(6)　リース契約（他契約）に債務不履行等が発生した場合の影響 …260

Ⅱ　消費貸借契約に対する他の契約の影響（主契約が消費貸借契約である場合）……………………………………………………………261

　1　消費貸借契約と変額保険契約（主契約が消費貸借契約、他契約が変額保険契約である場合）………………………………………261

　　(1)　総　論 …………………………………………………………261

　　　〔図3〕　金銭消費貸借契約と変額保険契約／261

　　(2)　契約に関する当事者の認識 …………………………………262

　　(3)　保険契約（他契約）が無効である場合 ……………………264

　　　㋐　主契約に影響を及ぼさせる条項例／264

　　　㋑　主契約に影響を及ぼさせない条項例／265

　　(4)　保険契約（他契約）に解除事由が発生した場合 …………265

　　　㋐　主契約に影響を及ぼさせる条項例／266

　　　㋑　主契約に影響を及ぼさせない条項例／266

　　(5)　その他の事由により保険契約（他契約）が効力を失った場合 …267

　　(6)　保険契約（他契約）に債務不履行等が発生した場合の影響 ……267

　2　消費貸借契約と売買契約（主契約が消費貸借契約、他契約が売買契約である場合）………………………………………………268

　　(1)　総　論 …………………………………………………………268

　　　〔図4〕　金銭消費貸借契約と（不動産）売買契約／268

　　(2)　契約に関する当事者の認識 …………………………………269

　　(3)　不動産売買契約（他契約）が無効である場合 ……………271

　　　㋐　主契約に影響を及ぼさせる条項例／271

　　　㋑　主契約に影響を及ぼさせない条項例／272

　　(4)　不動産売買契約（他契約）に解除事由が発生した場合 …272

　　　㋐　主契約に影響を及ぼさせる条項例／273

　　　㋑　主契約に影響を及ぼさせない条項例／273

(5)　その他の事由により不動産売買契約（他契約）が効力を失った場合 …………………………………………………………………274
　(6)　不動産売買契約（他契約）に債務不履行等が発生した場合の影響 ……………………………………………………………………274
Ⅲ　請負契約に対する他の契約の影響（主契約が請負契約である場合） ……………………………………………………………………276
　1　請負契約と賃貸借契約（主契約が請負契約、他契約が賃貸借契約である場合） ………………………………………………………276
　(1)　総　論 ………………………………………………………276
　〔図5〕　請負契約と賃貸借契約／277
　(2)　実務上の留意点 ……………………………………………278
　2　下請負契約と元請負契約 ……………………………………280
　(1)　総　論 ………………………………………………………280
　(2)　実務上の留意点 ……………………………………………281

●参考書式
　【書式1】　売買契約書（不動産売買契約書）／283
　【書式2】　取引基本契約書（売買取引基本契約書）／288
　【書式3】　賃貸借契約書（建物賃貸借契約書）／294
　【書式4】　消費貸借契約書（金銭消費貸借契約書）／298
　【書式5】　請負契約書（システム開発委託契約書）／301
●判例索引／305
●編著者・執筆者略歴／308

� 第1部 | 総論──複数契約への
アプローチ

I　はじめに

　現代における経済の飛躍的発展に伴い、今日では、契約関係も複雑化・多様化している。その中でも、1つの取引が複数の契約により構成される場合が存在する。

　複数の契約によって構成される取引では、さまざまな場面において、それぞれの契約の相互依存関係が問題となりうる。本書では、取引当事者の数によって、2当事者間で1つの取引が構成されている場合（第2部）と3当事者以上の間で1つの取引が構成されている場合（第3部）に分類し、裁判例および学説等の見解を分析・検討し、複数契約の考え方を整理するとともに（第2部第1章、第3部第1章）、実際に契約を締結する場合を念頭に、紛争を未然に防止するという観点から、具体的な条項案も含めた留意点を述べて、実務上の指針を探るものである（第2部第2章、第3部第2章）。

　まず、第1部では、裁判例および学説等の整理、実務上の指針を検討するにあたって、総論として、複数契約へのアプローチを概観することにしたい。

　以下では、それぞれのアプローチがいかなるアプローチかを示し（下記II、III）、次に、複数契約の相互依存関係が問題となる場面で、それぞれのアプローチがどのような関係に立つのかを考えることとする（下記IV）。

II　多様なアプローチの存在

　複数の契約の相互依存関係を考えるアプローチは多様である。その理由としては、問題となる複数の契約の「結び目」には違いがあることが考えられる。ここでは、まず、複数の契約の「結び目」の違いを示し（下記1）、次に、相互依存関係を考えるアプローチの内容を示す（下記2）。

1 複数の契約の「結び目」という視点

取引を構成する複数の契約の結びつき方には、具体例によって違いがある（小林和子「複数契約の解除――『結び目』という視点」消費者法ニュース91号296頁〜298頁）。以下では、第2部第1章、第3部第1章にて具体的に検討する裁判例を示しながら、複数の契約の「結び目」の違いについて概観したい。

まず、解除の場面（第2部第1章Ⅰ4参照）が考えられる。この場面では、一方の契約の解除により他方の契約も解除されるかなどが問題となる。第1に、一方当事者が会員権契約とリゾートマンション売買契約の解除の意思表示をしたところ、それぞれに独自の解除事由が認められることから、複数の契約が解除されると判断した〔裁判例❼-3〕最三小判平成8・11・12民集50巻10号2673頁がある（第2部第1章Ⅰ4(2)参照）。また、第2に、一方当事者がデータベース開発請負契約の解除の意思表示をしたところ、データベース開発請負契約の解除により当然にサーバー売買契約の解除を認めた〔裁判例❾〕東京地判平成18・6・30判時1959号73頁がある（第2部第1章Ⅰ4(4)参照）。いずれの裁判例でも、それぞれの契約の解除が認められたが、両者の違いは、〔裁判例❼-3〕では他方の契約は独自の解除事由があって初めて解除されているが、〔裁判例❾〕では他方の契約は独自の解除事由がなくても当然に解除されている点にある。

また、公序良俗違反による無効の場面（第3部第1章Ⅱ2参照）があげられる。この場面では、一方の契約の公序良俗違反による無効により他方の契約も同様に無効とされるかなどが問題となる。第1に、酌婦稼働契約と消費貸借契約を実質的に1つの人身売買契約と把握したうえで、それぞれの契約を無効とした〔裁判例❷〕最二小判昭和30・10・7民集9巻11号1616頁がある（第3部第1章Ⅱ2(1)参照）。第2に、金銭配当契約が無効となった場合、立替払契約の当事者である信販会社に動機の不法が認められれば、立替払契約そのものも無効となると判断した〔裁判例❸-2〕名古屋高金沢支判昭和62・8・31判時1254号76頁がある（第3部第1章Ⅱ2(2)参照）。いずれの裁判

例でも、それぞれの契約の公序良俗違反による無効が認められたが、両者の違いは、〔裁判例❷〕は実質的な1つの契約が無効となることから、個々の契約が無効となっているのに対し、〔裁判例❸-2〕は一方の契約が無効となった場合、他の当事者が不法な動機により他方の契約を締結したかを考え、他方の契約も無効となっている。

このように、同じ場面であっても、組み合わされる契約などによって、それぞれの契約の「結び目」は異なる。

2　相互依存関係のアプローチ

それぞれの契約の「結び目」に違いがあるとすれば、多様な場面において、一方の契約と他方の契約が相互に依存しているかを考えるとき、その考え方ももちろん1つではない。したがって、いくつかのアプローチを考える必要がある。

(1)　契約アプローチ

まず、各契約相互間の依存関係に着目する純粋な「契約アプローチ」がある。たとえば、談合利益の分配を内容とする談合契約と同様、談合契約により締結されたシール製造契約も当然に公序良俗違反により無効となるとした〔裁判例❹-1〕東京地判平成12・3・31判時1734号28頁がある（第3部第1章Ⅱ2(3)参照）。この事例では、一方の契約の無効が、当然に他方の契約の無効を導いている。

(2)　全体アプローチ

次に、各契約と各契約を超えた概念である「全体としての関係」（以下、「全体」という）の相互依存関係に着目する「全体アプローチ」がある。

全体とは、下記Ⅲでより詳しく検討するが、複数の契約の相互依存関係を考えるにあたって、それぞれの契約を超えた「考慮されうる何か」である。この「全体アプローチ」をとった場合には、個々の給付や契約の関係を超えた、全体として企図されたさまざまな機能に着目することになる（河上正二「複合的給付・複合的契約および多数当事者の契約関係」磯村保ほか『民法トライ

アル教室』302頁)。

　たとえば、売買契約とモニター契約を組み合わせたモニター商法について、モニター契約付き売買契約として観察した場合には、違法性が認められると解した〔裁判例❷-2〕名古屋地判平成17・10・27判時1950号128頁がある（第2部第1章Ⅰ2(2)参照）。この事例では、モニター商法全体が公序良俗違反により無効となることから、個別の契約も無効となっている。

(3) 中間的アプローチ

　それぞれの契約の相互間の依存関係を考えるにあたって、全体を介するアプローチがある。このアプローチは、純粋な契約アプローチと全体アプローチとの中間に位置するアプローチ（以下、「中間的アプローチ」という）となる。たとえば、リゾートホテルなどの利用の優待が受けられるクラブ契約が解除された場合、全体として何に対するいかなる対価を当事者が予定したのかを考え、リゾートホテルの共有持分権の売買契約も独自の解除事由により解除されるとした〔裁判例❼-4〕東京地判平成21・6・24判時2060号96頁がある（第2部第1章Ⅰ4(2)参照）。この事例では、一方の契約が解除された場合、全体で何に対するいかなる対価を当事者は約束したかを考え、他の契約も独自の解除事由により解除されている。

(4) 小　括

　一方の契約と他方の契約が相互に依存しているか否かを考えるときには、いくつかのアプローチを考える必要がある。以上の裁判例の概観により、それぞれのアプローチは段階的につながっていることがわかる。1つの取引における全体は、それぞれのアプローチにおいて存在しているが、全体の存在の仕方や意義が異なることになる（小林和子「複数の契約と相互依存関係の再構成——契約アプローチと全体アプローチの相違を中心に」一橋法学8巻1号154頁、同「複数の契約と相互依存関係の再構成」私法73号190頁)。

III 全体の意義

複数の契約によって構成される取引に対するアプローチに存在する全体の意義について検討する。全体の意義は、多様である。たとえば、契約そのものを示す場合（下記1）、債権債務関係を示す場合（下記2）、取引の目的を示す場合（下記3）、経済的同一性を示す場合（下記4）、契約の目的を示す場合（下記5）などが考えられる。

1 契約を示す場合

第1に、契約そのものを示す場合がある。

2者間の場合、サブリース契約の事例（第2部第1章II参照）には、「基本契約が上部契約としてのアンブレラ（傘）となり、建物建築請負契約、建物賃貸借契約、建物管理委託契約が傘の下の下部契約となる、複合契約の形態をとっている」とする見解（加藤雅信『新民法大系IV契約法』530頁～532頁）がある。また、融資枠設定契約の事例（第2部第1章IV参照）には、融資枠設定契約が継続的・包括的な予約という性格をもつとして、融資枠設定契約という基本的な継続的契約と、そこから発生する個々の消費貸借契約という二重の契約構造があるとする見解（中田裕康「貸付をすべき義務」『継続的取引の研究』272頁、276頁～278頁）がある。

3者間以上の場合、稼働契約と前借金契約の事例（第3部第1章II 2(1)参照）には、一定期間人身の自由を拘束されて芸娼妓稼業に従事することに対する対価としてあらかじめ前借金が交付され、実質的には、1つの人身売買契約であると指摘する見解（末弘厳太郎「判例を通して見た人身売買」法時3巻9号4頁）がある。また、融資一体型変額保険契約の事例（第3部第1章II 3(4)参照）には、別個独立した保険契約と融資契約は組み合わされることによって何らかの効果を生み出す全体として1つの商品であるととらえられるとする見解（潮見佳男『契約法理の現代化』136頁～141頁）がある。

2 債権債務関係を示す場合

第2に、債権債務関係を示す場合がある。

複数の契約が締結された場合、複数の契約の相互依存関係を考えるにあたっては、「当事者は給付にいかなる意味をこめたのか」「何に対する対価として給付が約束されたのか」を問題にして、契約の対価的構造（契約目的）との関連で給付に与えられた意味を考える必要がある場合がある（金山直樹『現代における契約と給付』72頁、潮見佳男『契約各論Ⅰ』28頁、河上正二「債権の発生原因と目的（対象・内容）(5)――複合的給付と複合的債権関係」法セ695号76頁）。

2者間の場合、売買契約と会員権契約の事例（第2部第1章Ⅰ4(2)参照）である〔裁判例❼-3〕最三小判平成8・11・12民集50巻10号2673頁がある。この判決に関する学説には、端的に「個々の債権債務」に着目して、それぞれが何と対価関係を形成しているのかを個別に判断することによって、解除の範囲に含まれる債権債務を画定していくことになるとする見解がある（曽野裕夫「契約解除の要件・効果」鎌田薫ほか編『民事法Ⅲ債権各論〔第2版〕』88頁～89頁）。

3者間以上の場合、マネジメント契約と専属実演家契約の事例（第3部第1章Ⅱ4(3)参照）である〔裁判例⓮〕東京地判平成15・3・28判時1836号89頁がある。この判決では、専属契約は、マネジメント契約とあわせ考えることによって、初めて契約の本質たる各当事者間の双務性と有償性を確保しているとし、マネジメント契約の終了は、専属契約を失効させると判断された。この判決の評釈には、当事者間の対価関係の分析が重要であるとする見解がある（新堂明子「判批」判評545号26頁、金山直樹『現代における契約と給付』149頁）。

3 取引の目的を示す場合

第3に、取引の目的を示す場合がある。

両当事者が達成しようとした効果、つまり、法律行為の内容のことをいう場合には、全体において、取引の目的が問題となる（奥田昌道編『新版注釈民法⑽Ⅰ』〔金山直樹〕54頁〜58頁、大村敦志『契約法から消費者法へ』109頁〜111頁）。

2者間の場合、売買契約と講習契約の事例（第2部第1章Ⅰ3⑵参照）である〔裁判例❺〕大阪地判昭和56・9・21判タ465号153頁がある。売買契約が錯誤により無効となった場合、両当事者が達成しようとした取引全体の結果を考えることになる。取引全体の結果が達成されないならば、講習契約を締結しなかったと考えられる場合、講習契約も錯誤により無効となる。

3者間以上の場合、売買契約（アポイントメント商法）と立替払契約の事例（第3部第1章Ⅱ3⑴参照）である〔裁判例❽-1〕名古屋地判昭和58・11・14判時1114号72頁がある。売買契約が錯誤により無効となった場合、当事者がいかなる取引の目的を達成しようとしたかを考えることになる。取引の目的が達成されないならば、立替払契約を締結しなかったと考えられる場合、立替払契約も錯誤により無効となる。

4　経済的同一性を示す場合

第4に、経済的同一性を示す場合がある。

全体の部分が、事実上の取引関係であったり、厳密な意味において契約とはいえない合意であったりすることがある。

2者間の場合、期間満了の場合の事例（第2部第1章Ⅰ5参照）である〔裁判例⓭〕東京地判平成3・11・28判時1430号97頁がある。全体としていかなる合意を当事者がしたのかを考えて、敷地部分の賃貸借契約が存続する限り、駐車場部分の賃貸借契約も継続すると判断している。

そのほかには、金銭消費貸借に係る第1契約、第2契約の事例（第2部第1章Ⅲ参照）がある。具体的には、①合意がある場合には、各基本契約では別口の新債務への過払金の充当が肯定されるとした〔裁判例⓯-1-3〕最一小判平成19・6・7判タ1248号113頁、②合意がある場合には、ある基本契

約の過払金が別の基本契約の借入金債務に充当されるとした〔裁判例⓯- 2 - 3〕最二小判平成20・1・18判タ1998号37頁、③合意がある場合には、第 1 取引の過払金が第 2 取引の借入金債務に充当されるとした〔裁判例⓯- 3 - 2〕大阪高判平成20・4・9金商1300号56頁などがある。これらの具体例では、全体としていかなる合意が当事者によってなされたのかを検討しつつ、過払金の充当が認められるかを判断している。

5 契約の目的を示す場合

第 5 に、契約の目的を示す場合がある。

契約の目的は、必ずしも、法律行為によって実現しようとする事柄そのものではなく、行為者の主観的立場から、法律行為をなすにあたって、その効果として生じさせようとしていることの内容を示す（奥田昌道編『新版注釈民法⑽Ⅰ』〔金山直樹〕55頁〜58頁）。

2 者間の場合、準消費貸借契約と抵当権設定契約の事例（第 2 部第 1 章Ⅰ 3⑴参照）である〔裁判例❹- 2〕東京高判昭和44・4・28判時557号241頁とその上告審である〔裁判例❹- 3〕最一小判昭和45・5・29判時598号55頁がある。それぞれの判決では、両契約の締結された主たる目的が抵当権の設定にあったとしている。この場合、全体は、それぞれの契約の目的を結びつけている。

Ⅳ 相互依存関係の再構成

上記Ⅱで示したように、複数の契約の相互依存関係を考えるときには、複数のアプローチがありうる。そこで、それぞれのアプローチはどのような関係に立つのかが問題となる。

まず、それぞれのアプローチが並存する場面（下記 1）が考えられる。この場面では、事例に応じて、「全体アプローチ」「契約アプローチ」「中間的アプローチ」のいずれかを選択することになる（上記Ⅱ 2 参照）。

また、いずれかのアプローチに優位性が認められる場面（下記2）も考えられる。この場面では、複数のアプローチが並存することはない。

1 それぞれのアプローチが並存する場面

それぞれのアプローチが並存する場面は、契約の終了の場合（第2部第1章Ⅰ、第3部第1章Ⅱ参照）にみられる。複数の契約が終了する根拠は、公序良俗違反・錯誤による無効の場合、解除の場合など多様である。それぞれの場合では、事例に応じてアプローチが異なる。

たとえば、2者間の場合、売買契約と金銭配当契約の事例（第2部第1章Ⅰ2(1)参照）において、〔裁判例❶-2〕名古屋高金沢支判昭和62・8・31判時1279号22頁では、金銭配当契約が無効となった場合、金銭配当という不法な動機により買主が売買契約を締結したかを全体において判断し、売買契約の無効を考える「中間的アプローチ」によることも考えられた。また、売買契約とモニター契約の事例（第2部第1章Ⅰ2(2)参照）において、〔裁判例❷-2〕名古屋地判平成17・10・27判時1950号128頁では、モニター契約付き売買契約において瑕疵が認められるかを判断し、個々の契約の無効を考える「全体アプローチ」によっている。そのほか、雇用契約と消費貸借契約の事例（第2部第1章Ⅰ2(3)参照）において、〔裁判例❸〕東京地判平成17・11・30判タ1223号200頁では、それぞれの契約は条件関係に立ち、雇用契約の不法性が当然に消費貸借契約の無効を導くと考える「契約アプローチ」によっている。

次に、3者間以上の場合、リース契約と売買契約の事例（第3部第1章Ⅱ4(1)参照）において、〔裁判例⓬〕東京地判平成4・8・31判時1468号102頁では、リース契約の不成立により、売買契約そのものに解除事由があるかを考えることなく、解除特約に基づき売買契約が解除されると考える「契約アプローチ」によっている。また、売買契約とライフケア契約とケアホテル会員契約の事例（第3部第1章Ⅱ4(2)参照）において、〔裁判例⓭〕東京高判平成10・7・29判タ1042号160頁では、ライフケア契約やケアホテル会員契約

に債務不履行がある場合、全体としていかなる給付に対するいかなる対価を予定していたのかを考え、売買契約独自の解除事由の有無を考える「中間的アプローチ」によっている。そのほか、マネジメント契約と専属実演家契約の事例（第3部第1章Ⅱ4(3)参照）において、〔裁判例⓮〕東京地判平成15・3・28判時1836号89頁では、マネジメント契約が終了した場合、全体としての双務性・有償性が失われることを検討し、専属契約の失効を考える「中間的アプローチ」によっている。

以上で検討したように、一定の場面では、結びついている契約がいかなるものかなどによって、アプローチは異なりうる。

2 いずれかのアプローチが優位する場面

説明の方法からすると、あるアプローチに優位性が認められる場面がある。それぞれの場面をみる。

(1) 中間的アプローチの優位性

中間的アプローチが優位する場面の具体例には、売買契約と売買契約（継続的供給取引）の事例（第2部第1章Ⅴ2参照）として、〔裁判例⓱〕東京高判昭和50・12・18判時806号35頁がある。別個の法律行為によって生じた支払義務と納入義務は、同一雑誌の印刷製本という継続的取引から生じた密接に関連した債務であるから、販売業者が期限の到来した代金債務の履行をしない以上、印刷製本業者は納入義務の履行を拒みうると判断している。この場合、全体としていかなる債権債務関係があるかを考え、別個の契約から生じた債務の履行上の相互依存関係を全体を介しつつ検討している。

この点、学説では、継続的供給取引の場合、給付の反復・継続があらかじめ想定されている場合には、法律関係の評価には、基本合意などに照らしての全プロセスの総合評価が求められるとの見解がある（河上正二「複合的給付・複合的契約および多数当事者の契約関係」磯村保ほか『民法トライアル教室』284頁～285頁）。

(2) 全体アプローチの優位性

　全体アプローチが優位する場面の具体例には、事務所の敷地部分の賃貸借契約と駐車場部分の賃貸借契約の事例（第2部第1章Ⅰ5参照）として、〔裁判例⓭〕東京地判平成3・11・28判時1430号97頁がある。事務所の敷地部分の賃貸借契約が存続する限り、その期間内は、駐車場部分の賃貸借契約も継続させるとの合意があったと判断している。この場合、全体において、どのような合意がなされたのか、当事者の意思解釈が問題となり、全体とそれぞれの契約の相互依存関係が問題になっている。

Ⅴ　まとめ

　複数の契約の相互依存関係を考えるアプローチは、契約の「結び目」に違いがあることから、多様である。アプローチが多様であっても、全体的な考察が必要である点では共通している（〔裁判例❾-1〕大阪地判平成2・10・29金法1284号26頁の判例評釈である、野村豊弘「判批」判タ765号69頁）。どのアプローチによって、複数の契約の相互依存関係を考えるべきかについては、有償契約・無償契約など問題とされるそれぞれの契約の類型や性質・契約の内容を、具体的な問題の場面において考える必要がある。

　2者間の場合とは異なり、3者間以上の場合には、当事者による法形式の選択に伴う制約と追求された実質的経済的機能の尊重をどこで調和させるか、本来、2者間で存在していた権利義務関係のバランスをいかにして補うか、取引の法的性質決定をどうするかなどという固有の問題が生じうるとされる（河上正二「複合的給付・複合的契約および多数当事者の契約関係」磯村保ほか『民法トライアル教室』291頁～292頁）。このような固有の問題についても、全体的な考察をする視点が重要となる（〔裁判例❾-1〕大阪地判平成2・10・29金法1284号26頁の判例評釈である、野村豊弘「判批」判タ765号69頁）。

第2部 2者間の複数契約の法理と実務

第1章 2者間における複数契約の判例と法理

はじめに

2者間において、複数の契約によって1つの取引が構成される場合、多様な場面が問題となる。これらの場面では、そもそも、取引が複数の契約によって構成されるのか否か、それぞれの契約が相互に依存関係にあるのか否かが問題となる。

本章では、契約の終了（下記Ⅰ）、契約の性質決定（下記Ⅱ）、契約の内容決定（下記Ⅲ）、相殺（下記Ⅳ）、同時履行の抗弁（下記Ⅴ）などの場面で、複数の契約が問題となった裁判例・学説を分析・検討し、2者間における複数契約の考え方を探ることとする。

Ⅰ 契約の終了

1 概説

契約の終了の場面では、取引が複数の契約によって構成される場合、一方の契約が終了すると、他方の契約も終了するかなどが問題となる。

以下では、契約の終了について、公序良俗違反（下記2）、錯誤無効（下記3）、解除（下記4）、期間満了（下記5）が問題となった裁判例・学説の分析・検討をする。

2　公序良俗違反

　契約の終了の場面において、公序良俗違反が争われた裁判例として、売買契約と金銭配当契約によって構成された取引（下記(1)）、売買契約とモニター契約によって構成された取引（下記(2)）、雇用契約と消費貸借契約によって構成された取引（下記(3)）がある。
　これらの場合には、一方の契約の公序良俗違反による無効を理由として、他方の契約も無効とすることができるかが問題となる。

(1)　売買契約と金銭配当契約

　売買契約と金銭配当契約によって構成された取引の裁判例には、〔裁判例❶-1〕福井地判昭和60・3・29判時1161号177頁、〔裁判例❶-2〕名古屋高金沢支判昭和62・8・31判時1279号22頁（〔裁判例❶-1〕の控訴審判決）がある。
　この事件では、「マルチまがい」取引と立替払契約が結びついた取引が問題となっている。ここでは、「マルチまがい」取引を中心に検討する。

(ア)　事案の概要

　本件では、次のようなＡによる「システム会」の販売方法が問題となった。入会者は、入会金1000円を支払って会員となったうえで、Ａの商品を代金18万円で購入する。その後、会員となった者は、同様の手続を踏むことによって入会者となる3名を勧誘して入会させる。支払われる金員の一部は、支払いをした会員より前段階の一定の会員に、印鑑の宣伝費の名目で配当される。会員は、自己が勧誘し入会させた会員がさらに入会の勧誘をすることにより、配当金として、最高605万円ないし70万円を得ることができる。
　昭和57年8月および9月、割賦販売および融資のあっせんを業とするＸは、ＹらがＡから印鑑セットを購入した際、Ａに対して購入代金を立替払いした。Ｘは、Ｙらに対して、立替金の支払いを請求した。
　これに対し、Ｙらは、ＡとＹらとの印鑑セットの取引は、無限連鎖講の防止に関する法律で禁止された、いわゆる「ネズミ講」であり、公序良俗に

反し無効であり、立替払契約も公序良俗に反し無効であるなどと主張した。

(イ) 判 旨

〔裁判例❶-1〕は、次のように判示した。

「……Ａは印鑑セットの販売に際し、購入者に対して、印鑑自体よりも、システム会の仕組みを重点的に説明していたこと、購入者も印鑑セットより宣伝費名目の金員の受領を欲して売買契約をなす者がほとんどであったこと、このため購入者は印鑑セットの代金とされた金18万円を現金で支払うことなく、原則としてＸなどのいわゆる信販会社に立替払させることとされていたこと、本件各売買契約はいずれも右のような仕組みの取引の一環としてなされたものであることの各事実が認められる。

右によれば、Ａの印鑑セットの販売方法は、金18万円を支出する購入者が無限に増加することを前提として、先順位の購入者が後順位の購入者の購入代金から自己の支出した額以上の金額の配当を受けることを目的とする仕組みであると認められ、ネズミ講を禁止した法の趣旨に反するものといわざるをえない。

そうすると、本件各売買契約は、公序良俗に反するものとして無効なものと認めるのが相当である」。

一方、〔裁判例❶-1〕の控訴審判決である〔裁判例❶-2〕は、次のように判示した。

「……ＡとＹらとの間の本件各売買契約は、次のような二つの契約の合体したものと認めるのが相当である。

(イ) Ａが売主となって、買主であるＹらに対し、印鑑セットを代金5万円（通常販売価格）で売り渡す旨の通常の商品売買契約

(ロ)(a) 右買主が1000円の入会金を支払って、売主が運営するジャパン・システム会に入会し、

(b) 右会員となった買主が商品購入の際前記代金5万円のほか、代金名下に更に13万円（合計18万円）の原資を売主に支払い、売主は、右買主が後続の商品購入者を勧誘すれば、一定割合の配当金（第1期分として最高限605万円）を買主に支払う旨の連鎖型（ネズミ講式）金銭配当契約」

「……本件金銭配当契約は、連鎖型金銭配当組織の一環としてなされたものであり、代金18万円を負担とする購入者が無限に増加することを前提とし、先順位の購入者が後順位の購入者の購入代金名下に提供された原資から自己が支出した原資以上の金銭の配当を受けることを目的とした仕組みであって、商品の販売に名を借り

た金銭配当組織であり、無限連鎖講の防止に関する法律により禁止された無限連鎖講の実体を備えるものと解するのが相当である。

　そうすると、YらとAとの間の本件各売買契約のうち、印鑑セットについての販売価格5万円とする通常の売買契約の部分は有効であるが、右金銭配当契約の部分については、無限連鎖講を禁止した法の趣旨に反する極めて射倖性の強い反社会的な契約というべきであるから、この部分は公序良俗に反する無効なものと認めるのが相当である。

　Yらは、右契約は全体として無効であると主張するが、右通常の売買契約の部分については、現実にYらはAから印鑑セットの引渡を受けており、しかも右印鑑セットはその本来の用途に従って使用しうるもので、対価としても5万円は相当である以上、私法上有効なものと認めるべきである」。

(ウ)　検　討

　本件で問題となった「マルチまがい」取引は、当時、訪問販売等に関する法律によって禁止されていた連鎖販売取引（マルチ商法）とは、同法11条1項で定義された「商品の再販売」および「2万円以上の特定負担」がない点で、異なっていた。純粋な金銭配当組織と認識された無限連鎖講（ネズミ講）とは、商品の流通がある点（無限連鎖講の防止に関する法律2条）で、区別されていた（〔裁判例❶-3〕名古屋高金沢支判昭和62・8・31判時1254号76頁に関する判例評釈である、植木哲＝坂東俊矢「判批」判評354号176頁）。

　本件では、「マルチまがい」取引を全体として無限連鎖講（ネズミ講）に該当すると認定し、公序良俗に反すると判断し、全面的に無効とすると考えるのか、売買契約と金銭配当契約を合体したものととらえ、後者のみが無限連鎖講（ネズミ講）に該当し、公序良俗に反して無効であると考えるのかが問題となった。

　〔裁判例❶-1〕では、Aの販売方法は、18万円を支出する購入者が無限に増加することを前提として、先順位の購入者が後順位の購入者の購入代金から自己の支出した額以上の金額の配当を受けることを目的とする仕組みであると認められ、全体として違法な取引と考えられることから、各売買契約は公序良俗に反し無効であるとされた。

　〔裁判例❶-2〕では、印鑑セットは、市価5万円の価値のあるもので正常

商品であるところから、支出金18万円のうち、5万円については、通常の売買契約が成立し、13万円については、金銭配当契約が成立するとされている。売買契約部分は有効であり、金銭配当契約部分は無効であると判断されている。同様に、「マルチまがい」取引が問題となり、売買契約は有効であり、金銭配当契約は無効であると判断した判決には、〔裁判例❶-3〕がある。

　学説では、売買契約と金銭配当契約に分解し、金銭配当契約の部分のみ無効であると判断した〔裁判例❶-2〕に対しては、全体としてグレーの契約をシロの部分とクロの部分に分けてクロの部分は無効であるとし、全部を無効とするのはためらわれるようなケースでも、一部無効というテクニックを用いれば、より積極的に無効判断を行うことができることを示したものとして興味深いとの指摘がある（〔裁判例❶-3〕に対する指摘である、大村敦志『消費者法〔第4版〕』126頁）。

　しかし、〔裁判例❶-2〕の判断に対しては、一方で批判もある（〔裁判例❶-3〕に関する判例評釈である、植木哲「判批」別冊ジュリ135号107頁）。たとえば、①「マルチまがい」取引の実態から、名目上の売買代金が支払われているとしても、商品売買に名を借りた無限連鎖講に類似した取引と評価するのが妥当であり、売買契約等を1つの契約として把握し、全体として無効とすべきであるとする見解（尾島茂樹「判批」クレジット研究2号26頁〜27頁、〔裁判例❶-3〕に関する判例評釈である、植木哲＝坂東俊矢「判批」判評354号176頁、野村豊弘「判批」判タ667号42頁）、②金銭配当契約がなければ売買契約も締結されなかったと考えられることから（動機の不法または一体不可分の契約）、売買契約も無効とすべきであるとする見解（〔裁判例❶-3〕に関する判例評釈である、松本恒雄「判批」法セ401号132頁）がある。

　(エ)　小　括

　本件では、金銭配当契約と同様に売買契約も公序良俗違反により無効となるかが問題となっている。

　〔裁判例❶-2〕は金銭配当契約のみの無効を認めたが、上記(ウ)のとおり、

学説では批判がある。販売業者は金銭配当の仕組みを重点的に説明し、購入者の売買契約の目的は金銭配当の受領にあったといえる。〔裁判例❶-2〕を批判する学説も言及しているが、金銭配当契約が無効とされると、売買契約の締結にあたって購入者に動機の不法が認められるかを全体で考え、売買契約も無効となると考えることもできる。

したがって、この場合には、「中間的アプローチ」が問題となっているといえる。

(2) **売買契約とモニター契約**

売買契約とモニター契約によって構成された取引の裁判例には、〔裁判例❷-1〕大阪高判平成16・4・16消費者法ニュース60号137頁、〔裁判例❷-2〕名古屋地判平成17・10・27判時1950号128頁、〔裁判例❷-3〕広島高岡山支判平成18・1・31判タ1216号162頁がある。

これらの事件では、寝具の販売業者であるダンシングにより展開されたモニター商法と立替払契約が問題となっている。ここでは、売買契約とモニター契約が組み合わされた商法であるモニター商法を中心に検討する。

(ア) **事案の概要**

ダンシングにより展開されたモニター商法のモニター会員は1万人以上に及び、モニター商法による被害は全国各地に広がった。被害者による集団訴訟が各地で複数提起されたが、それぞれの事件に共通する事実は、次のとおりである。

寝具の販売業者であるA（ダンシング）は、いわゆるモニター商法によって寝具の販売をしていた。モニター商法によると、Aから寝具を購入する者は、売買契約に付随してモニター契約を締結する。モニター会員になると、寝具に関する簡単なレポートの提出やチラシの配布によって、モニター料を受領できる。契約書には寝具の購入だけを選択する欄はなかった。信販利用の支払いを選択すると月々の支払額を上回るモニター料を受け取ることができた。これらのことから、モニター会員に登録せずに寝具を購入する顧客や、信販利用をしない顧客はいなかった。XらはAから健康寝具一式

を購入するとともに、モニター契約を締結した。健康寝具の購入代金については、それぞれＹ（信販会社）らとの間で、立替払契約を締結した。

　モニター会員を多く紹介するほど多くの手数料を取得できるビジネス会員制度をＡが導入したことから、モニター会員が急増し、モニター料・ビジネス手数料は増加した。モニター料・ビジネス手数料が支払不能となり、Ａは破産をした。

　問題となった主な争点は、①ＸらとＡとの間のモニター商法を構成する売買契約とモニター契約がどのような関係に立つか、②モニター商法が公序良俗に反する違法な取引であるか、③ＸらはＡに対する抗弁事由をもって旧割賦販売法30条の4に基づきＹらに対抗できるかなどであった。

　(ｲ)　判　旨

　モニター商法を構成する売買契約とモニター契約がどのような関係に立つか、モニター商法が公序良俗に反する違法な取引であるか、という問題に対するそれぞれの裁判所の判断は、次のとおりである。

　〔裁判例❷-１〕は、次のように判示した。

　「本件モニター商法は、破綻不可避の反社会的な商法であり、かつ、これを隠蔽する欺瞞的勧誘方法を伴う詐欺的商法であり、しかも、被害の急速な拡大を招く危険な商法（いわゆるマルチ商法として禁圧されるべき商法）にも該当するものであるから、公序良俗に反する違法な取引であるといわなければならない」。

　「本件各売買契約と本件各モニター契約は、不可分一体の契約であって、モニター特約付寝具販売契約ともいうべきものであると認められるから、上記各契約は、公序良俗に反し全部無効であるといわなければならない」。

　〔裁判例❷-２〕は、次のように判示した。

　「……モニター契約を締結するためには、本件寝具を購入する必要があり、寝具購入と独立してモニター契約を締結することはシステム上許されていなかった。

　これに対し、モニター契約を締結せずに本件寝具のみを購入することは可能であったが、上記認定のとおり、Ｘらは、モニター会員制度があったことから本件寝具を購入した。本件寝具の代金は通常の布団の価格に比べて相当に高額であるところ、Ｘらの中には、モニター料が入ってこなければ布団代金を支払う資力のない者や本件寝具がほしいのではなくモニター料という金員を得るために本件寝具を購入した

者もいることがうかがわれることによると、モニター会員制度があったために本件寝具を購入したことには相応の理由があるものということができ、本件寝具の買主であるＸらにとって、両者は密接不可分に結びついた契約であったと認められる」。

「……モニター契約を本件寝具の購入契約と併せて締結することによって、寝具購入者は契約の目的を達することができたものということができ、そのことは、Ａと本件寝具購入者の共通認識であったと認められる。

そうすると、本件寝具の売買契約と本件モニター契約は、法形式上は別個のものではあるが、両契約は密接不可分に結びついた契約であり、本件売買契約及び本件モニター契約を全体的に観察して（モニター商法として観察して、あるいはモニター契約付き売買契約として観察して）、瑕疵が存在する場合、本件売買契約に瑕疵が存するものというべきである」。

「本件モニター商法は公序良俗に反した違法なシステムであると認められるから、本件売買契約は公序良俗に反し、無効と解される。したがって、その余の点（債務不履行解除、破産法89条による解除擬制、クーリングオフ）について触れるまでもなく、Ｘらは、Ａに対し、本件売買契約の無効を、売買代金請求に対する抗弁事由として主張することができる」。

〔裁判例❷-３〕は、次のように判示した。

「Ａ所定の契約書の体裁からも明らかなように、本件モニター契約が本件売買契約に付帯して締結されるようになっている場合が多かったこと、Ｘら及びモニター会員らの認識としても、本件寝具代金を上回るモニター料を受領できる旨の勧誘を受けたことが本件寝具購入の重要な要素であり、モニター料の受領と本件寝具の購入とは不可分一体の関係にあるものとして本件売買契約を締結したものであることが認められる。これらの点からすると、本件売買契約と本件モニター契約は不可分一体の契約であると解するのが相当である」。

「本件モニター商法は、詐欺的商法であり、自由取引の枠組みを超える反社会的なものであって、公序良俗に反するものであるというべきである」。

「本件モニター商法は、公序良俗に反する違法な取引であるところ、これを法的に構成するところの本件売買契約及び本件モニター契約は不可分一体の契約であると認められるから、両契約は公序良俗に反し全部無効であるといわなければならない」。

(ｳ) 検 討

ここでは、売買契約とモニター契約の関係をどのように考えるべきか、モ

ニター商法が公序良俗に反する違法な取引であるかの2点について検討する。

〔裁判例❷-1〕〔裁判例❷-2〕〔裁判例❷-3〕では、売買契約とモニター契約が密接不可分に結びついた契約であると判断している。これらの判断とは異なり、〔裁判例❷-1〕の原審（神戸地姫路支判平成14・3・29（平成12年(ワ)第57号等））は、モニター契約と寝具の売買契約を切り離して考え、前者は公序良俗に反し無効であるが、後者は適正な販売価格を超える部分のみが無効になると判断している（〔裁判例❷-1〕に関する判例評釈である、山崎敏彦「判批」別冊ジュリ200号102頁、坂東俊矢「判批」消費者法ニュース60号147頁）。

これらの裁判例において、売買契約とモニター契約とが密接不可分な関係であるか否かを判断するときの理由づけは、さまざまである（理由づけの多様性に着目をする見解として、〔裁判例❷-4〕静岡地浜松支判平成17・7・11判時1915号88頁の判例評釈である、山本裕子「判批」ジュリ1359号169頁）。

〔裁判例❷-1〕は、「本件各売買契約と本件各モニター契約は、不可分一体の契約であって、モニター特約付寝具販売契約ともいうべきものであると認められる」と判断している。モニター特約付きの寝具販売契約を考えて、各契約の一体性を強調する理由づけである。

〔裁判例❷-2〕は、「本件寝具の売買契約と本件モニター契約は、法形式上は別個のものではあるが、両契約は密接不可分に結びついた契約であり、本件売買契約及び本件モニター契約を全体的に観察して（モニター商法として観察して、あるいはモニター契約付き売買契約として観察して）」判断すべきであるとしている。すなわち、両契約は密接不可分な契約であり、モニター契約付き売買契約として全体的に取引を観察する必要があるとしている。このような理由づけをした裁判例としては、このほかに〔裁判例❷-5〕岡山地判平成16・12・21最高裁HPがある。

〔裁判例❷-3〕は、「本件売買契約及び本件モニター契約は不可分一体の契約であると認められる」として、各契約の一体性を強調し、両契約が密接不可分のものであると判断している。同じような理由づけをした裁判例とし

ては、このほかに〔裁判例❷-6〕神戸地判平成16・9・21判時1891号115頁がある。

　これらの裁判例において、売買契約とモニター契約の関係をどのように考えるかという問題について、学説では、取引全体の観察をとおして、構成要素となっている契約の効力を考える見解がある（〔裁判例❷-3〕の判例評釈である、千葉恵美子「判批」金商1336号149頁～150頁）。この見解は、売買契約とモニター契約をそれぞれ単独で観察した場合には、それだけでは違法性を基礎づけることが難しいとしている。〔裁判例❷-3〕においては、売買代金額がやや高いということのみを理由に、売買契約を公序良俗違反とすることや、モニター会員制度によって販売を拡大することを理由に、モニター契約を公序良俗違反とすることは難しいとし、さまざまな判断の要素から、取引全体が公序良俗に違反しているかを考える必要があるとしている。

　さらに、この見解は、売買契約とモニター契約の関係をさまざまな事実により密接不可分なものと解するのでは足りず、取引を構成する複数の契約上の債務の関連性を分析しつつ、複数契約間の相互依存関係を基礎づける要素について、検討することが必要であるとしている（千葉恵美子「『多数当事者の取引関係』をみる視点」椿寿夫先生古稀記念論文集『現代取引法の基礎的課題』174頁～178頁）。この分析は、モニター契約上のモニター料支払義務と売買契約上の売買代金債務の関連性が認められることにより、取引の目的が達成されることに着目している。買主は、モニター料の受領が受けられるから、売買代金を負担し、ダンシングは、売買代金を買主が負担してくれるから、モニター料の支払いを負担したことに着目をする。このような分析の結果、売買契約もモニター契約も無効となると結論づける。

　ここで紹介した〔裁判例❷-1〕〔裁判例❷-2〕〔裁判例❷-3〕は、いずれも、問題となったモニター商法について、公序良俗に反し無効であると判断している。その理由には、破綻不可避の反社会的な商法であること、これを隠蔽する欺瞞的勧誘方法を伴う詐欺的商法であること、被害の急速な拡大を招く危険な商法であることなどがあげられている。

㈑　小　括

　本件では、寝具の購入者全員が月々の支払額を上回るモニター料を受けうるモニター契約を締結していた。〔裁判例❷-１〕〔裁判例❷-２〕〔裁判例❷-３〕によると、売買契約とモニター契約は、実質的には不可分一体の契約、形式的には別個の契約となる。そのうえで、それぞれの契約が無効となるかについて、〔裁判例❷-２〕は、「本件売買契約及び本件モニター契約を全体的に観察して……瑕疵が存在する場合、本件売買契約に瑕疵が存するものというべきである」と判示し、〔裁判例❷-３〕は、「本件売買契約及び本件モニター契約は不可分一体の契約であると認められるから、両契約は公序良俗に反し全部無効である」と判示している。

　〔裁判例❷-２〕〔裁判例❷-３〕では、モニター料の受領と寝具の代金の支払いに関連性が認められる全体としての取引に瑕疵があることから、各契約の無効を判断している。

　したがって、この場合には、「全体アプローチ」が問題となっているといえる。

　⑶　雇用契約と消費貸借契約

　雇用契約と消費貸借契約によって構成された取引の裁判例には、〔裁判例❸〕東京地判平成17・11・30判タ1223号200頁がある。

㈠　事案の概要

　Ｙらは、ホストクラブへの借金返済を強く求められていたところ、借金返済のため、Ｘが経営するソープランドでソープ嬢として稼働することとなった。Ｙらは、Ｘに対して、ソープ嬢として稼働する期間の給料の前借りを求めた。Ｘは、Ｙらに現金150万円と現金50万円を手渡した。翌日、Ｙらは、ソープ嬢として雇用された。

　Ｘは、Ｙらに消費貸借契約（以下、「本件消費貸借契約」という）に基づく貸金の返還を求めた。Ｙらは、本件消費貸借契約が成立していたとしても、本件消費貸借契約は、Ｘが経営するソープランドにおいてソープ嬢としてＹらが雇用されるにあたって前貸しとして締結されたものであり、売春防

止法9条（前貸し等の禁止）に違反し、公序良俗に反するから無効であると主張した。

　(ｲ)　判　旨

　〔裁判例❸〕は、次のように判示した。

　「本件消費貸借契約は、前記のとおり、ソープ嬢としての雇用に当たっての前貸しとして締結されたものであり、その返済は、YらがXの管理下においてソープ嬢として売春を継続して行うことによってされることが予定されていたものであるから、そのような趣旨、目的のもとに、売春によって得た収入をもって返済がされることを前提として締結された本件消費貸借契約は、売春の助長につながり、公序良俗に違反するといわなければならない」。

　(ｳ)　検　討

　本件では、雇用契約のみならず、消費貸借契約も公序良俗に違反し無効となるかが問題となった。消費貸借契約は、ソープ嬢としての雇用にあたっての前貸しとして締結され、返済は、ソープ嬢として売春を継続して行うことによってなされることが予定されていた。このような事実関係により、本判決は、「本件消費貸借契約は、売春の助長につながり、公序良俗に違反するといわなければならない」と判断し、雇用契約のみならず消費貸借契約の無効を認めている（都筑満雄「複合契約と公序良俗──無効判断枠組みの解明に関する一考察(下)」国民生活47巻3号27頁）。

　ここで、それぞれの契約が無効となるかを考えるにあたって、取引を構成する複数の契約上の債務の関連性を分析すると、次のようになる。

　消費貸借契約上のXの前貸しと雇用契約上のYらのソープ嬢としての義務との間には、債務の関連性が認められる。Yらは、前借りをすることが認められたことから、雇用契約上のソープ嬢としての義務を負い、Xは、雇用契約上のソープ嬢としての義務をYらが負うことから、Yらに対して前貸しを認めたのである。このように、雇用契約と消費貸借契約には、債権債務の発生レベルにおいても関連性が認められる（千葉恵美子「『多数当事者の取引関係』をみる視点」椿寿夫先生古稀記念論文集『現代取引法の基礎的課題』178頁）。

(エ) 小　括

本判決は、消費貸借契約の公序良俗違反による無効の判断について、「売春によって得た収入をもって返済がされることを前提として締結された本件消費貸借契約は、売春の助長につながり、公序良俗に違反するといわなければならない」としている。それぞれの契約は条件関係に立ち、不法な条件が問題となっている。雇用契約の不法性が当然に消費貸借契約の無効を導くことになっている。

したがって、この場合には、純粋な「契約アプローチ」が問題となっているといえる。

3　錯誤無効

契約の終了の場面において、錯誤無効が争われた裁判例として、準消費貸借契約と抵当権設定契約によって構成された取引（下記(1)）、売買契約と講習契約によって構成された取引（下記(2)）がある。

これらの場合には、一方の契約の錯誤による無効を理由として、他方の契約も無効とすることができるかが問題となる。

(1)　準消費貸借契約と抵当権設定契約

準消費貸借契約と抵当権設定契約によって構成された取引の裁判例には、〔裁判例❹-1〕東京地判昭和40・4・21判タ178号151頁、〔裁判例❹-2〕東京高判昭和44・4・28判時557号241頁（〔裁判例❹-1〕の控訴審判決）、〔裁判例❹-3〕最一小判昭和45・5・29判時598号55頁（〔裁判例❹-2〕の上告審判決）がある。

(ア)　事案の概要

Xは、Yに対して約束手形に基づく手形債権合計1633万7826円を有していた。Yは、当時約7000万円の負債を負い、期限が到来した手形について支払呈示がなされたが、支払いを拒絶した。期限が到来していない手形についても、支払いの見込みが立たなかった。Yは、Xに対して約2000万円（そのうち昭和25年中に500万円）の融資を懇願した。XのためにYの全財産に抵

当権を設定することを条件に、期待どおりの融資を X が承諾したと Y は誤信した。昭和25年12月12日、Y は、前記手形債権につき準消費貸借契約を締結するとともに、これを被担保債権として、Y 所有の工場建物、土地などについて X のために抵当権を設定する旨の契約を締結し、登記をした。X は、その後、Y に対し、数通の約束手形額面の計約100万円を割り引いて70万円を交付したにすぎなかった。

別訴において、その後 X から Y に追加の融資があることが契約の要素になっていたのにかかわらず、予期どおりの融資が得られなかったとして、抵当権設定契約が要素の錯誤により無効であるとし、Y はその登記の抹消登記手続を求める訴えを提起した。その請求を認容する判決は確定した。

本訴では、X は Y に対して、準消費貸借契約に基づく貸金返還請求を主張した。

(イ) 判　旨

〔裁判例❹-1〕は、次のように判示した。

「Y は……X のために前記の手形金債務を準消費貸借債務にあらため、抵当権を設定すれば昭和25年末迄には X から少くとも金500万円位の資金を融資して貰えるものと誤信せしめられ、よって X と本件準消費貸借契約を締結したものであるから、X、Y 間において右融資の約束は右準消費貸借契約締結の明示の動機となっているものというべきであるから本件準消費貸借契約は要素の錯誤があるものというべく、従って無効である」。

一方、〔裁判例❹-1〕の控訴審判決である〔裁判例❹-2〕は、次のように判示した。

「本件準消費貸借契約は抵当権設定契約を締結する前提として同時に約定されたものであって、両者が密接な関係にあることは Y 主張のとおりである」。

「本件の両契約の締結された主たる目的が抵当権の設定にあったことは疑いのないところであるが、しかしそうだからといって、準消費貸借契約のみを切り離しては、契約目的からみて無意義になるというものではなく、またこれのみを有効としてもそれによりいずれかの当事者に不測の不利益を生ぜしめるわけのものでもない。したがって両契約の有効、無効は可分に考えてよく、またその無効事由は各別に判断して差し支えないというべきである。ところで本件において無効事由とされる Y の

錯誤は契約に応ずれば融資が得られるという明示の動機にあったというのであるから、その錯誤は右いずれの契約の成立過程においても同様にこれを認めざるをえないが、しかし、他方、明示された動機の錯誤といってもそれがすべての契約につき等しく要素の錯誤となるものではなく、それが要素の錯誤といいうるには、当該契約の内容、性質と対比してそれとの関係における重要性が認められる場合、すなわちその動機の錯誤がなかったならば通常当該契約を締結しなかったであろうと認められることが必要である。そうだとすれば、本件における右の動機は抵当権設定契約についてこれを契約の要素と認めうるとしても、本件準消費貸借契約についてはこれと同様な重要性をもって理解することはできない。すなわち、右準消費貸借契約は前記のとおりXの既存の手形債権をもって消費貸借の目的とするとともに、利息、遅延損害金につき約定する反面、弁済期を約1年後の昭和26年12月20日に延期するものであって、経済的にはYにとりむしろ有利ともいうべきであるから、前示動機の錯誤がなかったならば右準消費貸借契約を締結しなかったであろうという関係は到底これを認めるに由ないところである。よって右準消費貸借契約には要素の錯誤はないといわざるをえないから、Yの錯誤による無効の主張は理由がないとして排斥を免れない」。

さらに、〔裁判例❹-2〕の上告審判決である〔裁判例❹-3〕は、次のように判示した。

「本件契約が準消費貸借契約と抵当権設定契約の二個の契約よりなり立っている旨の原審の認定・判断は、挙示の証拠関係に照らして正当としてこれを是認することができる。そうだとすれば、右両契約について各別にその効力を判断したこと自体に理由齟齬その他所論のような違法はない。一般に、錯誤が意思表示の要素に関するものであるというためには、その錯誤が動機の錯誤である場合には動機が明示されて意思表示の内容をなしていること及びその動機の錯誤がなかったならば通常当該意思表示をしなかったであろうと認められる程度の重要性が認められることを要するものと解すべきであり、この点に関する原審の判断は正当である。そして、本件の両契約の締結された主たる目的が抵当権の設定にあったものではあるが、しかし本件準消費貸借契約がYの従来の手形債務の弁済期を延期し、経済的にはYにとって有利なものとなった旨の原審の認定・判断は、挙示の証拠関係に照らしてこれを肯認しうるところであり、右事実関係に照らせば、Yについて錯誤がなかったならば本件準消費貸借契約を締結しなかったであろうという関係は到底これを認めることができないとした原審の認定・判断は正当であり、原判決には所論のような違法はない」。

Ⅰ　契約の終了

(ｳ)　検　討

　本件では、抵当権設定契約の締結の前提として準消費貸借契約が締結された場合、抵当権設定契約のみならず、準消費貸借契約も錯誤により無効とされるかが問題となっている。

　〔裁判例❹-1〕は、準消費貸借契約は、抵当権設定契約と同様に、無効であると判断した。その理由として、追加の融資がなされるという明示の動機の錯誤は、準消費貸借契約の要素の錯誤となることをあげている。

　〔裁判例❹-2〕は、〔裁判例❹-1〕とは異なり、準消費貸借契約には要素の錯誤はなく、錯誤無効とはならないと判断した。〔裁判例❹-2〕では、①準消費貸借契約は抵当権設定契約を締結する前提として、同時に約定されたものであること、②それぞれの契約の締結された主たる目的は、共通して、抵当権の設定にあったものであることから、それぞれの契約が密接に関係していることを認めている。

　続いて、Yが、融資が得られるという動機を明示しつつ、それぞれの契約を締結している場合、その動機が要素の錯誤に該当するといいうるには、該当する各契約の内容・性質との関係において、その動機の錯誤がなかったならば通常当該契約を締結しなかったであろうと考えられるほど重要であるか否かを判断する必要があるとしている。この点について、〔裁判例❹-2〕は、融資が得られるという明示された動機の錯誤が、準消費貸借契約においては要素の錯誤とは認められないとした。その理由として、既存の手形債権についての準消費貸借契約の締結は、利息、遅延損害金につき約定する反面、弁済期を約1年後の昭和26年12月20日に延期するものであって、経済的には、Yにとっては有利であるという点をあげている。

　このように、〔裁判例❹-2〕では、それぞれの契約が密接に関係していることを認めつつも、準消費貸借契約と抵当権設定契約の有効・無効は、各別に判断されるとしている。さらに、それぞれの契約が錯誤により無効であるかを判断するには、両契約の締結の同時性や両契約の目的の共通性を観察するだけでは不十分であり、各契約の内容・性質を考慮しながら、該当する動

29

機の錯誤がそれぞれの契約にとって重要であるか否かを検討する必要があるとしている。なお、〔裁判例❹-3〕もこの見解を支持している。

(エ) 小 括

本件では、抵当権設定契約と同様、準消費貸借契約も錯誤により無効とされるかが問題となっている。〔裁判例❹-2〕〔裁判例❹-3〕は、抵当権設定契約とは異なり、融資が得られるという明示された動機の錯誤は準消費貸借契約の内容にはなっていないと判断し、準消費貸借契約の錯誤無効を否定している。一方の契約で要素の錯誤に該当した動機の錯誤が、他方の契約でも要素の錯誤に該当するかを検討している。

したがって、この場合には、純粋な「契約アプローチ」が問題となっているといえる。

(2) 売買契約と講習契約

売買契約と講習契約によって構成された取引の裁判例には、〔裁判例❺〕大阪地判昭和56・9・21判タ465号153頁がある。

(ア) 事案の概要

Xらは、Yから本件脱毛機を購入するとともに、その使用方法に関する講習を受ける旨の契約を締結した。本件脱毛機は、高周波発信回路から発せられる高周波を、ツイザーを介して毛の下部に至らせるものであった。その誘電加熱によりこれを破壊することによって脱毛を行うとともに毛の再生ないし新毛の形成を防止しようとするものであった。Yは、本件脱毛機を指示された使用方法に従って相当期間使用すれば永久脱毛が可能であり本件脱毛機はそのような性能を有するものであると表示し、かつ、これを保証して販売を行っていた。Xらは、3年程度の期間本件脱毛機を使用したが、期待した脱毛効果がなかったとして、本件脱毛機の売買契約およびその使用方法に関する講習契約につき、要素の錯誤による無効、詐欺による取消し、瑕疵担保による契約の解除などを主張し、Yに対し、売買代金および受講料の返還等を請求した。

Ⅰ　契約の終了

(イ)　判　旨

〔裁判例❺〕は、次のように判示した。

「Yは本件機械を販売するにあたりXらに対し本件機械を指示された使用方法に従って相当期間使用すれば永久脱毛が可能であり本件機械はそのような性能を有するものであると表示しかつこれを保証して販売したものであり、Xらはいずれも本件機械が右表示どおりの性能を有しXらもこれを相当期間使用することによって右にいうところの永久脱毛の効果を得られるものと信じて買受けたものと認めるのが相当である」。

「Xらは本件機械をYにより指示された方法に従い相当期間これを使用して脱毛を試みたが結局Yが保証しまたXらが期待したような永久脱毛の効果は得られなかったものというべく、他に特段の事由が主張、立証されない限り本件機械はXらに対しYが表示し保証したような永久脱毛を達成させ得る性能を有しなかったものと推断せざるを得ない」。

「以上の認定事実および判断に照らすと、Xらが本件機械を購入しあるいは前記講習を受講するについてはXら主張の錯誤が存し、かつ右錯誤は右各契約の要素に関するものであると認めるのが相当であり、右各契約は効力を有しないものであったというべきである」。

(ウ)　検　討

〔裁判例❺〕では、Yが保証しXらが期待したような性能を有していなかった脱毛機の売買契約およびその使用方法に関する講習契約が、要素に関する錯誤に該当し、無効となるかが問題となった。〔裁判例❺〕は、それぞれの契約の錯誤による無効を認め、Xらによる売買代金・受講料の返還請求を認めた。

ここでは、Xらによる目的物の性能の錯誤が問題となっている。目的物の性能の錯誤は、動機の錯誤に関する類型と考えられることが多い（山本敬三『民法講義Ⅰ総則〔第3版〕』181頁〜182頁、四宮和夫＝能見善久『民法総則〔第八版〕』217頁〜218頁、潮見佳男『契約各論Ⅰ』249頁）。動機は意思表示の内容とはならないため、動機の錯誤は、原則として無効とはならない。しかし、表意者によって動機が明示または黙示に表示されて意思表示の内容とされた場合には、動機の錯誤も法律行為の要素の錯誤となりうるという考え方

31

がある（森田宏樹「民法95条（動機の錯誤を中心として）」広中俊雄＝星野英一編『民法典の百年Ⅱ個別的観察⑴総則編・物権編』187頁～190頁）。また、契約の類型・性質に応じて、問題とされた動機が意思表示の内容として取り込まれているか否かを判断し、意思表示の内容として取り込まれていれば、問題とされた動機の錯誤は要素の錯誤に該当するという考え方もある（森田宏樹「『合意の瑕疵』の構造とその拡張理論⑴」NBL482号25頁～26頁、大村敦志『典型契約と性質決定』184頁）。

〔裁判例❺〕では、表示に対する期待に応えられる性能を有しているだろうというXらの動機が、契約内容に取り込まれていることから、要素の錯誤の存在を認めている。表示の有無を問題にはしていない。Yが保証した永久脱毛の性能を本件脱毛機が有していなかったことが、各契約の要素の錯誤に該当し、無効となると判断している（石川博康「判批」別冊ジュリ200号46頁～47頁）。

(エ) 小 括

本件では、売買契約と同様、講習契約も錯誤無効となるかが問題となっている。期待した永久脱毛の性能がない商品ならば買主は購入しなかったという錯誤は、売買契約の要素の錯誤には該当しうるが、講習契約の要素の錯誤にも該当すると考えるのは難しい。講習契約の要素の錯誤は、むしろ、売買契約が存在することの錯誤にある。売買契約が存在するという買主の動機の錯誤があり、その動機が講習契約の内容に取り込まれているから、講習契約も要素の錯誤により無効となっている。いかなる錯誤が講習契約にあるのかを全体として考え、講習契約の錯誤無効を判断することになっている。

したがって、この場合には、「中間的アプローチ」が問題になっているといえる。

4 解 除

契約の終了の場面において、解除が争われた裁判例として、売買契約と賃貸借契約によって構成された取引（下記⑴）、売買契約と会員権契約によっ

て構成された取引（下記(2)）、売買契約と在学契約によって構成された取引（下記(3)）、売買契約と請負契約によって構成された取引（下記(4)）、売買契約と管理契約によって構成された取引（下記(5)）、賃料保証契約と設計契約によって構成された取引（下記(6)）、リース契約と売買契約（リースバック）によって構成された取引（下記(7)）がある。

　これらの場合には、一方の契約の債務不履行による解除を理由として、他方の契約も解除することができるかなどが問題となる。

(1)　売買契約と賃貸借契約

　売買契約と賃貸借契約によって構成された取引の裁判例には、〔裁判例❻-1〕東京地判平成4・7・27判時1464号76頁、〔裁判例❻-2〕東京高判平成5・7・13金法1392号45頁（〔裁判例❻-1〕の控訴審判決）がある。

(ア)　事案の概要

　Y（不動産の小口分譲販売会社）は、対象物件の土地・建物の持分を細分化し販売し、購入者から賃借する内容の募集を行った。昭和62年11月、Xは、Yとの間で、本件物件の持分30口分を代金900万円で購入する旨の売買契約と、賃料を持分一口につき年額1万2000円とする旨の賃貸借契約を締結した。本件契約書の条項は、売買契約の部分と賃貸借契約の部分に分かれていた。売買契約の部分に位置する解除の条項には、「本契約締結後各当事者が定めた事項を履行しない時は相手方は催告のうえ本契約を解除することができる」という規定があったが、賃貸借契約上の債務不履行がある場合に売買契約をも解除できる旨を明示した条項はなかった。

　Yは、約定どおり賃料を支払っていたが、経営が苦しくなり、4年目には賃料を一方的に一口6000円に減額した。Xは、Yによる賃料の一方的な減額が契約違反にあたると主張して、売買契約と賃貸借契約の解除および支払った金銭の返還を求めた。

(イ)　判　旨

　〔裁判例❻-1〕は、次のように判示した。

　「……Yは、本件契約締結の一般向けの勧誘にあたり、前記一1のように本件契約

の主眼が一口当たり4パーセントの家賃収入ないし売上収益の分配にあるかのような宣伝を行い、右宣伝あるいは右契約書においても、一口当たり1万2000円の賃料を責任をもって支払い、増額に努力する旨を確約していることからすると、Xも主としてこのことに期待して本件契約を締結したものであって、本件持分を売買により取得すること自体は、単に右投資の手段にすぎず、このことに固有の利益ないし関心があったわけではないことは明らかである。そうすると、本件契約は、本件持分を買い受ける方法により出資し、これに対し相当の利益配分を受ける旨の、本件持分の売買と賃貸借契約が不可分的に結合した一種の混合契約であるとみるのが相当であって、右契約が形式上売買契約の部分と賃貸借契約の部分とに分かれている体裁をとっているからといって、後者の債務不履行が前者の解除事由に当たらないとすることは相当でないというべきである」。

　一方、〔裁判例❻-1〕の控訴審判決である〔裁判例❻-2〕は、次のように判示した。

　「本件契約は、これを経済的にみれば、持分の取得者（買主）が取得した持分を直ちに売主に賃貸し、もっぱら賃料を収受することによって経済効果を達成する仕組みであって、持分の処分により投下資本の回収を図ることも可能である。一方、法律的には本件物件の持分の売買契約と賃貸借契約との混合契約であることが明らかである。そして、本件契約の各条項を仔細に検討すれば、売買契約の部分と賃貸借契約の部分とはそれぞれ可分のものとして扱われており、売買契約の解除は売買契約の条項に不履行があった場合を前提とし、賃貸借契約の不履行により売買契約の効力が左右されることを窺わせる条項は存在しない。そうすると、本件契約においては、賃貸借契約の不履行により売買契約をも含めた本件契約全部の解除を予定した特段の規定のない以上、売買契約の履行が完了した後は、売買契約の解除事由も消滅し、賃貸借契約の不履行など賃貸借契約上の問題によって売買契約の効力が影響を受けることはないこととし（賃貸人は賃料請求、賃貸借契約の解除、持分の処分などの方法を選択することができる。）、法律関係の安定を図ったものと解するのが相当である。

　ところで、Xは、賃料支払債務の不履行を理由として本件契約全部の解除を主張しているが、右に説示したとおり解除事由に当たらないから右主張は理由がない」。

　(ウ)　検　討

　本判決では、賃貸借契約と売買契約が組み合わされた不動産投資を目的とした取引をどのような取引構造と考えるのか、賃貸借契約の不履行を理由と

して、売買契約も解除することができるかが問題となった。

　問題となった取引をどのような取引構造と考えるのかについては、〔裁判例❻-1〕と〔裁判例❻-2〕の見解は異なる。

　〔裁判例❻-1〕は、持分を買い受ける方法によって出資し、これに対し相当の利益配分を受けるという、不動産投資を目的とした、全体として一種の混合契約であると述べている。すなわち、Yの勧誘の態様、Xが勧誘に応じた動機ないし目的を強調している（星野豊「判批」ジュリ1067号133頁）。〔裁判例❻-2〕は、全体として1つの契約を認めつつ、形式的な契約の構成も重視している。売買契約の部分と賃貸借契約の部分がそれぞれ可分であるとしている。

　また、賃貸借契約の不履行により、売買契約も解除されうるかの問題についても、〔裁判例❻-1〕と〔裁判例❻-2〕は、異なる考え方を示している。

　〔裁判例❻-1〕は、両当事者が全体として達成しようとした経済的な目的に合致させて、両契約が解除されると判断している。契約書が形式上売買契約の部分と賃貸借契約の部分とに分かれていることは、重要ではないとしている。これに対し、〔裁判例❻-2〕は、契約書の形式をより重視して、一方の契約のみ解除されると判断している（星野豊「判批」ジュリ1067号133頁）。

　学説では、本件で問題になった取引をどのような取引構造と考えるのかについては、〔裁判例❻-1〕の考えのほうが当事者間の契約の趣旨にも合致しているとする見解がある（松本恒雄「判批」法セ482号99頁）。

　そのほかには、〔裁判例❻-2〕が売買契約の部分と賃貸借契約の部分とは、それぞれ可分のものとして扱うと判断した点について、全体契約の中に、2つの部分契約があるとしているように読めるとする見解がある（後掲〔裁判例❼-3〕の判例評釈である、北村實「判批」別冊ジュリ160号101頁）。この見解は、取引の目的に沿って全体が1つの契約である（全体契約）と構成し、それを構成する権利義務の発生根拠を複数の個別契約に分解して理解していると分析する。この場合、全体契約を認めつつ、部分契約に独自性があるとし、不動産持分の小口譲渡契約は、投資取引の部分としての売買であ

り、収益可能性・処分可能性・投資回収可能性、があるかが問題となると分析する（後掲〔裁判例❼-3〕の判例評釈である、北村實「判批」法時69巻12号105頁）。

(エ) 小 括

〔裁判例❻-2〕の判断のように、取引が2つの契約によって構成されるとすると、賃貸借契約と同様に売買契約も解除されるかが問題となる。〔裁判例❻-2〕は、売買契約の部分と賃貸借契約の部分が可分であるとし、売買契約には賃貸借契約の債務不履行により売買契約が解除されるという条項はないことから、売買契約の解除を否定している。解除条項の内容により売買契約の解除の可否が考えられている。

したがって、この場合には、純粋な「契約アプローチ」が問題となっているといえる。

(2) 売買契約と会員権契約

売買契約と会員権契約によって構成された取引の裁判例には、①リゾートマンションの区分所有権の売買とスポーツクラブ会員権に関する〔裁判例❼-1〕大阪地判平成6・12・19民集50巻10号2691頁、〔裁判例❼-2〕大阪高判平成8・1・31民集50巻10号2698頁（〔裁判例❼-1〕の控訴審判決）、〔裁判例❼-3〕最三小判平成8・11・12民集50巻10号2673頁（〔裁判例❼-2〕の上告審判決）、および、②リゾートホテルの共有持分権の売買と同ホテル利用のクラブ会員権に関する〔裁判例❼-4〕東京地判平成21・6・24判時2060号96頁がある。

(ア) 事案の概要①——リゾートマンションの事例

Y（不動産会社）は、リゾートマンションを建築しこれを分譲するとともに、マンションの一区画を購入した者を会員とするスポーツクラブの施設を所有し管理している。

平成3年11月、Xらは、Yから本件マンションの一区分を買い受け、これと同時に、X_1は、本件クラブの会員権一口である本件会員権を購入した。本件売買契約書には、スポーツクラブ会員権付きである旨の記載があり、ま

た、本件クラブ会則には、本件マンションの区分所有権を譲渡した場合には会員たる地位を失う旨の定めがあった。

Yは、新聞広告・案内書等において、本件クラブは、テニスコート・屋外プール・サウナ・レストラン等を完備し、平成4年9月末には屋内プール等の施設が完成予定である旨を明示していた。

しかし、屋内プール等は予定期日から1年近くが経過しても未着工のままであった。

そこで、XらはYに対して、売買契約および会員権契約を解除する旨の意思表示を行い、売買代金とスポーツクラブ会員権の登録料・預託金の返還などを求めた。

(ｲ)　**判旨①——リゾートマンションの事例**

〔裁判例❼-1〕は、次のように判示した。

「マンション購入者がマンションに滞在しながらその周辺に存在する娯楽施設、スポーツ施設を利用することは、当然のこととして予定され、その前提として、マンション区分と倶楽部会員権が帰属を一にするものとされているから、本件売買契約と本件会員権契約は不可分的に一体化したものと考えるべきである」。

「Xらが本件不動産を購入した日から相当期間内に屋内プールを建設して、これをXらに利用させるYの債務は、本件会員権契約のみならず、本件売買契約にとっても必須の要素たる債務であるといわなければならない」。

「以上によれば、Xらによる本件売買契約及び本件会員権契約の解除はいずれも有効であ」る。

一方、〔裁判例❼-1〕の控訴審判決である〔裁判例❼-2〕は、次のように判示した。

「本件不動産と本件会員権とは財産権としては別個独立のものであり、売買契約の客体としても別個のものであることは明らかであって、……本件不動産と本件会員権とが一個の客体として本件売買契約の目的となっていたものとみることはとうていできない。すなわち、法律的には、本件契約は本件不動産の売買契約と本件会員権の購入契約の二個の契約より成り、両契約が『一体のもの』と認めることはできないというべきである」。

「二個の契約のうち一方の契約上の義務の不履行を理由に他方の契約を解除するこ

とができないことは当然のことであるが、本件のように、会員権の購入契約が不動産の売買契約と同時に、かつそれに随伴して締結されたような場合であって、会員権購入契約にもとづくYの義務が約定どおり履行されることが不動産の売買契約を結んだ主たる目的の達成に必須的でありかつそのことが売買契約において表示されていたのにこれが履行されないときには、いわゆる付随的義務の不履行の場合と同様、売買契約の要素をなす債務が履行されない場合に準じて、その不履行を理由に売買契約を解除することができるものと解するのが相当である」。

「仮に屋内プールの完成の遅延が本件会員権購入契約上の債務不履行にあたるとしても、それを理由に、本件不動産の売買契約の要素をなす債務が履行されない場合に準じてこれを解除することはできない」。

これを受けて、〔裁判例❼-2〕の上告審判決である〔裁判例❼-3〕は、次のように判示した。

「同一当事者間の債権債務関係がその形式は甲契約及び乙契約といった二個以上の契約から成る場合であっても、それらの目的とするところが相互に密接に関連付けられていて、社会通念上、甲契約又は乙契約のいずれかが履行されるだけでは契約を締結した目的が全体としては達成されないと認められる場合には、甲契約上の債務の不履行を理由に、その債権者が法定解除権の行使として甲契約と併せて乙契約をも解除することができるものと解するのが相当である」。

「これを本件について見ると、本件不動産は、屋内プールを含むスポーツ施設を利用することを主要な目的としたいわゆるリゾートマンションであり、前記の事実関係の下においては、Xらは、本件不動産をそのような目的を持つ物件として購入したものであることがうかがわれ、Yによる屋内プールの完成の遅延という本件会員権契約の要素たる債務の履行遅滞により、本件売買契約を締結した目的を達成することができなくなったものというべきであるから、本件売買契約においてその目的が表示されていたかどうかにかかわらず、右の履行遅滞を理由として民法541条により本件売買契約を解除することができるものと解するのが相当である」。

(ウ) 検討①——リゾートマンションの事例

本件では、全体としてひとまとまりの会員権付きリゾートマンション売買契約と考えるべきか、マンション区分所有権の売買契約と会員権契約という2個の契約と考えるべきかが問題となっている。2個の契約と考える場合、屋内プールの未完成を理由に会員権契約のみならず、売買契約をも解除でき

るとすれば、どのような場合であるかも問題となっている。

〔裁判例❼-1〕は、売買契約と会員権契約を不可分に一体化したものととらえている。相当期間内に屋内プールを建設して、これをXらに利用させるYの債務は、会員権契約のみならず、売買契約にとっても必須の要素たる債務であるとしている。〔裁判例❼-1〕の判断の特徴は、不可分に一体化した全体としてひとまとまりの契約における要素たる債務の不履行が、外形上では別個に締結されている2個の契約の解除をもたらすとしているところにある。

〔裁判例❼-2〕は、不動産と会員権は別個独立した財産権であるとし、売買契約と会員権契約を2個の契約と把握している。このような場合、原則として、一方の契約の債務不履行解除は、他方の契約に影響しないと考えている。そのうえで、例外的に複数の契約を結びつけるためには、客観的な事情に加えて、一定の表示が必要であると考えている。

〔裁判例❼-3〕は、一定の債権債務関係における給付が相互に密接に関連づけられ、目的達成のために相互に依存していることから、2個の契約の解除を認めている（河上正二「判批」判評470号177頁）。〔裁判例❼-3〕は、〔裁判例❼-1〕のように不可分一体の契約を要求することなく、〔裁判例❼-2〕のように一定の表示を要求することもない。この判断の特徴は、2個の契約の解除が認められるかを考えるとき、「目的が全体としては達成されない」という部分から、「契約を締結した目的全体」を介しながら判断をしていることにある。

学説では、1つの契約であるか複数の契約であるかの判断基準について、①目的物の性質のほか当事者の意思や契約目的に基づく債務内容の解釈によって定まるとする見解（河上正二「判批」判評470号178頁）、②契約の単位は実質的な法的財貨単位で考えられ、事後的に何に対して対価が支払われたかを考慮し判断するという見解（金山直樹『現代における契約と給付』158頁、同「給付とは何か(2)給付と契約（リゾートマンション事件）――日本を変える10の最高裁判決(2)」民研633号67頁～69頁）などがある。

1つの契約とされた場合には、屋内プールを予定期日に完成させるという債務の不履行が、会員権付き区分所有権の売買契約の解除を導くほどに重要な不履行であるかが問題となる。この問題の判断は、当該不履行によって契約の締結をした目的を達成することができないと評価されるか否かにかかってくる（大村敦志「判批」ジュリ1113号69頁、山本敬三『民法講義Ⅳ―1契約』181頁）。

複数の契約とされた場合には、どのような場合に、一方の契約の債務不履行により、他方の契約も解除されるかが問題となる（渡辺達徳「判批」新報104巻4・5号178頁～179頁、池田真朗「『複合契約』あるいは『ハイブリッド契約』論」NBL633号12頁～16頁）。この問題を考えるにあたって、場合によっては、階層的に契約の個数を考え、基本的な「枠組み」を形成する1個の契約の中に、複数の契約が各々独立した形で並列・直列・環状に存在することも想定しうるのではないかとする見解がある（河上正二「判批」判評470号178頁）。この見解では、「枠契約（Rahmenvertrag）」と「支分的契約」の枠構造により、複眼的な視座が要求されるとし、本件の場合、スポーツ施設の利用権を含むリゾートマンションの購入という大きな「枠契約」と、これに包含された区分所有権売買契約・会員権契約といった個々の「支分的契約」の両面から、契約の解除が認められるかを考えることになるとしている。さらに、この見解は、枠契約の解消もやむを得ない不履行であるとの評価が下されるなら、支分的契約の解除のみならず、枠契約の解除も認められるという考え方を提案している（河上正二「判批」判評470号180頁、同「債権の発生原因と目的（対象・内容）(5)――複合的給付と複合的債権関係」法セ695号79頁）。

そのほかには、「その形式は甲契約及び乙契約といった二個以上の契約から成る場合であっても、それらの目的とするところが相互に密接に関連付けられていて、社会通念上、甲契約又は乙契約のいずれかが履行されるだけでは契約を締結した目的が全体としては達成されないと認められる場合」という部分から、〔裁判例❼-3〕は、形式的には2つの契約を認めているが、結局は、「目的の相互密接関連性のために、契約の目的が全体として達成され

ないかどうか」を基準として、解除の範囲を画定しているとする見解がある（曽野裕夫「契約解除の要件・効果」鎌田薫ほか編『民事法Ⅲ債権各論〔第2版〕』88頁～89頁）。この見解は、「契約」を思考の単位とするのではなく、端的に「個々の債権債務」に着目して、それぞれが何と対価関係を形成しているのかを個別に判断し、解除の範囲に含まれる債権債務を画定していくことになるとする。この見解では、2つの契約を超えた「債権債務関係」に着目しながら、それぞれの契約が解除されるかを判断している（曽野裕夫「契約解除の要件・効果」鎌田薫ほか編『民事法Ⅲ債権各論〔第2版〕』88頁～89頁、山本豊「判批」判タ949号52頁、河上正二「債権の発生原因と目的（対象・内容）(5)——複合的給付と複合的債権関係」法セ695号76頁）。

(エ) **事案の概要②——リゾートホテルの事例**

Xは、Y（リゾートホテルの経営等を目的とする会社）との間で、リゾートホテルの共有持分権を買い受けることを条件に、リゾートホテルなどの利用を目的としたクラブ契約を締結した。

クラブの利用規定には、クラブ会員に対して、リゾートホテルを利用できる利用券を年間20枚発行し（本件利用規定3条1項・3項）、未使用の利用券については1枚1万円で買い上げる（本件利用規定16条2項）と定められていた。共有持分権の販売のときに配布されたパンフレットには、リゾートホテル等の利用が魅力的であるとともに、未使用利用券を買い上げるシステムがあり、このシステムは安全で確実な財テクになると宣伝されていた。

その後、Yは未使用利用券1枚の買上金額を一方的に変更し、平成8年から1枚1500円とし、平成13年7月からは、1枚470円と変更した。Xは、Yによるクラブ契約の債務不履行を理由に、クラブ契約と共有持分権の売買契約を解除し、持分一部移転登記の抹消登記手続、リゾートホテルの共有持分権の売買代金およびリゾートホテル利用のためのクラブ入会登録料・年会費等の返還を求めた。

(オ) **判旨②——リゾートホテルの事例**

〔裁判例❼-4〕は、次のように判示した。

「本件不動産の共有持分権の得喪と本件クラブ会員たる地位の得喪は、不可分のものとして密接に関連付けられているから、本件売買契約と本件クラブ契約が別々に締結手続や入会手続がとられているとしても、本件クラブ契約の債務不履行があり、その履行がなければ本件売買契約の目的が達成されないような特段の事情がある場合には、本件クラブ契約のみならず本件売買契約をも解除することができるというべきである」。

「本件クラブ規定3条及び16条では、Yが、本件クラブ会員に対し、冬期特別期間及び夏期特別期間等に本件リゾートホテル等を利用することができる利用券を年間20枚発行し、未使用の利用券については1枚につき1万円でこれを買い上げる旨定められており、かつ、Yが本件リゾートホテルの共有持分権の販売に際して配ったパンフレットには、その1頁全てを使った別紙のとおりの記載がされ、Yは、本件リゾートホテル等の利用が魅力的であるとともに、この未使用利用券の買上げシステムが安全・確実な財テクになると宣伝していたこと、Xは、本件リゾートホテルの利用とともに、この未使用利用券の買上げシステムにより一定の利益を得られることにも魅力を感じて、本件売買契約を締結したことが認められ、これらの事実によれば、本件クラブ会員であるXにとって、Yに対して未使用利用券の買上げを請求することができる権利は、本件リゾートホテルの利用を求めることができる権利とともに、会員としての基本的で重要な権利の1つであると解すべきである」。

「……上記金額を一方的に変更し、同金額で買上げをしたのであるから、この点においてYには本件クラブ契約の債務不履行があるというべきである」。

「そして、本件リゾートホテルの利用とともに未使用利用券の買上げシステムにより一定の利益を得られることを期待していたXとしては、未使用利用券の買上げ金額がほぼゼロになってしまったとすれば、本件売買契約を締結した目的の約半分が無に帰したに等しいというべきであり、同契約の目的が達成されないことが明らかである。

したがって、Xは、本件クラブ契約のみならず本件売買契約をも解除することができる（なお、Xが主張するその他の債務不履行の事由は、判断するまでもない）」。

(カ) 検討②——リゾートホテルの事例

本件では、クラブ契約の債務不履行を理由に、クラブ契約のみならず共有持分権の売買契約も解除できるかが問題となっている。この問題について、〔裁判例❼-4〕は、クラブ契約の債務不履行があった場合、その履行がなければ売買契約の目的が達成されないような特段の事情がある場合には、売買

契約も解除することができるとして、両契約の解除を認めている。

〔裁判例❼-4〕は、クラブ会員権付きの不動産の共有持分権の売買契約という1つの契約ではなく、クラブ契約と売買契約という独立した2つの契約が問題になっていると考えている（奈良輝久「企業間取引における複合契約の解除(上)——主として二当事者間の場合」判タ1339号39頁）。

次に、「本件不動産の共有持分権の得喪と本件クラブ会員たる地位の得喪は、不可分のものとして密接に関連付けられている」という部分から、不動産の共有持分権と会員権は別個独立の財産権であるが、密接に関連づけられているとしている。それぞれの契約の締結手続、入会手続が別々になされたことは、両契約の密接な関連性を否定するものではないとしている。

続いて、Yに対して未使用利用券の買上げを請求することができる権利が、クラブ契約において、基本的で重要な権利の1つであると解している。このクラブ契約上の基本的で重要な義務が履行されることが、売買契約を締結した目的の達成に必須的であるにもかかわらず、履行されていないことから、売買契約も解除されると判断している。〔裁判例❼-2〕のように、売買契約において、問題となっているクラブ契約上の基本的で重要な義務が履行されることが「表示」されていることは、〔裁判例❼-4〕では要求されていない。それぞれの契約の目的が密接に関連づけられていることに着目して、両契約の解除が認められると判断している。

(キ) 小 括

〔裁判例❼-1〕〔裁判例❼-2〕〔裁判例❼-3〕では、複数の契約と構成された場合、会員権契約と同様に売買契約も解除されるかが問題となっている。スポーツ施設の利用が可能なリゾートマンションを買主が購入したと考えられ、屋内プールの完成という売主の債務は売買契約においても要素たる債務となることから、〔裁判例❼-3〕は、売買契約の解除を認めている。全体において何に対するいかなる給付を当事者は予定したかを考えつつ、売買契約の解除の可否の判断がされている。

したがって、この場合には、「中間的アプローチ」が問題となっていると

いえる。

また、〔裁判例❼-4〕では、クラブ契約と同様に売買契約も解除できるかが問題となっている。未使用利用券を一定の金額で買い上げる売主の義務は、売買契約の目的を達成するためにも重要な義務となることから、売買契約の解除を認めている。何に対するいかなる給付を当事者は予定したかを全体で考えつつ、売買契約の解除の可否を判断している。

したがって、この場合にも、「中間的アプローチ」が問題となっているといえる。

(3) 売買契約と在学契約

売買契約と在学契約によって構成された取引の裁判例には、〔裁判例❽〕大阪地判平成15・10・23判タ1148号214頁がある。

⑺　事案の概要

Xは、Y（学校）の平成14年度学生募集に応募し、一般入試に合格した。平成14年1月30日ころ、合格通知、入学案内等を受領し、平成14年2月7日、入学を希望する旨の宣誓書をYに送付し、平成14年2月8日、入学金28万円を支払った（以下、「本件契約」という）。平成14年2月下旬ごろ、Xは、制服、名札、氏名ゴム印等（以下、「制服等」という）を発注して、制服等の代金を支払い、その後、制服等を受領した。

しかし、平成14年3月1日、Xは、別の学校の合格通知を受けて、同校に入学することとした。平成14年3月6日、XはYに対して、入学を辞退する旨を葉書に記載して送付した。授業料等の振込期限は、平成14年4月8日とされていたが、Xは、授業料を納入しなかった。

Xは、Yに対して、不当利得に基づき、入学金および制服等の代金の返還等を主張した。以下では、制服等の代金の返還が主張できるか否かの問題を中心にみていく。

⑷　判　旨

〔裁判例❽〕は、次のように判示した。

「Xは、平成14年2月下旬、Yに赴いて制服等を購入し、その後、制服等を受領

している。

　これは、制服等の売買契約であると評価できるところ、制服等の売買契約は、同月8日に成立した本件契約とは別個の契約であり、本件契約の解除により当然に解除されるものと解することはできない。そして、売買契約の目的物である制服等が、Yに入学後、Yにおいて教育を受けるに伴い利用されるものであるとしても、制服等それ自体が独立の経済的価値を有するものであることも考えれば、この売買契約を、単純に本件契約と不可分一体のものであると評価することはできない。

　そうすると、制服等の売買契約を解除するためには、独立の解除事由が必要であるところ、Xはこれを主張していないし、また、解除事由となる事情があるものとも認めることはできない。

　したがって、Xは、Yへの入学を辞退したというだけでは、制服等の代金を不当利得として返還請求することはできないというべきである」。

(ウ) 検 討

　本件では、XがYと在学契約を締結し、Yから制服等を購入したが、入学前に在学契約が解除された場合、制服等の売買契約の解除も認められるかが問題となった。この問題について、〔裁判例❽〕は、売買契約の解除を認めなかった。その理由については、在学契約の解除により当然に売買契約は解除されない、制服等が独立の経済的価値を有し、売買契約は在学契約と不可分一体のものではない、売買契約には独立した解除事由がないことをあげている。

(エ) 小 括

　本件では、在学契約と同様に売買契約も解除されるかが問題となっている。〔裁判例❽〕は、まず、当然に売買契約も解除されることはないとしている。この判断には、純粋な「契約アプローチ」が用いられている。

　次に、〔裁判例❽〕は、売買契約に独立の解除事由があるかを検討している。授業料を支払うなどの義務は、売買契約の目的を達成するうえで、必須の義務ではなく、売買契約には独自の解除事由はないとしている。当事者が何に対していかなる給付を考えているかを全体で検討しつつ、判断している。この判断には、「中間的アプローチ」が用いられている。

　したがって、本件では、純粋な「契約アプローチ」「中間的アプローチ」

のいずれによっても売買契約は解除されないことになる。

(4) 売買契約と請負契約

売買契約と請負契約によって構成された取引の裁判例には、〔裁判例❾〕東京地判平成18・6・30判時1959号73頁がある。

(ｱ) 事案の概要

X（宗教団体）は、Y（ソフトウェア開発業者）との間で、Xの業務改善に伴うデータベース開発に関する請負契約（以下、「本件契約」という）を締結した。Xは、マッキントッシュサーバーにおいて会員に関するデータベースを管理していたが、Yは、Xに対して、マッキントッシュサーバーよりもウインドウズサーバーを使用したほうがデータベースの開発費が安くなると伝えた。Xは、Yとの間で、データベース開発のために必要なウインドウズサーバー（以下、「本件サーバー」という）を購入するというサーバー売買契約を締結した。Xは、データベース開発請負代金と本件サーバーの代金を支払ったが、Yは、データベースを完成させることができなかった。

そこで、本件契約の債務不履行を理由として、本件契約とともに、サーバー売買契約も解除できるかなどが問題となった。

(ｲ) 判　旨

〔裁判例❾〕は、次のように判示した。

「本件契約は、データベースの開発を目的とした請負契約であると解されるところ、XがYから本件サーバーを購入したことは、XとYとの間の本件サーバーにかかる売買契約であるといえる。そうすると、本件契約と本件サーバーの売買契約は契約自体は別個のものと認められる。しかし、本件契約は……ウインドウズサーバーによるデータベースの開発を前提にしており、そのことからこれまでの使用していたマッキントッシュサーバーからウインドウズサーバーに変更することを前提として、Xはウインドウズ用の本件サーバーを購入したのであって、本件データベースの開発がなければ本件サーバーを購入していない関係にあるといえる。なお、Xは、本件サーバーを購入した後、そのうち約20台のパソコンを、ワープロ及び番組編集用として使用していたことがあるものの、本件サーバーの導入の主たる目的は、ウインドウズサーバーによるデータベース開発であり、結局Xはマッキントッシュサーバーの使用を余儀なくされていることからすると……、そのような使用を

したことをもって本件サーバーの購入にかかる売買契約が本件契約と一体の関係にあるとの認定を左右することはできない。

このように本件サーバーにかかる売買契約は本件契約と一体であり、本件契約の解除事由は当然に本件サーバーの購入にかかる売買契約の解除事由に該当するものというべきである」。

「Xが本件サーバーの購入にあたって経費面を考慮したことが認められるが、本件データベースの開発がウインドウズサーバーで行われることからするとその使用機種はウインドウズサーバーによることが合理的であり、経費面を考慮したことをもって、本件サーバーにかかる売買契約が本件契約と一体関係にないということもできない」。

「Xが、Yに対し、平成16年6月23日、本件契約を解除するとの意思表示をしたことは当事者間に争いがない。

したがって、以上からすれば、本件契約及びこれと一体である本件サーバーにかかる売買契約は解除された……」。

(ウ) 検　討

本件では、データベース開発請負契約の債務不履行を理由として、データベース開発請負契約とともに、サーバー売買契約も解除できるかが問題となった。この問題について、〔裁判例❾〕は、両契約の解除を認めた。

〔裁判例❾〕は、両契約について、ウインドウズサーバーによるデータベースの開発がなければ、ウインドウズ用の本件サーバーを購入していない関係にあるとしている。

続けて、本件サーバーの導入の主たる目的は、ウインドウズサーバーによるデータベース開発であるとし、データベース開発がウインドウズサーバーで行われることからすると、その使用機種はウインドウズサーバーによることが合理的であるとしている。このような関係により、両契約が「一体」であることを理由に、一方の契約に生じた解除事由によって他方の契約も解除できるとしている。

〔裁判例❾〕の判断に対しては、動機の錯誤が無効とされるには「要素」の錯誤であることが要求されることに対応して、データベース開発請負契約の存在がサーバー売買契約にとって「要素」であるか否かについての検討が

必要であったのではないかとの見解がある（大澤逸平「判批」ジュリ1388号110頁〜111頁）。

　(エ)　小　括

　本件では、データベース開発請負契約と同様にサーバー売買契約も解除されるかが問題となっている。〔裁判例❾〕では、注文者はデータベース開発請負契約の解除の意思表示のみしているが、データベース開発請負契約がなければサーバー売買契約もなく、それぞれの契約が「一体」であるとして、一方の契約の解除事由は当然に他方の契約の解除事由に該当するとしている。

　したがって、この場合には、純粋な「契約アプローチ」が問題になっているといえる。

　(5)　売買契約と管理契約

　売買契約と管理契約によって構成された取引の裁判例には、〔裁判例❿〕大阪地判平成5・11・10判タ843号188頁がある。

　(ア)　事案の概要

　Y_1は、白浜緑光台の別荘地を販売する販売会社である。Y_1は、本件別荘地を販売するに際し、「白浜温泉に近く眺望絶佳の別荘地であり、温泉源二か所あり、全区画に温泉配管済みで各戸で専用の温泉を使用できる」と「温泉付別荘地」として宣伝していた。Y_1は、Xらとの間で、本件別荘地に関する売買契約、白浜緑光台管理契約（以下、「管理契約」という）および白浜緑光台温泉供給契約（以下、「温泉契約」という）を締結した。転得者は、新たに管理契約および温泉契約を締結することになっていた。その後、施設および温泉の管理は、Y_2、Y_3が担当していた。

　管理契約には、①土地所有者は、諸施設維持管理負担金（以下、「施設負担金」という）および管理費を負担する、②施設負担金は、補修引当金として積み立てし、使用の都度これを取り崩すものとする、③Y_2らは、2年目ごと（偶数年次の4月末日まで）に同年3月末日までの2年間の負担金取崩状況について使途明細書を添えて土地所有者に報告をする、④管理費は、1カ月

一区画あたり3500円とするが、右金額は改定されうるなどの定めがあった。

同別荘地の購入者の約2割にあたるXらは、Y_2らに対し、管理契約に定められた施設負担金の取崩状況の報告義務に違反したこと、水道法に違反して水質検査を行わず10年間も貯水槽の清掃をせず水質の管理を怠ったこと、日常の管理を怠ったこと、施設負担金を目的外に使用したことなど、本件別荘地の管理には多くの不備があるとして、債務不履行による管理契約の解除を主張した。

そのほかに、Xらは、詐欺による契約取消し（管理契約および温泉契約）、錯誤による無効（管理契約および温泉契約）、債務不履行による解除（温泉契約）、事情変更による契約の解除（管理契約）などを主張した。これに対し、Y_3らは、Xらの一部に対し、未払いの管理費などの支払いを求めた。以下では、管理契約が解除されるか否かという問題を中心にみていく。

(イ) 判　旨

〔裁判例❿〕は、次のように判示した。

「白浜緑光台土地売買契約によれば、『白浜緑光台内各分譲区画、公園、緑地、浄化槽等の維持管理については別に定める「白浜緑光台管理契約」を締結するものとし、買主はこの契約に定める全ての条項を承認し、諸施設維持管理負担金、施設維持管理費を支払うものとします。』（19条）と規定され、管理契約によれば、管理契約の有効期間は分譲地内に土地を所有する間存続するものとされ（28条）、また、『土地所有者が本分譲地及び建物を第三者に譲渡した場合は、譲受人に本契約を承継させるものとする。』（12条1項）と定められている。

右規定からすれば、白浜緑光台の分譲地の所有と管理契約は一体不可分のものであり、管理契約のみを解除することは予定されていないものというべきである。

実質的に考えても、管理契約により管理の対象とされる施設は、……土地所有者全員が共同使用する集中汚水処理施設、街路灯、街路樹、緑地、公園、運動場、プール、遊歩道、管理事務所等であって、後記のような具体的な管理業務の内容に照らしても、個々の所有者が管理契約を解除したからといって、その限度で管理を止めることができるものではなく、個別の解除を認めれば、契約を締結している者のみが管理費を負担し、その利益は全体で受けることになり、公平を失することは明らかである。

もっとも、土地を所有する限り、どのような事情が生じても管理契約を解除することができないものとすれば、管理者が誠実に管理業務を遂行せず、管理契約を締結した目的を達することができないような場合にも、管理者を変更することができず、不適格な管理者に管理費を支払い続けなければならないような不当な事態が生じることも想定されなくはない。

　したがって、管理者が管理業務を全く放擲したり、管理契約の目的を達成することができないような特段の事情がある場合には、個別に管理契約を解除することができることもあろうし、そのような特段の事情がない場合にも、共有物の管理の法理を類推して、土地所有者の過半数など多数の意思により、団体的に管理契約を解除・変更できることもあると考えられる。

　しかるところ、Xらの主張する事実のうち最も重大な債務不履行は、給水装置施設の管理及び検査について、法令に違反する過誤があった点であり、このような状態が継続し、改められなければ、管理契約の個別的な解除の検討もしなければならないが、前記のとおり、給水は白浜町水道の直送方式に切り換えられ、旧施設も既に白浜町に移管されたことにより、問題は解決されている。そのほかの事実（報告を遅滞したこと、負担金の利息の報告がなかったこと、管理員が一人の当時の現地管理の不備）はいずれも、軽微なものであり、かつ概ね改善されている。

　このような状況からすれば、かつて契約の本旨に従った管理業務がなされていなかった事実が一部にあったとはいえ、現時点でXらのみの個別的な管理契約の解除を認めなければならないような特段の事情があるとまではいえない。

　また、土地所有者の過半数がYとの管理契約の解除を求めていると認めるに足りる証拠もない。

　したがって、債務不履行によってXらが被った損害についての賠償請求はともかくとして、管理契約を解除することはできない」。

　(ｳ)　検　討

　本件では、一体不可分とされた分譲地の所有と管理契約がある場合、管理契約のみを解除することは認められるかが問題となった。この問題について、〔裁判例❿〕は、一定の限度で損害賠償の請求を認容したが、管理契約の解除については原則として否定した。

　売買契約には、買主が「白浜緑光台管理契約」を締結するという規定があり、管理契約には、管理契約の有効期間は分譲地を所有する間存続し、所有者が分譲地と建物を第三者に譲渡した場合、第三者に管理契約が承継される

という規定があった。これらの規定により、〔裁判例❿〕は、分譲地の所有と管理契約が一体不可分のものと考えている。

〔裁判例❿〕が管理契約のみを解除することを原則として否定した理由には、個々の購入者からの管理契約の解除を認めれば、管理契約を締結している者のみが施設全体の管理費を負担するのに、その利益は解除者にも及ぶなど公平を失う結果を招くことがあげられている。

このような原則には例外が認められている。〔裁判例❿〕によると、管理者が管理業務を全く放擲(ほうてき)する場合など、管理契約の目的を達成することができないような特段の事情がある場合である。

(エ) 小　括

本件では、分譲地の売買契約と一体不可分となった管理契約のみを解除することができるかが問題となっている。〔裁判例❿〕は、管理契約の目的が達成されないなど特段の事情がある場合には認められるとしている。管理契約が解除されたとしても当然に分譲地の売買契約は解除されない。売買契約が解除されるには独自の解除事由が必要となる。売買契約独自の解除事由が存在するかは、全体として何に対するいかなる給付を当事者が約束したのかを考えることになる。

したがって、この場合には、「中間的アプローチ」が問題となりうる。

(6) 賃料保証契約と設計契約

賃料保証契約と設計契約によって構成された取引の裁判例には、〔裁判例⓫〕東京地判平成7・1・11判時1557号108頁がある。

(ア) 事案の概要

平成3年9月29日、X（請負人）とY（注文者）との間で、Yのオフィスビル新築工事の設計業務の委託契約（以下、「本件設計契約」という）が締結された。本件設計契約締結時には、ビルが完成した後、Xが賃料等の保証をするという内容の賃料保証契約（以下、「本件賃料保証契約」という）が付随して締結された。本件賃料保証契約の契約書においては、賃料水準が著しく低下した場合のことを規定した条項はなかった。

51

平成3年12月15日、XとYとの間で、Yのオフィスビル新築工事に伴う既存建物の解体工事および鋤取工事の請負契約（以下、「本件解体・鋤取契約」という）が締結された。平成3年12月下旬頃、Yの親族間の意見の不一致が表面化し、平成4年1月初旬以降、多数回にわたり、Yの親族の一部が、ビル新築工事の建設の中止を要請する内容証明郵便をXに送付した。Xは、本件解体・鋤取契約に基づき、平成4年1月31日、既存建物の解体工事を完了したが、鋤取工事については、着手しなかった。本件賃料保証契約の締結時に予定されていた、平成4年3月に建築工事を着工することは不可能となった。設計業務を完了し、解体工事も終えたにもかかわらず、Yが一部を除き代金の支払いをしないので、Xは本件設計契約の請負残代金および解体工事代金の支払いを請求した。

　平成4年4月上旬、賃貸ビルの賃料水準が低下したため、Xは予定どおりの賃料の保証を履行することを拒絶した。平成4年5月、Xが本件賃料保証契約を履行することを拒んだので、Yは、本件賃料保証契約と一体の関係にある本件設計契約を解除するとの意思表示を行った。

　(イ)　判　旨

　〔裁判例❶〕は、次のように判示した。

　「建物建築の注文主と建物建築工事の請負業者との間で、当該業者が請負人となって建物建築工事を完了することを停止条件として、工事完了後の一定の日以降の賃貸部分の賃料を工事請負業者が保証する旨の契約が締結された場合、工事請負業者は、その後通常の経過により、建物設計業務及び工事請負契約締結の準備行為が行われ、工事請負契約が締結され、請負工事が実行された場合には、仮にその間に賃料水準の低下が生じたとしても、右契約を維持させることが信義に反するような特別な事情のない限り、当初保証したとおりの額の賃料を保証すべき義務を負うものというべきである。そこに見込み違いがあったとしても、営業活動を行う業者が賃料保証の契約を締結した以上、契約どおりの履行を迫られるのは当然である。

　しかし、設計業務の遂行過程ないし建築工事請負契約の締結・履行過程において、賃料保証をした当初においては予想できなかったような著しい遅滞その他の事態が生じた場合には、当事者は、一般の債務不履行の規定に則り、一定期間内に一定の行為をするよう催告した上、右期間内に予想外の事態についての適切な修復がなさ

れない限り、賃料保証についての契約を解除することができるものと解するのが相当である。

　もっとも、右予想外の事態の発生が、当事者の責めに帰すべき事由によらない場合には、右契約解除権は発生しない。この場合には、一般の事情変更の原則の適用により契約が無効となったものといえるかどうかの検討が残るのみである」。

　「右のような経過に基づいてＸが行った本件賃料保証契約の履行の拒絶は、一定の期日までに契約請負契約締結のための一定の準備行為をすべき旨の催告を経ておらず、また、事情変更の原則を適用するほどの著しい賃料情勢の変動が本件賃料保証契約締結後に生じたことを肯認させるに足りる証拠もないから、本件賃料保証契約の解除又は事情変更の原則に基づく適法な契約履行の拒絶とはいえず、違法性を帯びた契約履行の拒絶であるといわざるをえない。

　したがって、Ｘには、本件賃料保証契約の履行に際し、債務の不履行があったものというべきである」。

　「一方、……本件賃料保証契約は、ビル建築請負契約と不可分一体のものであり、一定期間内にビル建築請負契約が締結されることを前提とするものであるところ、右のようにＹの親族間の意見調整の不良というＹの責めに帰すべき事由によりビル建築工事の請負契約の準備行為が遅滞しており、いまだ賃料保証の前提となる請負契約が予定どおり締結される見通しが立っていない場合には、Ｙにおいて、新たな手順を立ててＸの了解を得るなどして、その遅滞を解消しない限り、Ｘに対し、本件賃料保証契約について将来にわたる履行の確約を求め、それが受け入れられなければ本件設計契約を解除するとの挙に出ることは許されないものというべきである。

　したがって、Ｙ主張のように本件設計契約がＸの本件賃料保証契約の不履行により解除されたものと解することはできない」。

　㈬　検　討

　本件では、建物の建築業者が、旧建物の取壊工事、建物の設計、建物の建築工事を請け負い、完成後の建物の賃料につき賃料保証契約を締結した場合、賃料保証契約の履行の拒絶が債務不履行となるか、また、賃料保証契約の債務不履行があったとされると、設計契約も解除されるかが問題となった。この問題について、〔裁判例❶〕では、賃料保証契約の債務不履行が認められたが、設計契約の解除は認められなかった。

　設計契約の解除が認められなかった理由には、Ｙの不協力がある。本件

では、Yの不協力により、鋤取契約が着手されず、建築請負契約に基づく建築工事も着工されなかった。賃料保証契約では、一定期間内に建築請負契約が締結されることが前提となっていた。〔裁判例⓫〕では、このようなYにおいて、その遅滞を解消しない限り、賃料保証契約の履行を求め、それが受け入れられなければ、設計契約を解除するという主張は、認められないとした。

設計契約、賃料保証契約、解体・鋤取契約、建築請負契約は、一連の一体とした取引においてなされたものと考えられる（内田勝一「判批」判タ918号54頁）。

設計契約と賃料保証契約は、同一の日に締結されている。設計契約が締結されたとき、XとYとの間で、ビルが完成した後Xが賃料等の保証をするという内容の賃料保証契約が締結された。賃料保証契約と建築請負契約については、賃料保証契約の中には、Xが建物の建築を請け負うことが記載されていたことから、両者の関係が認められる（青野博之「判批」ジュリ1098号120頁）。〔裁判例⓫〕では、契約の客観的な性質上はその関係が必ずしも密接とはいえないが、契約当事者が、契約の内容上建物の建築請負契約と完成した建物の賃料保証契約を不可分一体の契約として関連づけている（升田純「現代型取引をめぐる裁判例(21)」判時1684号22頁）。解体・鋤取契約は、設計契約・賃料保証契約が締結された後、3カ月後に締結されている。

(エ) 小 括

本件では、賃料保証契約の不履行があった場合、設計契約も解除しうるかが問題となっている。〔裁判例⓫〕は、注文者は、請負契約の準備行為の遅滞を解消しない限り、設計契約を解除すると主張することはできないと判断した。設計契約の解除の可否を考えるとき、設計契約そのものに独自の解除事由があるかは検討していない。賃料保証契約に不履行が生じたことにより、当然に設計契約が解除されるか否かのみを判断している。

したがって、この場合には、純粋な「契約アプローチ」が問題となっているといえる。

Ⅰ　契約の終了

(7)　リース契約と売買契約（リースバック）

　リース契約と売買契約（リースバック）によって構成された取引の裁判例には、〔裁判例⓬〕東京地判昭和51・11・2判時864号106頁がある。

　㋐　事案の概要

　Y₁株式会社（小規模リース会社）は、訴外B（実際のユーザー）から喫茶店内装、空調、厨房設備一式（以下、「本件物件」という）の設備を依頼され、それを訴外Aに代金200万円で発注した。

　同工事は、昭和48年6月末ころ、完成し、本件物件は、Y₁に引き渡された。なお、Y₁は代金支払いの資力がなかったため、代金はX振出の約束手形で決済すると約定されていた。

　同年6月28日、X、Y₁、Y₂（Y₁の代表取締役であり、同社は実質上Y₂の個人経営の色彩が強い）の3者間で、XがY₁から本件物件を代金200万円で買い取り、同物件をY₂に対し次の①〜⑥のような約定でリースし、購入代金は同年11月15日までにY₁に支払う旨の契約が成立した。

①　リース物件＝本件物件
②　リース期間＝昭和48年6月30日から同51年6月30日まで
③　リース料＝月額8万円
④　支払方法＝契約時に3カ月分を前払いし、昭和48年7月から同51年3月まで毎月8万円ずつを支払う
⑤　遅延損害金＝日歩4銭
⑥　期限の利益喪失特約＝Y₂がリース料の支払いを1回でも遅滞し、または支払いを停止したときは、Xは、通知・催告を要しないで、リース料の全部または一部の即時弁済を請求できる

　その後、Y₂は、月額リース料を額面とした約束手形33通をXに交付し、同年6月末頃、Y₂は本件物件をBに転リースした。Xは、同年7月20日、本件物件の売買代金支払いのため、額面200万円の約束手形をY₁経由でAに交付したが、同年11月頃、Xは倒産し、当該手形は不渡りとなった。昭和49年1月以降、Y₂は、Xに支払うべきリース料の支払いをしなかった。

55

Xは、Y₂、Y₁（Y₂の連帯保証人）に対し、残存リース料並びに遅延損害金の支払いを請求した。

これに対し、Y₂、Y₁は、X、Y₂、Y₁の合意は、Xが期日までに売買代金を完済しないときは、売買契約・リース契約ともに失効する旨の解除条件付きであったので、Xの代金不払いにより、リース契約は失効したと主張した。

(イ) 判　旨

〔裁判例⓬〕は、次のように判示した。

「Y₁は、その実体はY₂の個人企業と同一視しうるから、本件物件の売買契約とリース契約とは、実質的にはXとY₁ないしY₂との間においてなされたいわゆるリースバック契約であるとみることができる」。

「典型的なリース契約にあっては、本件リース契約書にみられるように売買契約とリース契約とは互に個別に存在し、一方が他方に影響を及ぼすことは少いと解されているけれども、いわゆるリースバック契約の場合には右原則をそのままあてはめることは適当ではない。すなわち、一般にリースバック契約を締結するサプライヤー（物件の供給者）は、リース会社から融資を受けることが目的であるから、万一、サプライヤーにおいてリース会社から金融を得ることができないとすれば、物件をリース会社に買取らせ、のちその物件のリースを受けるという必要も実益も存しないのである。したがって、リースバック契約におけるリース会社とサプライヤーとの間には、リース会社が売買代金を支払わない場合には売買契約は当然解除となり、売買契約と一連の行為としてなされたリース契約もまたその前提を失って失効するという黙示の契約があるものと解するのが相当である」。

「Y₂は、X振出の前記約束手形が万一不渡となった場合にはすべてが（リース契約も）御破算になると思っていたことが認められ、また前記認定したところによると、Xは、昭和49年11月15日ころ売買代金支払のため振出し交付した前記約束手形の不渡処分を受けて右代金の支払いをしなかったのであるから、本件物件の売買契約は解除条件の成就により、右同日ころ、当然解除となり本件リース契約も右解除のときから将来に向って失効したものというべきである」。

(ウ) 検　討

本件では、リースバック契約の場合、売買代金が期日までに完済されず、売買契約が解除されると、リース契約は失効するかが問題となった。この問

題について、〔裁判例⓬〕は、リース契約の失効を認めた。

　リースバック取引は、サプライヤーが動産・不動産をリース会社に売却し、同時にその動産・不動産をリース会社より賃借する取引である。リースバック取引は、サプライヤーがリース会社から売買代金相当額の融資を得ることが目的である。したがって、リース会社が売買代金を支払わない場合には、リース契約もその存在意義を失うことになる（庄政志「判例法からみたリースバックの問題点」金法1103号34頁～36頁）。

　売買契約とリース契約が解除される根拠については、〔裁判例⓬〕は、「リース会社とサプライヤーとの間には、リース会社が売買代金を支払わない場合には売買契約は当然解除となり、売買契約と一連の行為としてなされたリース契約もまたその前提を失って失効するという黙示の契約があるものと解するのが相当である」としている。

　本件では、リース契約には解除条件を附する合意がなかった。売買契約については右合意があったと認められ、Xの代金不払いにより売買契約が条件成就により失効し、この結果、黙示の契約によりリース契約も将来に向って失効したとしている（中田裕康「リース取引をめぐる実務上の問題点(上)」NBL189号9頁）。この点については、あえて「黙示の契約」を問題とすることなく、法律上当然の効果と考える見解もある（大塚正民「判批」ジュリ682号141頁）。

(エ)　**小　括**

　本件では、リースバックにおける売買契約が解除された場合、リース契約はいかなる影響を受けるかが問題となっている。〔裁判例⓬〕は、売買契約の解除によりリース契約は失効すると判断している。すなわち、一方の契約の解除によって当然に他方の契約も失効すると判断している。

　したがって、この場合には、純粋な「契約アプローチ」が問題となっているといえる。

5 期間満了

契約の終了の場面において、期間満了が争われた裁判例として、敷地部分の賃貸借契約と駐車場部分の賃貸借契約によって構成された取引である〔裁判例❸〕東京地判平成3・11・28判時1430号97頁がある。

この場合には、一方の契約の期間が定まっていた場合、別の契約がその契約期間に影響を受けることはあるかが問題となる。

(1) 事案の概要

昭和47年1月10日、X（賃貸人）は、タクシー会社Y（賃借人）との間で、駐車場部分（以下、「本件駐車場部分」という）についての賃貸借契約（以下、「本件賃貸借契約」という）を締結した。賃貸期間は、昭和47年1月10日から20年間であった。

昭和62年、XとYとの間で、本件駐車場部分を含む土地全体（以下、「本件土地全体」という）について、一時使用目的の賃貸借契約が締結されたが合意解約された等と、XはYに対し主張し、本件工作物の収去と本件土地全体の明渡しを求める訴訟（東京地判昭和62年(ワ)第6880号）を提起した。

平成元年11月27日、その控訴審（東京高判昭和63年(ネ)第3758号）において、本件土地全体のうち、Yの事務所が存する土地部分（以下、「本件敷地部分」という）については、建物所有を目的とする賃貸借契約が成立する一方、本件駐車場部分については、建物所有を目的とした賃貸借契約が成立したものと推認することはできないとしたうえ、本件駐車場部分の存続期間は民法604条により、20年である旨の判決が言い渡され、同判決は確定した。

Xは、右確定判決の判示を前提として、本件駐車場部分の本件賃貸借契約の期間が満了したとして、その明渡しを求めた。

これに対し、Yは、次のように主張した。本件駐車場部分に関する本件賃貸借契約は、建物所有を目的とするものではなく、存続期間を20年間とするものではあるが、それは、本件敷地部分に関する建物所有を目的とし存続期間を30年間とする賃貸借契約と、利用面において不可分一体のものであ

る。したがって、本件賃貸借契約の締結にあたっても、当事者間においては、右のような利用形態に合致した趣旨の合意が成立したものとみるべきであるから、その存続期間については、ＸＹ間において、本件敷地部分に関する賃貸借契約が存続する限り、その期間内は、本件賃貸借契約を存続させるとの合意があるものと考えるべきである。

(2) 判　旨

〔裁判例❸〕は、次のように判示した。

「本件敷地部分については、建物所有を目的とする、一時使用のためではない賃貸借契約が締結されたものと解するのが相当であるから、その賃貸借契約の存続期間は、借地法2条により、昭和47年1月10日から30年間継続するものというべきである。

また、本件駐車場部分についての本件賃貸借契約は、Ｘ、Ｙにおいて自認しているように建物所有を目的とするものではないものの、Ｙの本件土地全体の利用形態が、タクシー営業のための事務所、車庫、駐車場等としてのものであって、事務所等が存在する本件敷地部分と車庫、駐車場等が存在する本件駐車場部分が、利用面においては不可分一体のものであることからすれば、Ｘ、Ｙにおいて右各賃貸借契約を締結するに当たっては、右のような利用形態に合致した趣旨の合意が成立したものとみるべきであるから、本件賃貸借契約の期間については、本件敷地部分についての賃貸借契約の期間が存続する限り、その期間内は、本件賃貸借契約も継続させるとの合意があったものと認めるのが相当である。

そうすると、本件賃貸借契約は、民法604条により、昭和47年1月10日から20年間を経過した平成4年1月9日の経過をもって一応その期間が満了するものの、右合意により、少なくとも本件敷地部分についての賃貸借契約の期間が満了する同14年1月9日までは継続するものというべきであるから、Ｙの抗弁に理由がある。Ｘのこの点に関する主張は採用できない」。

(3) 検　討

〔裁判例❸〕は、駐車場等が存在する駐車場部分が、隣接する事務所等が存在する敷地部分と、利用関係において不可分一体をなすときは、敷地部分の賃貸借契約が存続する限り、駐車場部分の賃貸借契約も継続すると判断している。

全体としていかなる合意を当事者がしたのかを考えて、それぞれの契約の

継続の有無を判断している。
　したがって、この場合には、「全体アプローチ」が問題となっているといえる。

II　契約の性質決定

1　概　説

　契約の性質決定について争われたものとして、ここでは、サブリース契約の裁判例・学説の分析・検討をする。

　サブリース契約には、当事者間の契約事情に応じて、形式として多様なものが存在し、その多くは複合的な性格をもつことが多いが、多くの場合、次のような、賃借人が転貸をすることを目的としてなされる構造の取引をいう（大村敦志『もうひとつの基本民法II』90頁）。

　まず、不動産開発会社と土地所有者との間において、土地の有効な活用として、収益を上げることを目的とした建物の建築に関する取決めがなされる。次に、建築した建物の全部または主要な部分を一括して、不動産開発会社が土地所有者から賃借する。サブリース契約では、最低賃料保証特約、賃料自動増額特約等があることが多く、不動産開発会社は、賃借した建物を転貸し、保証賃料額との差額を取得する。

　このようなサブリース事業は1980年代以降、頻繁に行われていたが、1990年代初頭、バブル経済の崩壊により、賃料相場が大きく下落したため、不動産開発会社にとって、予定された賃料による転貸が困難となった。土地所有者は不動産開発会社に対して原賃料の支払いを請求し、不動産開発会社は土地所有者に対して原賃料の支払いの減額を請求するという問題が生じた（松岡久和「建物サブリース契約と借地借家法32条の適用」論叢154巻4・5・6号132頁～133頁）。

　サブリース契約に関する紛争は、下級審裁判例において、従来から、数多くあった。問題となった主な争点は、①当該サブリース契約の法的性質、②当該サブリース契約に借地借家法32条の適用はあるか、③最低賃料保証特約や賃料自動増額特約の存否およびその効力、④賃料増減額請求権がある場

合、当該請求権を行使することが信義則に反しないか、⑤事情変更の原則の適用による賃料減額請求は可能か、⑥事情変更の原則の適用により賃料自動増額特約を無効とすることが可能かなどであった。

ここでは、①当該サブリース契約の法的性質の問題を中心に検討する。サブリース契約には、さまざまな法形式がありうるが、主に、総合事業受託方式、賃貸事業受託方式、転貸方式の類型に分類されることがある（澤野順彦「サブリースと賃料増減額請求」NBL554号37頁～38頁）。この問題に対して、従来から数多くの下級審の裁判例が存在し、その判断が分かれていていたが、以下で検討するように最高裁判所による統一的な判断が示された。

2　サブリース契約

契約の性質決定について争われたサブリース契約の裁判例として、2つの事件を紹介する。

(1)　賃料増減額請求事件（その1）

まず、賃料増減額請求事件（その1）として、〔裁判例⓮-1-1〕東京地判平成10・8・28金法1528号44頁、〔裁判例⓮-1-2〕東京高判平成12・1・25金商1084号13頁（〔裁判例⓮-1-1〕の控訴審判決）、〔裁判例⓮-1-3〕最三小判平成15・10・21判時1844号37頁（〔裁判例⓮-1-2〕の上告審判決）を紹介する。

(ア)　事案の概要

Xは、昭和62年6月、Yから、東京都文京区本郷外の土地上にXが建築したビルでYが転貸事業を営み、Xに対して長期にわたって安定した収入を得させるという内容の提案を受けた。

金融機関からの融資も受けてセンチュリータワービル（以下、「本件建物」という）を建築したうえで、平成3年4月15日、Xは、Yとの間で、次の①～⑥のような内容の契約を締結し、賃貸部分（以下、「本件賃貸部分」という）をYに引き渡した。

①　XはYに対し、本件賃貸部分を一括して賃貸し、Yがこれを第三者

に転貸し、賃貸用オフィスビルとして運用する。
② 賃貸期間は15年とし、期間満了時には、さらに15年間契約を更新する。
③ XY双方とも中途解約することはできない。
④ 当初の賃料は年額19億7740万円とする。
⑤ 賃料は、本件建物施工時から3年を経過するごとに、その直前の賃料の10％相当額の値上げをする（以下、「本件自動増額特約」という）。
⑥ 急激なインフレ、その他経済事情に著しい変動があった結果、値上げ率および敷金が不相当になったときは、XとYの協議のうえ、値上げ率を変更することができる。

Xは、本件自動増額特約に基づいて、増額されるべき賃料と、Yが実際に支払った賃料との差額を、約定に基づいて敷金から充当した結果、敷金の不足分が生じたとしてその補充と、平成10年1月分から平成11年10月分までの間の不足賃料およびこれに対する遅延損害金を請求した。

これに対して、Yが、借地借家法32条1項の規定に基づき、Yの賃料減額請求の意思表示により賃料が減額されたことを主張して、減額された賃料額の確認を求める反訴を提起した。

(イ) 判　旨

〔裁判例⑭-1-1〕は、次のように判示した。

本件契約の趣旨、目的等に照らせば、借地借家法32条は本件契約には適用されないと解すべきであると判断し、本件自動増額特約に基づく賃料の増額を認めた。

〔裁判例⑭-1-1〕の控訴審判決である〔裁判例⑭-1-2〕は、次のように判示した。

「また、サブリース契約は、不動産業者のサブリース事業への関与の仕方によって次のように分類される。
(1) 総合事業受託方式　ビル用地の確保、建物建築、建物賃貸借の管理まで一貫してデベロッパー等に委託される方式
(2) 賃貸事業受託方式　ビル用地確保、建物の建築は貸主側で行い、借主側（ビルの賃貸業者）は、その完成した建物を一括して借り上げ、ビルの賃貸事業

についてのノウハウを提供し、最低賃料を保証する方式
(3) 転貸方式　不動産業者がビルを一括して賃借し、自らも使用、利用するが、他に転貸することができる方式で、小規模ビルの賃貸事業、会員制リゾートマンション、宿泊施設等に多いもの

　この経済的事業の観点からサブリース契約を見ると、同契約は、ビルの所有者が建物を出資し、これを不動産業者がその経営を担当して収益をあげる目的の共同事業であって、その法形式として前記の共同事業性の程度にしたがって、転貸を前提とする賃貸借契約、ビル管理契約等の各種の契約がその事業目的のために統一的に組織されて締結される複合契約であると解される」。

　「本件契約は、典型的な賃貸借契約とはかなり異なった性質のものと認められるので、右重層的法律関係にある各当事者間（賃貸人と賃借人（転貸人）と転借人との各間）には、その各目的の達成にそれぞれ適した法律関係が形成されるように解すべきであるので、本件契約は民法の典型契約の一つである建物賃貸借契約の法形式を採っているが、その実質的機能や契約内容にかんがみると、それとは異なる性質を有する事業委託的無名契約の性質をもったものであると解すべきであり、当然に借地借家法の全面的適用があると解するのは相当でなく、本件契約の目的、機能及び性質に反しない限度においてのみ適用があるものと解すべきである」。

　〔裁判例⓮-1-2〕の上告審判決である〔裁判例⓮-1-3〕は、次のように判示した。

　「本件契約における合意の内容は、ＸがＹに対して本件賃貸部分を使用収益させ、ＹがＸに対してその対価として賃料を支払うというものであり、本件契約は、建物の賃貸借契約であることが明らかであるから、本件契約には、借地借家法が適用され、同法32条の規定も適用されるものというべきである」。

　「以上により、Ｙは、借地借家法32条1項の規定により、本件賃貸部分の賃料の減額を求めることができる。そして、上記のとおり、この減額請求の当否及び相当賃料額を判断するに当たっては、賃貸借契約の当事者が賃料額決定の要素とした事情その他諸般の事情を総合的に考慮すべきであり、本件契約において賃料額が決定されるに至った経緯や賃料自動増額特約が付されるに至った事情、とりわけ、当該約定賃料額と当時の近傍同種の建物の賃料相場との関係（賃料相場とのかい離の有無、程度等）、Ｙの転貸事業における収支予測にかかわる事情（賃料の転貸収入に占める割合の推移の見通しについての当事者の認識等）、Ｘの敷金及び銀行借入金の返済の予定にかかわる事情等をも十分に考慮すべきである」。

　次のような藤田裁判官補足意見がある。

Ⅱ　契約の性質決定

〔藤田裁判官補足意見〕

　「しかし、当事者間における契約上の合意の内容について争いがあるとき、これを判断するに際し採られるべき手順は、何よりもまず、契約書として残された文書が存在するか、存在する場合にはその記載内容は何かを確認することであり、その際、まずは契約書の文言が手掛りとなるべきものであることは、疑いを入れないところである。本件の場合、明確に残されているのは、『賃貸借契約書』と称する契約文書であり、そこに盛られた契約条項にも、通常の建物賃貸借契約の場合と取り立てて性格を異にするものは無い。そうであるとすれば、まずは、ここでの契約は通常の（典型契約としての）建物賃貸借契約であると推認するところから出発すべきであるのであって、そうでないとするならば、何故に、どこが（法的に）異なるのかについて、明確な説明がされるのでなければならない。

　この点、否定説は、いわゆるサブリース契約は、①典型契約としての賃貸借契約ではなく、『不動産賃貸権あるいは経営権を委譲して共同事業を営む無名契約』である、あるいは、②『ビルの所有権及び不動産管理のノウハウを基礎として共同事業を営む旨を約する無名契約』と解すべきである、等々の理論構成を試みるが、そこで挙げられているサブリース契約の特殊性なるものは、いずれも、①契約を締結するに当たっての経済的動機等、同契約を締結するに至る背景の説明にとどまり、必ずしも充分な法的説明とはいえないものであるか、あるいは、②同契約の性質を建物賃貸借契約（ないし、建物賃貸借契約をその一部に含んだ複合契約）であるとみても、そのことと両立し得る事柄であって、出発点としての上記の推認を覆し得るものではない」。

(2)　賃料増減額請求事件（その2）

　次に、賃料増減額請求事件（その2）として、〔裁判例⓮-2-1〕東京地判平成10・10・30判タ988号187頁、〔裁判例⓮-2-2〕東京高判平成11・10・27判タ1017号278頁（〔裁判例⓮-2-1〕の控訴審判決）、〔裁判例⓮-2-3〕最三小判平成15・10・21判タ1140号75頁（〔裁判例⓮-2-2〕の上告審判決）を紹介する。

　(ｱ)　事案の概要

　Ｙは、平成元年頃から、事業用地の有効利用について検討をしていた。平成元年11月頃以降、わが国有数の不動産会社であるＸから、ＹがＸの預託した敷金を建築資金として転貸事業用ビルを建築し、Ｘがこれを賃借し

て転貸事業を行う旨の提案を受けた。

　平成3年7月9日、Yは、Xとの間で、次の①～④のような約定で、建物の賃貸部分（以下、「本件賃貸部分」という）をXに賃貸する旨の契約（以下、「本件契約」という）を締結した。

① 　賃貸期間は、本件賃貸部分の引渡しの日の翌日から20年間とし、期間満了時には、双方協議のうえで定める条件により、契約を更新することができる。

② 　賃料は、引渡し時点（平成7年3月1日予定）において年額18億円とする。

③ 　賃料は、本件賃貸部分引渡しの日の翌日から2年を経過するごとに、その直前の8％相当額の値上げをする（以下、「本件賃料自動増額特約」という）。

④ 　急激なインフレ等経済事情の激変、または公租公課の著しい変動があったときは、Xは、Yと協議のうえ、8％相当額を上回る値上げをすることができる。

　平成7年2月6日、Xは、Yに対し、本件賃貸部分の賃料を年額10億円に減額すべき旨の意思表示をした（以下、「第一次賃料減額請求」という）。同年2月28日、建物は完成し、Yは、Xに対し、本件賃貸部分を引き渡した。平成8年7月3日、Xは、Yに対し、本件賃貸部分の賃料を平成8年8月1日以降、年額7億2418万5000円に減額すべき旨の意思表示をした（以下、「第二次賃料減額請求」という）。

　Xは、Yに対し、借地借家法32条1項の規定に基づき、第一次賃料減額請求および第二次賃料減額請求により賃料減額の効果が発生したと主張して、本件賃貸部分の賃料が平成7年3月1日から平成8年7月31日までの間は年額10億円であり、平成8年8月1日以降は年額7億2418万5000円であることの確認を求めた。

　Yは、事業契約であって賃貸借契約ではないから、本件契約には借地借家法32条の規定は適用されないなどと主張した。

⑴　判　旨

〔裁判例⓮-2-1〕は、次のように判示した。

「本件契約は、賃貸借の体裁がとられているけれども、その実質は本件建物部分を賃貸ビルとして運用するというXのビル賃貸事業を中核とし、その事業収益の一定額を賃料保証の形態でYに分配することを目的としたものであって、いわば本件建物部分に関するXY間の事業経営の実質を有するものと認められることなどを総合すると、本件契約は借地借家法32条の適用が予定された建物賃貸借としての実体を備えていないというべきである」。

〔裁判例⓮-2-1〕の控訴審判決である〔裁判例⓮-2-2〕は、次のように判示した。

「しかし、本件契約のような事業受託方式の契約であっても、本件建物部分の所有者であるYがXに対し本件建物部分を使用及び収益することを許し、その対価としてXから一定額の金銭を受領するものであり、右金銭は実質上『賃料』に当たると解されるから、本件ビル所有者たるYの収益が保証されていたとしても、本件契約の中心部分である本件建物部分の使用関係の法的性格は本件建物部分についての賃貸借契約であって、本件契約に法が適用されることは明らかであり、本件契約締結時の基礎となっていた経済事情が著しく変更し、本件建物部分の賃料が不当に高額になるなどの特段の事情がある場合には、前記合意の範囲外の問題として、Xは、法32条に基づき、賃料減額請求権を行使することができるというべきである」。

〔裁判例⓮-2-2〕の上告審判決である〔裁判例⓮-2-3〕は、次のように判示した。

「本件契約における合意の内容は、YがXに対して本件賃貸部分を使用収益させ、XがYに対してその対価として賃料を支払うというものであり、本件契約は、建物の賃貸借契約であることが明らかであるから、本件契約には、借地借家法が適用され、同法32条の規定も適用されるものというべきである」とし、使用収益を開始する前にされた第一次賃料減額請求による賃料の減額を認めることはできないとして、第一次賃料減額請求による賃料額の確認請求の認容部分を破棄した。さらに、第二次賃料減額請求の当否およびこれによる相当賃料額は、第一次賃料減額請求による賃料の減額の帰趨を前提として判断すべきものであることから、第二次賃料減額請求による賃料額の確認請求の認容部分をも破棄した。

次のような藤田裁判官補足意見がある。

〔藤田裁判官補足意見〕

「しかし、当事者間における契約上の合意の内容について争いがあるとき、これを判断するに際し採られるべき手順は、何よりもまず、契約書として残された文書が存在するか、存在する場合にはその記載内容は何かを確認することであり、その際、まずは契約書の文言が手掛りとなるべきものであることは、疑いを入れないところである。本件の場合、明確に残されているのは、『賃貸借予約契約書』と称する契約文書であり、そこに盛られた契約条項にも、通常の建物賃貸借契約の場合と取り立てて性格を異にするものは無い。そうであるとすれば、まずは、ここでの契約は通常の（典型契約としての）建物賃貸借契約であると推認するところから出発すべきであるのであって、そうでないとするならば、何故に、どこが（法的に）異なるのかについて、明確な説明がされるのでなければならない。

　この点、否定説は、いわゆるサブリース契約は、①典型契約としての賃貸借契約ではなく、『不動産賃貸権あるいは経営権を委譲して共同事業を営む無名契約』である、あるいは、②『ビルの所有権及び不動産管理のノウハウを基礎として共同事業を営む旨を約する無名契約』と解すべきである、等々の理論構成を試みるが、そこで挙げられているサブリース契約の特殊性なるものは、いずれも、①契約を締結するに当たっての経済的動機等、同契約を締結するに至る背景の説明にとどまり、必ずしも充分な法的説明とはいえないものであるか、あるいは、②同契約の性質を建物賃貸借契約（ないし、建物賃貸借契約をその一部に含んだ複合契約）であるとみても、そのことと両立し得る事柄であって、出発点としての上記の推認を覆し得るものではない」。

(3) 検　討

　サブリース契約の法的性質に対する考え方は、以上の裁判例では、その判断が分かれている。

　〔裁判例⓮-1-2〕においては、サブリース契約の意義とその法的形態について、「経済的事業の観点からサブリース契約を見ると、同契約は、ビルの所有者が建物を出資し、これを不動産業者がその経営を担当して収益をあげる目的の共同事業であって、その法形式として前記の共同事業性の程度にしたがって、転貸を前提とする賃貸借契約、ビル管理契約等の各種の契約がその事業目的のために統一的に組織されて締結される複合契約であると解される」としつつ、問題となった契約については、「その実質的機能や契約内

容にかんがみると、それとは異なる性質を有する事業委託的無名契約の性質をもったものであると解すべきであ」るとして、賃貸借契約ではないと判断している（〔裁判例❹-1-2〕の判例評釈である、澤野順彦「判批」判タ1065号87頁、澤野順彦「判批」リマ22号47頁）。

〔裁判例❹-2-2〕においては、「本件契約の中心部分である本件建物部分の使用関係の法的性格は本件建物部分についての賃貸借契約であ」るとして、賃貸借契約であると判断している。〔裁判例❹-1-3〕〔裁判例❹-2-3〕の判断も同様である。〔裁判例❹-1-3〕〔裁判例❹-2-3〕の藤田裁判官の補足意見は、「……あるいは、②同契約の性質を建物賃貸借契約（ないし、建物賃貸借契約をその一部に含んだ複合契約）であるとみても、……」の部分で、サブリース契約の性質決定について、サブリース契約には借地借家法32条の適用はないと主張する見解が、サブリース契約を賃貸借契約ないし賃貸借契約をその一部とした複合契約と把握する考えと両立しうるとしている。藤田裁判官の補足意見に対しては、意思や文言だけではなく、給付内容という客観面にまで配慮したうえで契約の法的性質を決定すべきだとする見解がある（〔裁判例❹-1-3〕〔裁判例❹-2-3〕の判例評釈である、金山直樹『現代における契約と給付』123頁～124頁）。

また、学説においても、サブリース取引の法的性質に対する考え方は、多様である（近江幸治「サブリース契約の現状と問題点」早稲田法学76巻2号74頁～78頁、内田勝一「不動産サブリース契約」野村豊弘先生還暦記念論文集『二一世紀判例契約法の最前線』288頁～289頁）。

賃貸借契約と解する見解は、サブリース契約にも賃貸借契約の要素である「一方が建物の使用・収益をさせ、他方がそれに対価を払うこと」があることに着目をする（道垣内弘人「不動産の一括賃貸と借賃の減額請求」NBL580号27頁、岡内真哉「サブリース契約に対する借地借家法32条の適用基準」ひろば52巻9号9頁～11頁）。この点について、賃貸借契約の要素が認められるとしても、他の要素と結合していることから、サブリース契約を全体として実質的に把握する見解がある。たとえば、サブリース契約の類型には、前述のとお

り、①総合事業受託方式、②賃貸事業受託方式、③転貸方式があるが、典型的なサブリースとされる①②の類型について、準委任・請負・賃貸借などの混合契約とする見解（澤野順彦「サブリースにおける賃料減額請求」塩崎勤＝澤野順彦編『裁判実務大系(23)借地借家訴訟法』475頁）がある。

そのほかに、一定の場合においては、賃料保証によって当事者の利益の分担割合を定め、自動改定特約によって分担割合の実質的な維持を定めた、継続的な共同事業契約とする見解（内田勝一「サブリース契約における賃料保証・賃料自動改定特約の効力」ジュリ1150号60頁〜61頁、平井宜雄「いわゆる継続的契約に関する一考察」星野英一先生古稀祝賀論文集『日本民法学の形成と課題(下)』697頁）、建物所有者が建物の「賃貸権」をサブリース業者に委譲することを約し、これに対してサブリース業者が相手方にその対価を支払うことを約する契約であって、通常はこの契約に付随して、当該建物の全部または一部の管理・保全委託契約や不動産管理のノウハウ提供契約が伴う契約であるとする見解（下森定「いわゆるサブリース契約における賃料減額請求の可否」ひろば52巻9号17頁、同「サブリース契約の法的性質と借地借家法32条適用の可否(1)(2)(3)」金法1563号6頁以下、同1564号46頁以下、同1565号57頁以下、同「サブリース訴訟最高裁判決の先例的意義と今後の理論的展望(下)」金商1192号6頁〜10頁）などがある。

さらに、複数の契約があることを前提に、基本契約と個別契約の二重構造の視点から分析する見解もある（加藤雅信『新民法大系Ⅳ契約法』530頁〜532頁、同「不動産の事業受託（サブリース）と借賃減額請求権(上)」NBL568号21頁〜24頁、「サブリース裁判例の新動向」加藤雅信＝加藤新太郎編著『現代民法学と実務(下)』〔加藤雅信発言〕95頁〜96頁）。この見解は、次のように述べる。一般的な法形式を時系列的に述べると、最初の第一段階で、基本契約が締結され、いかなる事業を展開するかについての大枠が合意される。次いで、第二段階で、建物建築請負契約が締結され、建物が完成ないし完成近くになった時点で、第三段階、第四段階の契約として、賃貸借契約および建物管理委託契約が締結されることが多い。建物建築・賃貸借、建物管理委託について

は、最も重要な部分は基本契約において定められているが、細部に至る合意は基本契約では空白条項として残されており、後から決定されることとなる。これは、基本契約が上部契約としてのアンブレラ（傘）となり、建物建築請負契約、建物賃貸借契約、建物管理委託契約が傘の下の下部契約となる、複合契約の形態をとっていることになる。これらの4つの契約が土地所有者と不動産会社との間で締結された後、第五段階の契約として、転貸借契約が不動産会社と建物居住者やテナントとの間で締結されることになる（加藤雅信『新民法大系Ⅳ契約法』530頁～532頁、同「不動産の事業受託（サブリース）と借賃減額請求権(上)」NBL568号21頁～24頁、「サブリース裁判例の新動向」加藤雅信＝加藤新太郎編著『現代民法学と実務(下)』〔加藤雅信発言〕95頁～96頁）。

そのほかに、サブリース契約は、賃貸借の部分と付随する他の契約からなる複数の契約であるという見解がある（金山直樹『現代における契約と給付』105頁～108頁）。この見解は、サブリース関連の契約の1つにつき、無効・取消しや解除原因がある場合、関連する他の契約も無効・取消しや解除となるかという問題について検討している。この見解は次のように述べる。複数の契約が同一の運命を辿るべきだとすると、概念的には、全体を1つの契約として認識すべきだという考えもありうる（金山直樹『現代における契約と給付』105頁～108頁）。しかし、サブリース契約においては、契約間の拘束関係はケースによって異なっており、あらかじめ定型的・画一的に判断することができないので、直ちに一連の契約全体を同一に処理すべきだということにはならない（金山直樹『現代における契約と給付』105頁～108頁）。このように、この見解は、先の見解とは異なり、全体で1つの契約として包括的統一的に把握することは困難であるとしている。続けて、この見解は、賃貸借契約部分とその他の契約部分からなる複数の契約があると認識し、ただ、1つの契約につき履行が欠けると「別の契約を締結した目的が全体としては達成されない」ときには、別の契約の解除をも導くと理論構成されるとしている（金山直樹『現代における契約と給付』105頁～108頁）。

(4) 小 括

　サブリース契約の法的性質について、サブリース契約は複数の契約によって構成されると考えるとすれば、各契約の相互依存関係が問題となる。賃貸借契約とその他の契約からサブリース契約が構成されるとする先に示した見解（金山直樹『現代における契約と給付』105頁～108頁）は、複数契約の無効・取消し・解除の場面を検討している。いかなる契約間の相互依存関係が問題となっているかなどが明確になると、「契約アプローチ」「全体アプローチ」「中間的アプローチ」のうち、どのアプローチによって考えるべきかが決定されることになる。

III　契約の内容決定

1　概説

　契約の内容決定について争われたものとして、ここでは、金銭消費貸借に係る第1契約と第2契約の裁判例・学説の分析・検討をする。

　同一の貸主と借主との間で継続的に金銭消費貸借取引がなされる場合、1つの借入金債務について利息制限法の制限を超える利息の支払いにより過払金が発生した場合、他の借入金債務に充当することができるかがしばしば問題となる。過払金が発生したときに、他の借入金債務がすでに発生している場合と後に新たに借入金債務が生じる場合がある。

　金銭消費貸借取引が継続的になされる態様には、さまざまなものがある。貸主と借主の間において、継続的な貸付けとその返済に関する基本契約が存在する場合と基本契約が存在しない場合がある。

　基本契約が存在する場合には、同一の貸主と借主との間において、複数の基本契約が締結され、それぞれの基本契約に基づく貸付けがなされることもある。一方、基本契約が存在しない場合とは、事実上貸付けと弁済が継続している場合である。

　個別の貸付けは、それ自体1つの金銭消費貸借契約であるといえる。以下、いくつかの裁判例を検討する。

2　金銭消費貸借に係る第1契約と第2契約

　契約の内容決定について争われた金銭消費貸借に係る第1契約と第2契約の裁判例として、3つの事件を紹介する。

(1)　過払金返還請求事件（その1）

　まず、〔裁判例⓯-1-1〕広島地判平成17・7・29金商1269号41頁、〔裁判例⓯-1-2〕広島高判平成18・7・20金商1269号37頁（〔裁判例⓯-1-1〕の

控訴審判決）、〔裁判例**⑮**-1-3〕最一小判平成19・6・7判タ1248号113頁（〔裁判例**⑮**-1-2〕の上告審判決）を紹介する。

　(ア)　事案の概要

　　Yは、貸金業の規制等に関する法律（平成18年の法改正により、平成19年12月から「貸金業法」に名称が改められた）3条所定の登録を受けて貸金業を営む貸金業者である。

　　昭和63年6月ころ、Yは、Xとの間で、Xを会員とするクレジットカード会員契約を締結した。Yは、Xに対し、「Aカード」という名称のクレジットカードを交付した。この契約には金銭消費貸借に関する契約条項（「基本契約1」）が含まれていた。その中には、①Xは、借入限度額の範囲内において、1万円単位で繰り返しYから金員を借入れできること、②返済方法については、指定された回数に応じて毎月同額の元本および利息を分割して返済する方法（元利均等分割返済方式）、毎月末日の借入残高に応じて定められる一定額を返済する方法（残高スライドリボルビング方式）、または1回払いの方法の中からXが選択すること、③借入利率は元利均等分割返済方式による借入れにつき原則として年26.4％、それ以外の返済方式による借入れにつき原則として年27.6％とすること等が定められていた。

　　平成3年12月頃、Yは、Xとの間で、Xを会員とするローンカード会員契約（「基本契約2」）を締結した。Yは、Xに対し、「Bカード」という名称のローンカードを交付した。契約内容には、①翌日に一括して返済する方法または毎月の借入残高に応じて定められる一定額を返済する方法（残高スライドリボルビング方式）のいずれかからXが選択すること、②借入利率は年22.6％とすること、③支払いは、毎月27日にXの指定口座から口座振替の方法によって行うこと等が定められていた。

　　Yは、平成3年8月2日から平成16年1月31日までの間、基本契約1に基づいてXに貸し付け、XはYに弁済をした。Yは、平成3年12月24日から平成16年1月31日までの間、基本契約2に基づいてXに貸し付け、XはYに弁済をした。

Xは、Yに対し、各取引のそれぞれにつき、各基本契約に基づく各借入金債務に対する各弁済金のうち利息制限法1条1項所定の利息の制限額を超えて支払われた制限超過利息を元本に充当すると、過払金が発生し、この過払金を同一基本契約において弁済当時存在する債務またはその後に発生する新たな貸付けに係る債務に充当してもなお過払金が残存しているとして、不当利得返還請求権に基づき、各取引において発生した過払金の支払い等を求めた。

　(イ)　判　旨
　〔裁判例❶-1-1〕は、次のように判示した。
　「本件取引は、『アメニティカード』及び『オリコカード』という2つのカード基本契約に基づいて反復的に行われた融資取引であり、それぞれのカード基本契約ごとに一連の取引として行われたものであることは明らかである。
　したがって、本件取引を利息制限法所定の制限利率によって引き直し計算する場合には、当事者の合理的意思を忖度し、当該基本契約に基づく取引については、別段の具体的な意思表示がない場合でも、ある貸付に対する弁済により当該貸付の元金が完済されたものとされる場合には、その後の返済は当然に当時存在していた他の貸付金の返済に充当されたものとし、更に、弁済により貸金元本が完済されて過払金が生じた場合には、当該基本契約に基づいて次回に交付された貸金は、当時生じていた過払金額に対応する限度で、過払金の返還に充当されるものと解するのが相当である」。
　〔裁判例❶-1-1〕の控訴審判決である〔裁判例❶-1-2〕は、次のように判示した。
　「本件取引は、『アメニティカード（フリーローンカード）』及び『オリコカード（クレジットカード）』という2つのカード基本契約に基づいて反復的に行われた融資取引であること、同基本契約においては利用限度額、利息の定め方、返済方法等の基本的な事項が定められていること、基本契約の際に基本的かつ重要な審査は終了しており、個別貸付の際には事故発生の有無等の消極的な審査のみがされること、個別貸付は比較的少額の貸付（1万円以上で1万円単位）と返済が利用限度額の枠内で頻繁に繰り返されることが予定されていることが認められ、このような基本契約と個別貸付の性質・関係に加え、利息制限法が金銭の貸付に際して貸主側が暴利を貪る弊を防止するという立法目的を有し、一定の元本額を基準に制限利率を設け

ていること、基本契約が存する場合において、まとまった金額を一括して貸し付ける場合とそれを小口に分解した場合（あるいは小口が累積して利用限度額内の一定金額に達するに至った場合）とで制限利率に差異を生ずる合理的な理由は乏しいことを併せ考えると、少なくとも制限利率が問題となる局面においては、各個別貸付はそれぞれのカード基本契約ごとに束ねられた全体として1個の取引の一部を構成するとみるのが取引の実態に沿い、かつ利息制限法の立法目的に適うものである」。

「上記のとおり、本件取引は、各系列ごとに1個であるから、その系列内で引き直し計算をし、順次これを構成する個別貸付部分に充当することになる。

そして、本件取引の性質が上記のとおりである以上、引き直し計算の結果、ある時点で過払金が発生し、その後に新規の個別貸付が生じた場合であっても、当該過払金は1個の取引の構成部分である同個別貸付に当然に充当されるものと解すべきである」。

〔裁判例⓯-1-2〕の上告審判決である〔裁判例⓯-1-3〕は、次のように判示した。

「これに対して、弁済によって過払金が発生しても、その当時他の借入金債務が存在しなかった場合には、上記過払金は、その後に発生した新たな借入金債務に当然に充当されるものということはできない。しかし、この場合においても、少なくとも、当事者間に上記過払金を新たな借入金債務に充当する旨の合意が存在するときは、その合意に従った充当がされるものというべきである」。

「本件各基本契約に基づく債務の弁済は、各貸付けごとに個別的な対応関係をもって行われることが予定されているものではなく、本件各基本契約に基づく借入金の全体に対して行われるものと解されるのであり、充当の対象となるのはこのような全体としての借入金債務であると解することができる。そうすると、本件各基本契約は、同契約に基づく各借入金債務に対する各弁済金のうち制限超過部分を元本に充当した結果、過払金が発生した場合には、上記過払金を、弁済当時存在する他の借入金債務に充当することはもとより、弁済当時他の借入金債務が存在しないときでもその後に発生する新たな借入金債務に充当する旨の合意を含んでいるものと解するのが相当である」。

(ウ) 検 討

本件は、1つの借入金債務に過払金が発生した時点で、他の債務が存在しない場合、過払金を別口新債務に充当できるかも問題となった。〔裁判例⓯-1-3〕は、2個の基本契約が存在するという場合において、各基本契約で

は別口新債務への充当が肯定されると判断した。

　この問題については、基本契約が存在しない場合（〔裁判例⓯-1-4〕最三小判平成19・2・13民集61巻1号182頁、〔裁判例⓯-1-5〕最一小判平成19・7・19金商1273号12頁）と基本契約が存在する場合がある（本件では、基本契約が存在する場合が問題となった）。基本契約が存在しない場合である〔裁判例⓯-1-4〕では、「貸主と借主との間で、基本契約が締結されているのと同様の貸付けが繰り返されており、第1の貸付けの際にも、第2の貸付けが想定されていたとか、その貸主と借主との間に第1貸付け過払金の充当に関する特約が存在するなどの特段の事情がない限り」、第1貸付け過払金は、第2の貸付けに係る債務には充当されないと判断している。また、〔裁判例⓯-1-5〕では、基本契約に基づかず、切替えや貸増しのため、多数回の貸付けが行われていた場合について、「過払金が発生した場合には、その後に発生する新たな借入金債務に充当することを合意しているものと解するのが合理的である」と判断している。

　〔裁判例⓯-1-2〕は、本件各取引はそれぞれが全体として1個の取引であり、各取引内において過払金が発生した場合、当該過払金は新たな借入金債務に当然充当されるとしている。また、〔裁判例⓯-1-3〕は、過払金が生じたときに、他の借入金が存在しない場合には、その後に生じた別口新債務への充当を当然には認めていない。当事者間に、別口新債務に充当する合意があれば、別口新債務への充当を認めている。本件の場合について、「本件各基本契約は、同契約に基づく各借入金債務に対する各弁済金のうち制限超過部分を元本に充当した結果、過払金が発生した場合には、上記過払金を、……弁済当時他の借入金債務が存在しないときでもその後に発生する新たな借入金債務に充当する旨の合意を含んでいるものと解するのが相当である」として、当事者間の合意を認めている。

　学説では、〔裁判例⓯-1-3〕の判旨について次のような見解がある。当該過払金が新たな借入金債務に充当されるためには当事者の合意が必要となるが、最高裁判所は当事者の合意を広く肯定し、実際には充当がほぼ原則と

なっているとする見解（小野秀誠「判批」民商137巻3号81頁）、「少なくとも、当事者間に上記過払金を新たな借入金債務に充当する旨の合意が存在するときは、その合意に従った充当がされるものというべきである」と述べている以上、充当される場合は、最高裁判所が示した場合に限定されないとする見解（蔭山文夫「判批」金法1809号48頁～49頁）、具体的・現実的な意思ではなく、抽象的・規範的な合意が問題となるとする見解（吉田克己「判批」リマ37号39頁）、諸般の客観的事情によって充当合意の認定が判断されるとする見解（廣瀬美佳「判批」金商1288号34頁）、「各基本契約に基づく借入金の全体」に対して行われる充当に関する合意が合理的な解釈によって明らかになるとする見解（中村肇「判批」判評591号15頁、桑岡和久「判例における過払金の充当」甲南法学48巻3号94頁）などがある。

なお、〔裁判例⑮-1-3〕では、2つの基本契約に基づいて貸付取引が行われているが、それぞれの基本契約ごとに充当の可否が争われ、一方の基本契約で生じた過払金が他方の基本契約に係る債務に充当されるかという問題は扱われていない。

(2) 過払金返還請求事件（その2）

次に、〔裁判例⑮-2-1〕名古屋地判平成18・4・19金商1284号33頁、〔裁判例⑮-2-2〕名古屋高判平成18・10・6金商1284号31頁（〔裁判例⑮-2-1〕の控訴審判決）、〔裁判例⑮-2-3〕最二小判平成20・1・18判タ1998号37頁（〔裁判例⑮-2-2〕の上告審判決）を紹介する。

(ア) 事案の概要

Yは、貸金業の規制等に関する法律（平成18年の法改正により、平成19年12月から「貸金業法」に名称が改められた）3条所定の登録を受けて貸金業を営む貸金業者である。

平成2年9月3日、Xは、Yとの間で、継続的に金銭の借入れとその弁済が繰り返されるリボルビング式金銭消費貸借に係る基本契約（基本契約1）を締結した。融資限度額50万円（Xはこの範囲で自由に借増しができる）、利息は年29.2％、遅延損害金は年36.5％、返済日は毎月1日、返済方法は借入

れ時の借入残高に応じた一定額以上を毎月弁済日までに支払うという約定によるものであった。Ｘは、平成２年９月３日から平成７年７月19日までの間、基本契約１に基づいて金銭の借入れと弁済を行った。平成７年７月19日時点における過払金は42万9657円となった。

　平成10年６月８日（基本契約１に基づく最終的な弁済から約３年後である）、Ｘは、Ｙとの間で、継続的に金銭の借入れとその弁済が繰り返されるリボルビング式金銭消費貸借に係る基本契約（基本契約２）を締結した。融資限度額50万円（Ｘはこの範囲で自由に借増しができる）、利息は年29.95％、遅延損害金は年39.5％、返済日は毎月27日、返済方法は借入れ時の借入残高に応じた一定額以上を毎月弁済日までに支払うという約定によるものであった。

　融資限度額や返済方法は基本契約１と同様であったが、利息・遅延損害金・返済日の定めは基本契約１と異なっていた。その締結に際してはあらためて契約書が作成され、審査手続も行われたが、審査結果は基本契約１締結時と大差なく、また基本契約２を取り扱ったＹの支店も基本契約１のそれと同一であった。Ｘは、平成10年６月８日から平成17年７月７日までの間、基本契約２に基づいて金銭の借入れと弁済を行った。

　Ｘは、平成17年11月18日、基本契約１・基本契約２に基づく取引を１個の借入れ基本契約に基づくものととらえ、制限超過部分を元本に充当すると過払金が生じているとして、Ｙに対し過払金68万7802円の返還を求めた。

　これに対し、Ｙは、基本契約１・基本契約２に基づく取引を２個の借入れ基本契約に基づくものととらえ、基本契約１に係る過払金42万9657円の返還請求権につき、基本契約１に基づく最終弁済日である平成７年７月19日の10年後にあたる平成17年７月19日の経過により消滅時効が成立しているとして、これを援用した。

　(ｲ)　判　旨

　〔裁判例⓯-２-１〕は、次のように判示した。

　「このように、基本契約１の完済時から基本契約２の取引開始までの取引中断期間が約３年と長期間に渡っており、Ｘが基本契約１の元利金全てを完済した時点で、

79

基本契約1に基づく取引は終了したとみるのが相当であり、基本契約1に基づく取引と基本契約2に基づく取引とが連続しているとみることはできない」。

「基本契約1に基づく取引は平成7年7月19日に終了し、平成10年6月8日から基本契約2に基づく取引が開始しているのであるから、基本契約1に基づく取引終了時に、XがあてるべきYに対する他の債務は存在しないし、基本契約2に基づく取引開始時に、Xが基本契約1に基づく取引により生じた過払金を基本契約2に基づく借入債務に指定充当するといった事態を想定することは、別個の取引であるとの前提に立つ限り、困難であり、また基本契約2を締結した当事者双方の合理的意思からしても無理がある」。

〔裁判例⓯-2-1〕の控訴審判決である〔裁判例⓯-2-2〕は、次のように判示した。

「同一の貸主と借主との間で継続的に貸付けとその返済が繰り返される金銭消費貸借取引においては、借主は、借入総額の減少を望み、複数の権利関係が発生するような事態が生じることは望まないのが通常であると考えられるから、仮に一旦約定利息に基づく元利金が完済され、その後新たな借入がなされた場合でも、少なくともそれらの取引が一連のものであり、実質上一個のものとして観念されるときは、利息制限法違反により生じた過払金は新たな借入金元本に当然充当されるものと解するのが相当である」。

「しかし、上記2(1)のとおり基本契約1の完済時から基本契約書2の作成まで、取引中断期間が約3年と長期間に渡ったものの、この間に基本契約1を終了させる手続が取られる等した事実は認められず、また、同(3)のとおり基本契約2締結の際に審査手続が行われた点も、同(4)のとおり、その結果は基本契約1のときと特段変わるものではなかったのであるから、基本契約1が従前のとおりに継続されることの確認手続に過ぎなかったと見ることができる。また、利率と遅延損害金の率が若干異なっているほか、毎月の弁済期日も異なっている点も、これによって新たな別個の契約が締結されたと判断するには足りない。

このようにXとY間の貸借取引が一連として実質的に一個の金銭消費貸借契約であると認められるから、基本契約1の取引につき平成7年7月19日の完済終了時で存した過払元金42万9657円は、その後平成10年6月8日に50万円の貸付けを受けた時点で、何らの意思表示をすることなく同貸付金債務に当然充当され、既発生の過払金の範囲で新たな借入債務の元本は減少したものというべきである」。

〔裁判例⓯-2-2〕の上告審判決である〔裁判例⓯-2-3〕は、次のよう

に判示した。

「同一の貸主と借主との間で継続的に貸付けとその弁済が繰り返されることを予定した基本契約が締結され、この基本契約に基づく取引に係る債務の各弁済金のうち制限超過部分を元本に充当すると過払金が発生するに至ったが、過払金が発生することとなった弁済がされた時点においては両者の間に他の債務が存在せず、その後に、両者の間で改めて金銭消費貸借に係る基本契約が締結され、この基本契約に基づく取引に係る債務が発生した場合には、第1の基本契約に基づく取引により発生した過払金を新たな借入金債務に充当する旨の合意が存在するなど特段の事情がない限り、第1の基本契約に基づく取引に係る過払金は、第2の基本契約に基づく取引に係る債務には充当されないと解するのが相当である」。

「そして、第1の基本契約に基づく貸付け及び弁済が反復継続して行われた期間の長さやこれに基づく最終の弁済から第2の基本契約に基づく最初の貸付けまでの期間、第1の基本契約についての契約書の返還の有無、借入れ等に際し使用されるカードが発行されている場合にはその失効手続の有無、第1の基本契約に基づく最終の弁済から第2の基本契約が締結されるまでの間における貸主と借主との接触の状況、第2の基本契約が締結されるに至る経緯、第1と第2の各基本契約における利率等の契約条件の異同等の事情を考慮して、第1の基本契約に基づく債務が完済されてもこれが終了せず、第1の基本契約に基づく取引と第2の基本契約に基づく取引とが事実上一個の連続した貸付取引であると評価することができる場合には、上記合意が存在するものと解するのが相当である」。

「しかし、本件においては、基本契約1に基づく最終の弁済から約3年間が経過した後に改めて基本契約2が締結されたこと、基本契約1と基本契約2は利息、遅延損害金の利率を異にすることなど前記の事実関係を前提とすれば、原審の認定した事情のみからは、上記特段の事情が存在すると解することはできない」。

(ウ) 検 討

本件では、貸金業者と借主の間で、いわゆるリボルビング方式の金銭消費貸借に係る2つの「基本契約」が締結され、基本契約1に基づく継続的な金銭の貸付けに対する利息制限法所定の制限を超える利息の弁済により発生した過払金が、その後に締結された基本契約2に基づく継続的な金銭の貸付けに係る債務に充当されうるかが問題となった（鎌野邦樹「判批」判評598号12頁、鎌野邦樹「判批」金法1844号67頁、宮本幸裕「判批」法時80巻9号109頁、吉

野内庸子「判批」平成20年度重判45頁)。

　基本契約が１つであり、その基本契約に基づく１つの借入金債務について過払金が生じた時点で別口の借入金債務が存在していた場合については、〔裁判例⓯-2-4〕最二小判平成15・7・18民集57巻7号895頁が、弁済当時存在する別口の借入金債務への充当を認めている。「同一の貸主と借主との間で基本契約に基づき継続的に貸付けとその返済が繰り返される金銭消費貸借取引」においては、「借主は、借入れの総額の減少を望み、複数の権利関係が発生するような事態が生じることは望まないのが通常であると考えられる」ことから、「弁済金のうち制限超過部分を元本に充当した結果当該借入金債務が完済され、これに対する弁済の指定が無意味になる場合には、特段の事情がない限り、弁済当時存在する他の借入金債務に対する弁済を指定したものと推認することができる」と判断した。

　〔裁判例⓯-2-2〕は、基本契約１および基本契約２は、借増しと弁済が繰り返される一連の貸借取引を定めたものであり、実質上一体として１個のリボルビング方式の金銭消費貸借契約をなすと解するのが相当であるとして、当然に充当されると判断した。

　〔裁判例⓯-2-3〕は、原則として充当を否定するが、「充当する旨の合意」があるとき、ある基本契約に基づく弁済で生じた過払金が、新たな基本契約に基づく借入金債務に「充当」されるとした。〔裁判例⓯-2-3〕は、本件では、基本契約１に基づく最終の弁済から約３年後に基本契約２が締結されたこと、基本契約１と基本契約２は利息、遅延損害金の利率を異にすることなどを理由に、特段の事情を認定できないと判断した。

　学説においては、第１の貸付けの過払金は当事者の意思とは無関係に利息制限法の理念や法意からその後に成立した第２の貸付債務にも当然に充当される、あるいは「意思」といっても「合理的意思」「規範的意思」となるとする見解もある（鎌野邦樹「判批」判評598号13頁、後藤巻則「判批」民商139巻２号93頁）。

　〔裁判例⓯-2-3〕は、「充当する旨の合意」を認定するためには、「事実

上1個の連続した貸付取引」と評価できるかを検討する必要があるとする。「事実上1個の連続した貸付取引」であるかの判断要素として、いくつかの事情をあげている。考慮されるべき事情については、さらに検討をする必要があるとの指摘があり（潮見佳男「判批」ジュリ1354号78頁、原田昌和「判批」判タ1284号71頁）、たとえば、〔裁判例❻-2-3〕によって示された事情のほか、顧客会員番号抹消の有無も考慮すべき事情であるとの指摘もある（伊藤進「判批」リマ38号33頁）。

〔裁判例❻-2-3〕によって示された要素の中で、より重要とされる要素は、当事者の意図を最も直截に表すものとして位置づけられる、契約書の返還や失効手続の有無とする見解がある（阿部裕介「判批」法協127巻10号243頁）。契約書の返還など、借主側による立証責任が困難な場合もある（後藤巻則「判批」金商1336号69頁、小山泰史「判批」セレクト（2008）17頁）。

(3) 過払金返還請求事件（その3）

さらに、〔裁判例❻-3-1〕大阪地判平成19・10・30金商1300号68頁、〔裁判例❻-3-2〕大阪高判平成20・4・9金商1300号56頁（〔裁判例❻-3-1〕の控訴審判決）を紹介する。

(ア) 事案の概要

Xは、昭和57年9月24日から平成18年10月31日までの間、Y（貸金業者）から、金銭の借入れおよび弁済をした（以下、「本件取引」という）。

Xは、本件取引が一連一体の取引であるとし、支払われた利息等のうち利息制限法所定の制限額を超える部分を元本に充当すると過払金が生じているとして、Yに対して、過払金の返還とこれに対する利息の支払いなどを求めた。

これに対し、Yは、Xに対して、平成6年4月26日になされた弁済233以前の本件取引（以下、「本件第1取引」という。その51日後に開始された本件貸付234以降の本件取引を以下、「本件第2取引」という）によって生じたXのYに対する過払金返還請求権が10年の経過により消滅したとして、消滅時効を援用した。

(イ) 判　旨

〔裁判例⓯-3-1〕は、次のように判示した。

「また、Xは、Yから、本件弁済233の際に残債務0円と記載された入金明細書の交付を受けるとともに、契約書の返還を受け（乙17）、本件貸付け234の際に新たなカードローン基本契約書を作成するとともに、AC会員入会申込書を作成した（乙7、8）が、上記アのとおり、一連の反復継続して行われていた本件第1取引に時間的に接着し、同一の貸付条件の下、本件貸付け234が行われたことによって開始されたものが本件第2取引であることにかんがみれば、上記各事実のみをもって、上記アの結論を覆すことはできない」。

「そして、本件各貸付けのような1個の連続した貸付取引においては、当事者は、1つの貸付けを行う際に、切替え及び貸増しのための次の貸付けを行うことを想定しているのであり、複数の権利関係が発生するような事態が生ずることを望まないのが通常であることに照らしても、制限超過部分を元本に充当した結果、過払金が発生した場合には、その後に発生する新たな借入金債務に充当することを合意しているものと解するのが合理的である。上記のように、本件各貸付けが1個の連続した貸付取引である以上、本件各貸付けに係るX・Y間の金銭消費貸借契約も、本件各貸付けに基づく借入金債務について制限超過部分を元本に充当し過払金が発生した場合には、当該過払金をその後に発生する新たな借入金債務に充当する旨の合意を含んでいるものと解するのが相当である（最高裁平成18年(受)第1534号同19年7月19日第一小法廷判決)」。

〔裁判例⓯-3-1〕の控訴審判決である〔裁判例⓯-3-2〕は、次のように判示した。

「ところで、本件第1の基本契約の解約に関する前記認定事実によると、解約にあたっては、今後取引を継続しないという明確な意思に基づいてわざわざ長年続いた基本契約自体を解約しアコムカードを返還して失効手続をとるなどしているのであるから、その後に当事者間に貸金取引が再開されることは全く想定されていなかったことが明らかである。そのような場合には、基本契約解約時点で過払金が生じていたとしても、これを新たな借入金債務に当然充当する旨の合意など成立する余地のないことが明らかである。そのような合意の擬制を相当とするような事情も考えられない。また、第2の基本契約の締結あるいはこれに基づく借入れの際に、従前の過払金を新たな借入れに当然充当する旨の合意が成立するということも、通常考えられない。仮に当事者が当時過払金の存在を認識できなかったとしても、過払金

の存在を認識した時点で相殺の主張を許せば足りることであるから、当然充当の合意を擬制するのが相当であるとするような根拠もない」。

「第1の基本契約に基づく取引は、残債務が完済されたのみならず、基本契約自体が解約手続によって敢えて明確に終了させられているのであるから、これとその後に改めてなされた第2の基本契約に基づく取引とを事実上一個の連続した貸付取引であると評価する余地は全くない。Xは、長く続いてきた本件第1取引と本件第2取引の間の中断期間がわずか51日に過ぎず事実上連続していると主張するが、本件のように、第1の基本契約が解約によって終了し、継続的取引終了の意思が明確である場合には（すなわち、体裁ばかりの形式的解約手続などでない限り）、次の取引開始までの期間の長短は重要な意味を持たないというべきである」。

(ウ) **検討**

本件では、本件取引が一連の取引と認められ、本件第1取引によって発生した過払金が本件第2取引に係る借入金債務に充当されるかが問題となった。この問題に対して、〔裁判例⓯-3-1〕と〔裁判例⓯-3-2〕は、〔裁判例⓯-2-3〕で示された判断基準を参考にしながら、検討しているが、〔裁判例⓯-3-1〕と〔裁判例⓯-3-2〕では、判断が異なっている。

第1の基本契約に基づく最終の弁済から第2の基本契約に基づく最初の貸付けまでの期間については、〔裁判例⓯-3-1〕は、「時間的に接着」していることを強調しているが、これに対し、〔裁判例⓯-3-2〕は、「第1の基本契約が解約によって終了し、継続的取引終了の意思が明確である場合には（すなわち、体裁ばかりの形式的解約手続などでない限り）、次の取引開始までの期間の長短は重要な意味を持たない」とし、特に重要な要素とはとらえていない。

また、契約書の返還、カードの破棄・失効手続等については、〔裁判例⓯-3-1〕は、これらの事実によって、本件取引が1個の取引であるとの結論を覆すことはできないとしているが、これに対し、〔裁判例⓯-3-2〕は、これらの事実により、解約の意思が明確になり、充当する合意はあり得ないとしている。

(4) 小　括

　過払金返還請求事件（その１）では、基本契約がある場合、１つの借入金債務の過払金がその後発生した別の借入金債務に充当されるかについて、最高裁判所は、当事者間で合意があれば認めるとした（〔裁判例⓯-1-3〕）。過払金返還請求事件（その２）では、ある基本契約の借入金債務の過払金がその後発生した他の基本契約の借入金債務に充当されるかについて、最高裁判所は、充当する旨の合意があるときには認めるとした（〔裁判例⓯-2-3〕）。過払金返還請求事件（その３）では、第１取引の借入金債務の過払金が第２取引の借入金債務に充当されるかについて、〔裁判例⓯-3-2〕は、充当する合意があるときには認めるとした。

　それぞれの判断では、全体において当事者による充当の合意があったかを検討している。

　したがって、この場合には、「中間的アプローチ」が問題となっているといえる。

Ⅳ 相 殺

1 概 説

　契約の相殺について争われたものとして、ここでは、金銭消費貸借に係る第1契約、第2契約と第3契約の裁判例・学説の分析・検討をする。
　継続的な金銭消費貸借取引に関する複数の貸付けが締結された場合、過払金返還請求権と貸金返還請求権の相殺が可能かも問題となりうる。

2 金銭消費貸借に係る第1契約、第2契約と第3契約

　契約の相殺について争われた裁判例には、〔裁判例❻〕山形地酒田支判平成20・2・14判時1998号101頁がある。

(1) 事案の概要

　Y（貸主）は、貸金業の規制等に関する法律（平成18年の法改正により、平成19年12月から「貸金業法」に名称が改められた）3条所定の登録を受けた貸金業者である。X（借主）は、Yとの間で、金銭消費貸借契約を締結した。昭和63年5月12日から平成18年7月25日までの間、Xは、Yから、借入れと弁済を繰り返していた（以下、「本件取引」という）。本件取引には、途中で取引が中断した期間があった。昭和63年5月12日から平成3年5月27日までの取引が「第1取引」、平成4年8月3日から平成10年5月18日までの取引が「第2取引」、平成14年2月25日から平成18年7月25日までの取引が「第3取引」とされた。第2取引と第3取引の開始には、Yは、従前Yを利用したことのあるXに対し、申込みカードにXや家族の住所、氏名、勤務先、年収、他社借入額等を記入させていた。各申込みカードの右上部分には会員番号と同じ番号が記載されていたほか、各ご利用明細書兼領収書、金銭消費貸借基本契約書および変更契約証書には、いずれも会員番号を一部に使用した契約番号が記載されていた。Yは、会員番号を利用して、Xとの本

件取引の取引状況を一括管理していた。Xは、本件取引を通じて同一の取扱店を利用していた。

　Xは、本件取引を一連の取引ととらえ、各弁済金のうち利息制限法1条1項所定の利息の制限額を超えて利息として支払われた部分（以下、「制限超過部分」という）を元本に充当すると過払金が発生するとし、Yに対し、不当利得返還請求権に基づく過払金の返還等を請求した。Xは、本件取引が一連ではない場合は、発生した過払金と後の貸付金を順次相殺するなどとも主張した。

(2) 判　旨

　〔裁判例❶〕は、次のように判示した。

　「第1取引の継続期間は3年以上、第2取引の継続期間は5年9か月余りであるが、その間1年2か月余りの取引中断期間があり、第2取引と第3取引の間にも3年9か月余りの中断期間があり、これらの中断期間の間、XとYの間において、金銭消費貸借契約に関連して何らかの接触等があったことを認めるに足りる証拠はない。また、証拠上、第1、第2取引に関する契約書の返還の有無は明らかではない。第2取引開始時には取引に関してカードが発行されたと思われるが、第2取引終了時にその失効手続がとられたか否かや、この他の取引でカードが発行されたかなども明らかではない。このような事実関係を前提とすると、第1取引と第2取引、第2取引と第3取引が、それぞれ一連の取引であると認めることができる特段の事情があるとまでは認め難い」。

　「本件取引において、Xについて過払金返還請求権が生じた後、XがYから貸付を受けた時点において、過払金返還請求権と貸金債権について対当額において相殺適状が生じるが、その後の有効な弁済により貸金債権が消滅した部分に関しては、弁済により一旦生じた上記の相殺適状が消滅したということになるから、弁済により消滅した貸金債権部分については相殺そのものができないと解される。したがって、相殺適状にない部分については、相殺ができないのだから、その効果である相殺の遡及効も生じる余地はないのであり、相殺適状が遡って生じるというXの主張は採用し得ない。

　本件についてみると、第1ないし第3取引それぞれについて、各弁済金のうち制限超過部分を元本に充当して計算した金額について、過払金と貸付残金があれば、これらを対当額で相殺するという限度においてXは相殺ができるにとどまる。そこ

で、この限度において、相殺の主張を容れることとする」。

(3) 検 討

〔裁判例⓰〕では、本件取引が一連の取引であると認められ、過払金の計算において、本件取引全体を通じて計算をすることができるか、仮に、本件取引が一連の取引ではないとされた場合、発生した過払金を後の貸付金と順次相殺することができるかなどが問題となった。

本件取引が一連の取引であるかを判断するにあたって、〔裁判例⓰〕は、2個の基本契約が締結され、第1の基本契約に基づく取引により発生した過払金が第2の基本契約に基づく借入金債務に充当されるための基準を示した、前掲〔裁判例⓯-2-3〕を参考にしている。前掲〔裁判例⓯-2-3〕によれば、当事者の「合意」が必要であるとされる。当事者の合意が認定されるには、契約の長さ、それぞれの契約間の中断の期間、契約書の返還の有無、カードの失効手続の有無、中断の間における貸主と借主の接触状況、第2の基本契約の締結の経緯、それぞれの契約の条件の異同等を考慮する必要があるとしている。〔裁判例⓰〕は、「……これらの中断期間の間、XとYの間において、金銭消費貸借契約に関連して何らかの接触等があったことを認めるに足りる証拠はない。また、証拠上、第1、第2取引に関する契約書の返還の有無は明らかではない。第2取引開始時には取引に関してカードが発行されたと思われるが、第2取引終了時にその失効手続がとられたか否かや、この他の取引でカードが発行されたかなども明らかではない」として、3つの基本契約に基づく取引をそれぞれ別の取引であると判断している。

発生した過払金を後の貸付金と順次相殺することができるかの問題については、〔裁判例⓰〕は、第2の取引から生じたXの過払金返還請求権を自働債権とし、第3の取引における貸金請求権を受働債権として、両者を対当額で相殺することを認めた。一連の取引ではないとされた場合における、借主の攻撃防御方法の例とされる（水野信次「判批」銀行法務21第699号71頁、水野信次「判批」銀行法務21第690号59頁）。

また、関連する問題として、融資枠設定契約がある。融資枠設定契約に

は、多様なものがあるが、まず、融資枠契約（コミットメントライン契約）がある。金融機関等が、一定期間にわたり、一定金額まで金銭を借り入れることのできる融資限度額（融資枠）を設定・維持し、顧客がその範囲内で借入れを行うことができ、金融機関等がその範囲内で顧客の求めに応じて貸し付ける義務を負う契約である（揖斐潔＝古閑裕二「特定融資枠契約に関する法律の概要」NBL663号8頁）。融資枠契約については、特定融資枠契約に関する法律（平成11年法律第4号）がある。

融資枠契約は、当座貸越契約と類似するが、融資枠契約は、貸越しをしないことについての広い裁量を金融機関等に認める特約が含まれていないことと、融資枠の設定・維持に対して手数料が支払われることによって当座貸越契約とは区別されると説明される（宮川不可止「コミットメントライン契約の法的性質」椿寿夫編『予約法の総合的研究』392頁）。

融資枠契約の法的構成は、特定融資枠契約に関する法律2条によると、「一定の期間及び融資の極度額の限度内において、当事者の一方の意思表示により当事者間において当事者の一方を借主として金銭を目的とする消費貸借を成立させることができる権利を相手方が当事者の一方に付与し、当事者の一方がこれに対して手数料を支払うことを約する契約」とされる。消費貸借の予約と考えられている（揖斐潔＝古閑裕二「特定融資枠契約に関する法律の概要」NBL663号11頁）。学説においても、諾成的消費貸借契約の成立を目的とする、借主のみが予約完結権をもつ一方の予約とする見解がある（潮見佳男『契約各論Ⅰ』337頁）。

融資枠設定契約では、一定の極度額の限度内であれば、借主は、予約完結権を反復継続して行使することができ、予約完結権を行使するごとに、本契約が成立することになる（来栖三郎『契約法』256頁、中田裕康「貸付をすべき義務」同『継続的取引の研究』272頁）。

融資枠設定契約が継続的・包括的な予約という性格をもつとして、ここには、融資枠設定契約という基本的な継続的契約と、そこから発生する個々の消費貸借契約という二重の契約構造があるとし、フランスやドイツなどで用

いられる「枠契約（contrat-cadre, Rahmenvertrag）」等の分析枠組みにより検討をする見解がある（中田裕康「貸付をすべき義務」同『継続的取引の研究』272頁、276頁〜278頁）。

(4) 小 括

継続的に複数の貸付けが締結された場合、〔裁判例❶〕は、取引を一連の取引ととらえず、第2の取引から生じた過払金返還請求権を自働債権、第3の取引から生じた貸金請求権を受働債権とし、相殺することを認めた。全体において、いかなる債権と債務が対応しているかを考え、別個の消費貸借契約から生じた過払金と貸付金の相殺を認めている。

したがって、この場合には、「中間的アプローチ」が問題となっているといえる。

続いて、融資枠設定契約の性質については、融資枠設定契約という基本契約と個々の消費貸借契約という二重の契約構造を考える分析がある（中田裕康「貸付をすべき義務」同『継続的取引の研究』272頁、276頁〜278頁）。この場合には、問題となる場面によって、相互依存関係を考えるアプローチは異なりうる。

V 同時履行の抗弁

1 概 説

契約の同時履行の抗弁について争われたものとして、ここでは、売買契約と売買契約（継続的取引）の裁判例・学説の分析・検討をする。

この場合、一方の売買契約の債務と他方の売買契約の債務に履行上の牽連関係が認められるかが問題となりうる。

2 売買契約と売買契約（継続的取引）

売買契約と売買契約によって構成された継続的取引の裁判例には、〔裁判例⓱〕東京高判昭和50・12・18判時806号35頁がある。

(1) 事案の概要

定期刊行物たる雑誌の印刷製本を目的とする継続的取引において、Y（販売業者）は、すでに納入を受けた発行済み雑誌（5・6月号および7・8月号分）の印刷製本代を支払わなかった。X（印刷製本業者）は、その後に発行されるべき雑誌（9・10月号）の納入を一時的にストップし未払代金の支払いを求めた。XY間で交渉をしているうちに、納入期限が徒過した。

本件では、Xによる9・10月号の納入義務の遅滞が、解除事由となりうるかなどが問題となった。

(2) 判 旨

〔裁判例⓱〕は、次のように判示した。

「9・10月号の納入が当初の予定よりも遅れたのは、本件取引に際しては納入後すみやかに代金を支払うとの約定がなされていたにもかかわらず、Yが納入ずみの5・6月号および7・8月号分の代金を支払おうとしないため、印刷製本は予定日までに完了していたが、Xにおいてその納入を一時的にストップして代金を支払うよう折衝していたことによるものであることが認められるから、Xが9・10月号について当初の納入期限を徒過したことはなんら違法ではないというべきである。け

だし、納入ずみの5・6月号および7・8月号分の代金債務と9・10月号の納入義務とは、それ自体は別個の法律行為によって生じたものであるが、同一雑誌の印刷製本という継続的取引から生じた相互に密接な関連を有する債務であるから、その履行についても一定の牽連関係があるのは当然であって、Yがすでに期限の到来した代金債務の履行をしない以上、Xは、右代金債務の履行があるまで、のちに期限が到来した納入義務の履行を拒みうると解することが、継続的取引契約の趣旨に合致し、かつ、当事者間の衡平に適するからである」。

(3) 検　討

〔裁判例⓱〕では、納入ずみ雑誌の印刷製本代の支払いと後から発行されるべき雑誌の納入について履行上の牽連関係が認められるかが問題となった。

〔裁判例⓱〕は、各期の売買契約について、「それぞれ別個の法律行為によって生じたものである」として、その独立性を明らかにしている。〔裁判例⓱〕は、別個の法律行為によって生じたことを認めながらも、各期相互の密接な牽連性に基づき、その履行の牽連関係を認めている。

学説においては、次のような見解がある。契約は全体として統一的な単一の契約をなしているものとみるべきであり、毎期の相対立する給付間において履行上の牽連関係が認められることは当然であり、さらに、継続して供給される各個の給付が合して全体としての一方当事者の債務を構成しているから、相手方の全体としての債務との間に対価関係が成立する以上、相手方の前期の給付の不履行を理由として後期の自己の給付を拒みうるとする見解がある（三島宗彦「継続的供給契約」契約法大系刊行委員会編『契約法大系II贈与・売買』274頁、278頁〜280頁）。

また、給付の反復・継続があらかじめ想定されている場合、「基本契約」あるいは「枠合意」に基づいた支分的債務あるいは状態債務の履行がなされ、法律関係の評価には、一部のみの履行や履行態様に限定されてはならず、基本合意や対価決定要因に照らしての全プロセスの総合評価が求められる、との見解もある（河上正二「複合的給付・複合的契約および多数当事者の契約関係」磯村保ほか『民法トライアル教室』284頁〜285頁、潮見佳男『契約各論

Ⅰ』26頁～28頁)。

(4) 小　括

　本件では、ある売買契約の債務と他の売買契約の債務に履行上の牽連関係が認められるかが問題となった。〔裁判例⓱〕は、同一雑誌の印刷製本という継続的取引から生じた密接な関連を有する債務であるという理由により、肯定した。それぞれの契約を超えて全体としていかなる債権債務関係があるかを考え、別個の契約から生じた債務の履行上の牽連性を検討している。

　したがって、この場合には、「中間的アプローチ」が問題となっているといえる。

第 2 章 2者間の複数契約における実務

はじめに

　第1章において述べているとおり、複数の契約が締結されている場合において、そもそも1つの取引が複数の契約によって構成されるとみることができるのか、また、それぞれの契約が相互に依存関係にあるのかといった点は、さまざまな場合が想定される。

　もっとも、実務的な観点からすれば、ある当事者がある契約を締結しようとする場合に、その契約と一定の関係にある別の契約を締結した場合にどのような影響があるのか、という事項を確定しておきたいという要望があるものと考えられる。

　そこで、以下においては、2者の当事者が、ある特定の契約（以下、「主契約」という）と一定の関係にある他の契約（以下、「他契約」という）を締結した場合において、他契約に関する事項が主契約にいかなる影響を与えるのかといった点を踏まえて、実務的な対応策を述べていくこととする。

　具体的には、特に2者間において主契約と一定の関係にある他契約が締結されることの多いと判断される代表的な各類型について、主として、

① 他契約が無効である場合
② 他契約に解除事由が発生した場合
③ 上記①および②以外の理由により、他契約が効力を失った場合
④ 他契約に債務不履行等が発生した場合の影響（上記②の場合を除く）

といった各場面の対応策について、述べていくものとする。

I 売買契約に対する他の契約の影響（主契約が売買契約である場合）

主契約である売買契約の一般的な書式例については、【書式１】（283頁）を参照されたい。

1 売買契約と会員権契約（主契約が売買契約、他契約が会員権契約である場合）

(1) 総論

同一の２者の当事者が、売買契約と会員権契約という２つの契約を締結する類型として、たとえば、リゾートマンション等において、リゾートマンション等の区分所有権または共有持分の購入のための売買契約を締結するとともに、当該リゾートマンションまたはその付属施設等を利用するための契約を締結する類型が想定されよう。

通常、リゾートマンション等の区分所有権や共有持分を購入しようとする者は、購入後にマンションおよびその付属施設などを利用することができることを当然の前提としている。このため、リゾートマンションの区分所有権等の購入契約の締結と、リゾートマンションおよび付属施設等の利用に関する契約の締結が、（ほぼ）同時に行われることが一般的である。

(2) 契約に関する当事者の認識

リゾートマンションおよび付属施設等の利用に関する契約を、リゾートマンション（の区分所有権または共有持分）の購入という売買契約とは別個の契約であると考えた場合には、それはいわゆる「会員権契約」、すなわち施設の優先的（独占的）・継続的な利用契約であると評価されることが通常であろう。

もっとも、前記のようにリゾートマンション等を購入しようとする当事者

Ⅰ　売買契約に対する他の契約の影響

の認識としてみれば、リゾートマンションおよび付属施設等の利用は、当然に購入の前提となっているものという認識であることから、特に購入を行うための売買契約以外に、別個独立の契約を締結しているという認識を有していないことも多いと考えられる。

　さらに、契約締結に至る実務の取扱いの違いによっても、このような契約当事者（特に購入者側）の認識が醸成されうる。たとえば、リゾートマンションの購入契約に関しては「不動産の売買契約」として詳細な契約書が作成され契約締結段階で説明がなされることが多いことに比べ、施設の利用に関する契約に関しては別個の契約書が締結されていなかったり、購入に関する契約の際に簡単な利用申込書の作成のみにとどまる場合も多いようである（〔裁判例❼-１〕大阪地判平成６・12・19等の事案においては、契約書は購入契約についてのみ存在し、当該契約書の表題などにおいて「倶楽部会員権付」との記載がなされるとともに、特約事項において不動産の購入と同時にクラブの会員となることなどが規定されたにとどまるようである）。このような場合には、購入者側は、リゾートマンション等の購入契約を締結した認識は有していたとしても、施設の利用に係る契約を別途締結したという認識を有することは困難であると思料される。

　実務的な観点としては、無用な紛争を未然に防止するために、リゾートマンション等の購入という売買契約と施設等の利用契約とが、一体としての１つの契約と評価されるものであるのか、それとも複数の契約であるのか、ということを観念的に問題とすべきものではなく、契約当事者がリゾートマンション等の購入とこれに基づく施設等の利用といった事項に関して、いかなる内容の合意が行われており、かつ、当該合意の内容を明確に認識することができているのか、という点に留意すべきであるように思われる。このため、リゾートマンションの販売を行う業者側においては、リゾートマンションという不動産の販売に係る契約書のみならず、施設等の利用に関する契約の内容についても明確に契約書等の書面の締結を行うことにより後の紛争が発生することを回避すべきであるし、また、購入者側の契約当事者（通常は

97

個人であることが多いと思われる）においても、自らが要望・認識する内容がきっちりと契約書等の書面をもって合意できているのかに留意するべきであろう。

(3) 会員権契約（他契約）が無効である場合

すでに前記(2)で述べたとおり、当事者の認識を明らかにしておくことが望ましいという実務的な観点からすれば、施設等の利用に関する会員権契約が無効であることがリゾートマンション等の売買契約にいかなる影響を生じさせるのかについて、契約書等において具体的な条項を設けておくことにより、明示的に合意しておくことが望ましい。

(ア) 主契約に影響を及ぼさせる条項例

まず考えられる条項としては、施設等の利用に関する会員権契約が無効である場合には、リゾートマンション等の売買契約も無効とする旨を定める条項である。

具体的には、リゾートマンション等の売買契約において、

第○条
　　売主および買主は、本売買契約は、平成●年●月●日付け「●●●●施設等の利用に関する会員権契約」と一体となるものであり、理由のいかんを問わず、「●●●●施設等の利用に関する会員権契約」が無効である場合には、本売買契約も効力を有さないものとすることを確認する。

といった条項を設けておくことが考えられる。

(イ) 主契約に影響を及ぼさせない条項例

もう１つの方向性として考えられる条項としては、施設等の利用に関する会員権契約が何らかの事由により無効である場合であっても、リゾートマンション等の売買契約に何らの影響も生じさせないこととする条項を設けることが考えられる。

たとえば、施設等の利用が不可能である場合であっても、売買目的物であ

るリゾートマンション等には一定の価値があるような場合が想定できよう。

具体的には、

> 第○条
>   売主および買主は、本売買契約は、平成●年●月●日付け「●●●●施設等の利用に関する会員権契約」とは別個の契約であり、「●●●●施設等の利用に関する会員権契約」の有効・無効は本売買契約に何らの影響も及ぼさないものであることを確認する。

といった条項を設けておくことが考えられる。

(4) 会員権契約（他契約）に解除事由が発生した場合

(ア) 概　要

会員権契約（他契約）に解除事由が発生した場合に、リゾートマンション等の売買契約にいかなる影響を及ぼすのかについて判断している裁判例として、①〔裁判例❼-1〕大阪地判平成6・12・19、〔裁判例❼-2〕大阪高判平成8・1・31、〔裁判例❼-3〕最三小判平成8・11・12、②〔裁判例❼-4〕東京地判平成21・6・24がある（詳細は、第1章Ⅰ4(2)参照）。

上記①は、不動産会社からリゾートマンションを購入した者が、これと同時に不動産会社が所有し管理しているスポーツクラブの会員権契約を締結した場合において、会員権契約の債務不履行を理由として、会員権契約のみならず、あわせてリゾートマンションの売買契約も解除することができるかが問題となった事例であり、②は、リゾートホテルの経営会社からリゾートホテルの共有持分権を購入することを条件として、スポーツクラブの利用を目的としたクラブ契約を締結した者が、クラブ契約の債務不履行を理由として、クラブ契約のみならず、あわせてリゾートホテルの共有持分権の売買契約も解除することができるかという点がそれぞれ問題となった裁判例である。双方の裁判例ともに、売買契約書および会員権契約書ないしクラブ契約書上に、会員権契約ないしクラブ契約上の債務不履行を理由として、売買契約を解除できる旨の条項はなかった事案である。

(イ) 民法（債権関係）改正の影響

〔裁判例❼-3〕は、「同一当事者間の複数契約における解除」の一般的な準則として、

⑦ 契約の目的が相互に密接に関連づけられていること

⑦ 社会通念上、複数契約の1つが履行されるだけでは複数の契約を締結した目的が全体として達成できないこと

という要件を定立しており、これらの要件を満たす場合には、同一当事者間で締結された複数の契約のうちのある契約上の債務不履行が他の契約の解除事由になることを判示したと解されている。

そして、同一当事者間で締結されたリゾートマンション等の売買契約と、施設等の利用に関する会員権契約については、一般的に、これらの要件を満たす場合も多いものと判断される。

もっとも、これらの要件は抽象的なものであり、いかなる場合にその要件を具備するのか否かをあらかじめ明確に判断することは当事者にとって非常に困難である。このため、契約実務上は、このような事態に備えた条項を明確に合意しておくことが望ましいことはいうまでもない。

ところで、この〔裁判例❼-3〕で問題となった同一当事者間の複数契約の解除については、現在民法（債権関係）改正の対象とされている。

すなわち、法制審議会民法（債権関係）部会が発表した「民法（債権関係）の改正に関する中間試案」（平成25年3月11日付け公表、4月8日付け補訂）においては、

第11　契約の解除

2　複数契約の解除

同一の当事者間で締結された複数の契約につき、それらの契約の内容が相互に密接に関連付けられている場合において、そのうち一の契約に債務不履行による解除の原因があり、これによって複数の契約をした目的が全体として達成できないときは、相手方は、当該複数の契約の全てを解除す

> ることができるものとする。

という規定を設けることが示されている（ただし、㊟が付されており、同㊟においては「このような規定を設けないという考え方がある」旨が記載されている）。

　この中間試案の「概要」（平成25年3月19日付け公表、4月8日付け補訂）によれば、この規定は、「同一当事者間で締結された複数の契約の一部に不履行があった場合には、本文のような要件の下で複数の契約全部を解除することができるとした判例（最判平成8年11月12日民集50巻10号2673頁）があり、これは一般化することが可能な法理であるとの考え方があることから、これを明文化するものである。これに対して、上記判例は提示する要件が不明確であるなどとして、明文化すべきでないという考え方があり、これを㊟で取り上げている」とされている。

　このため、現時点では債権法の改正については確定的な方針が出されるには至っていない。もっとも、仮にこの中間試案のとおりの改正がなされた場合であっても、〔裁判例❼-3〕が示したとされる、「同一当事者間の複数契約における解除」の一般的な準則が明文化されるのみであるため、改正がなされたとしても、契約実務において特に大きな影響はないであろう（ただし、事業者が消費者との間で、この「同一当事者間の複数契約における解除権」に関して、消費者の権利を制限するような特約を締結した場合においては、消費者契約法10条の適用に際し、明文化された民法の規定がある場合とない場合では、結論が異なる可能性もあり得よう。仮に結論が異なると考える場合には、改正がなされたことにより一定の影響が生じると考えることになろう）。

(ｳ)　**主契約に影響を及ぼさせる条項例（その１）**

　まず、会員権契約が解除された場合には、リゾートマンション等の売買契約も当然に解除されるという条項を設けておくことが考えられる。

　具体的には、

> 第○条
>
> 　売主および買主は、本売買契約は、平成●年●月●日付け「●●●●施設等の利用に関する会員権契約」と一体となるものであり、「●●●●施設等の利用に関する会員権契約」が解除された場合には、本売買契約も解除されるものとすることを確認する。

といった条項を設けることになる。

　しかし、施設等の利用に係る会員権契約が無効である場合は格別、有効であるにもかかわらず後に解除されたような場合に、常にリゾートマンション等の売買契約まで解除されるとすることが、一般的な契約当事者の認識に合致するといいきれるものではないであろう。

(エ)　主契約に影響を及ぼさせる条項例（その2）

(A)　解除事由を定める条項

　次に、施設等の利用にかかる会員権契約において解除事由とされる事由、または、これらの事由のうち一定の事由（たとえば、重大な債務の債務不履行など）が生じた場合には、リゾートマンション等の売買契約を解除することができる旨を定めておくという考え方もあり得よう。

　たとえば、特に施設等の利用にかかる会員権契約における解除事由とされる事由のうち、一定の事由をリゾートマンション等の売買契約の解除事由とするものとして、具体的には、

> 第○条
>
> 　売主および買主は、相手方において、平成●年●月●日付け「●●●●施設等の利用に関する会員権契約」に定める義務の重大な不履行があったときには、催告なしに直ちに本売買契約を解除することができる。

> 第○条
>
> 　買主は、現在建設が予定されている●●●●施設につき、平成●年●

I 売買契約に対する他の契約の影響

> 月末日までに買主その他の本件リゾートマンションの所有者が別紙のパンフレット記載のとおりに利用することができる状態になっていない場合には、催告なしに直ちに本売買契約を解除することができる。

といった条項を設けておくことが考えられる。

　(B)　前記(A)に期間制限を定める条項

　実務的には、売買契約を解除できる期間が、売買契約締結後いつまでも継続している状況になっていることは望ましくないため、解除権の行使に期間制限を設ける条項が考えられる。具体的には、

> 第○条
> 　売主および買主は、本売買契約締結後●年間に限り、相手方において、平成●年●月●日付け「●●●●施設等の利用に関する会員権契約」に定める義務の重大な不履行があったときには、催告なしに直ちに本売買契約を解除することができるものとする。

といった条項を設けることが考えられよう。

　(オ)　主契約に影響を及ぼさせない条項例

　一方、売買契約の対象物の価値などから考慮して、会員権契約が解除された場合であっても、売買契約まで解除されるとすることが適当ではないと考えられる場合もあろう。

　このような場合には、

> 第○条
> 　売主および買主は、本売買契約は、平成●年●月●日付け「●●●●施設等の利用に関する会員権契約」とは別個の契約であり、理由のいかんを問わず、「●●●●施設等の利用に関する会員権契約」が効力を失ったとしても、本売買契約には何らの影響も及ぼさないものであることを確認する。

> 第○条
> 　売主および買主は、本売買契約は、平成●年●月●日付け「●●●●施設等の利用に関する会員権契約」とは別個の契約であり、「●●●●施設等の利用に関する会員権契約」に定める義務の不履行その他の解除事由が発生した場合であっても、これをもって本売買契約を解除することはできないことを確認する。

といった条項を設けることを検討することになろう。

(カ)　実務上の留意点

ただし、これらの条項が事業者と消費者との間において締結される場合には、先の中間試案のとおりの改正がなされた（明文化された）場合はもちろんのこと、改正がなされていない（明文化されていない）段階においても、消費者契約法により無効とされる可能性がある。

すなわち、前述したとおり、同一当事者間で締結されたリゾートマンション等の売買契約と会員権契約については、特に契約書において何らかの定めを設けなかったとしても、〔裁判例❼-3〕の要件を満たすことにより、会員権契約の債務不履行がある場合には、会員権契約とあわせて売買契約も解除できると解される。このように、〔裁判例❼-3〕の射程範囲内であると解されるにもかかわらず、特に消費者側からの解除権を制限するような条項を契約書で定めた場合には、当該条項は、消費者契約法10条に違反して無効と解される余地が生じることになろう（同条に定める「民法、商法その他の法律の公の秩序に関しない規定」には、明文の任意規定のみならず、最高裁判所の判例が示す不文の任意法規や契約に関する一般法理も含まれると解する考え方もあるからである）。

(5)　その他の事由により会員権契約（他契約）が効力を失った場合

公序良俗等により無効である場合や、債務不履行その他の解除事由が発生したことによって解除される場合のほか、期間満了などの事由により会員権契約が効力を失う場合が存在する。

(ア) **主契約に影響を及ぼさせる条項例**

　1つめの考え方として、期間満了などの事由により会員権契約が効力を失った場合には、売買契約も当然に効力を失わせることが望ましいという考え方がある。

　このような考え方に基づく条項としては、

> 第○条
> 　　第△条に定める場合を除き、売主および買主は、本売買契約は、平成●年●月●日付け「●●●●施設等の利用に関する会員権契約」と一体となるものであり、理由のいかんを問わず、「●●●●施設等の利用に関する会員権契約」が効力を失った場合には、本売買契約も効力を失うものであることを確認する。

といった条項を検討すべきことになる。

(イ) **主契約に影響を及ぼさせない条項例**

　一方、2つめの考え方として、期間満了などの事由により会員権契約が効力を失ったとしても、売買契約に何らの影響も及ぼさせないようにするという考え方もあろう。通常は、このような考え方に基づき売買契約を締結していることが一般的であると思われる。

　このような場合には、

> 第○条
> 　　第△条に定める場合を除き、売主および買主は、本売買契約は、平成●年●月●日付け「●●●●施設等の利用に関する会員権契約」とは別個の契約であり、理由のいかんを問わず、「●●●●施設等の利用に関する会員権契約」が効力を失ったとしても、本売買契約には何らの影響も及ぼさないものであることを確認する。

といった条項を設けておくことが考えられよう。

(6) 会員権契約（他契約）に債務不履行等が発生した場合の影響（前記(4)を除く）

　会員権契約（他契約）に債務不履行等の問題が発生した場合に、リゾートマンション等の売買契約が解除されるか否かという点のほかに、売買契約に何らかの影響を及ぼす必要はないか。この点、契約当事者としては、会員権契約に債務不履行がある場合に、売買契約を解除させるまでは意図しないとしても、会員権契約における債務不履行が解消されない限り、売買契約上の債務の履行を行いたくないという意図を有する場合も多いものと思われる。

　このため、実務的には、

① 売買契約に定める債務の履行と、会員権契約に定める債務の履行とを、同時履行の関係に立たせる
② 会員権契約に定める債務の履行を、売買契約に定める債務の履行に係る前提条件とする

といった条項を設けておくことが考えられよう。

(ア) 主契約・他契約の債務を同時履行の関係に立たせる条項例

　たとえば、会員権契約に定める債務のうち、入会金の支払いなどの債務と、売買契約に定める目的物の引渡しなどの債務とを同時履行の関係とする条項を検討することが考えられる。

　具体的には、

第○条

　売主は、買主に対し、第△条に定める売買代金の支払いおよび平成●年●月●日付け「●●●●施設等の利用に関する会員権契約」第□条に定める入会金の支払いを受けるのと引き換えに、本件リゾートマンションを引き渡すとともに、本件リゾートマンションについて所有権移転登記手続を行うために必要ないっさいの書類を交付する。なお、所有権移転登記手続に要する登録免許税その他必要な費用は、すべて買主の負担とする。

I 売買契約に対する他の契約の影響

といった条項を設けておくことが考えられよう。

(イ) 他契約の債務の履行を前提条件に主契約の債務を履行させる条項例

　一方、たとえば、会員権契約に基づく施設の利用等が可能な状態になっていない限り、売買契約に基づく売買代金の支払いなどの債務の履行をしたくないと買主側が意図することも考えられる。

　このような場合には、

> 第○条
> 　買主は、売主に対し、第△条に定める売買代金の残金を、平成●年●月●日または現在建設が予定されている●●●●施設につき買主その他の本件リゾートマンションの所有者が別紙のパンフレット記載のとおりに利用することができる状態になった日から1週間後の日のいずれか遅い日までに、売主の指定する銀行口座あてに振り込む方法により支払う。

といった条項を設けておくことが考えられよう。

2 売買契約と賃貸借契約
（主契約が売買契約、他契約が賃貸借契約である場合）

(1) 総　論

　同一の2者の当事者が、売買契約を締結するとともに、同売買契約と何らかの関係にある賃貸借契約を締結するという場面は、それほど多いものではないが、代表的な類型としては、売主が所有する目的物を買主に譲渡し、それと同時に売主は買主から賃借するという、（広義の）リースバックの場合が想定できよう。

　リースバックの場合には、賃貸借契約上のさまざまな事柄が売買契約にいかなる影響を生じさせるのか（売買契約を主契約として考える場合）という問題と、売買契約上のさまざまな事柄が賃貸借契約にいかなる影響を生じさせるのか（賃貸借契約を主契約として考える場合）という問題の2つがありうる。後者については後述することとし（後記Ⅱ2参照）、ここでは、前者につ

いて検討する。

リースバックにおいて、賃貸借契約上の何らかの事項が主契約である売買契約にいかなる影響を生じさせるのか、について問題となった事例はあまりみられない。もっとも、〔裁判例❻-1〕東京地判平成4・7・27、〔裁判例❻-2〕東京高判平成5・7・13がある（詳細は、第1章Ⅰ4(2)参照）。同裁判例は、不動産の小口分譲販売会社から不動産の小口持分を購入し、これと同時に当該小口持分を同会社に対して賃貸した者が、賃貸借契約上の債務不履行を理由として、当該賃貸借契約を解除する場合において、これとあわせて不動産小口持分の売買契約も解除することができるかどうかが問題となった事例である。

(2) 契約に関する当事者の認識

〔裁判例❻-1〕〔裁判例❻-2〕の事案においては、売買契約書と賃貸借契約書が形式上可分であるものの、1つの契約書で締結されていたが、賃貸借契約上の債務不履行を理由に売買契約を解除することができる旨の明確な規定は存在しなかった（売買契約に関する部分に解除条項が存在し、そこでは「本契約締結後各当事者が定めた事項を履行しない時は、相手方は催告のうえ本契約を解除することができる」と規定されているにすぎなかった）。

これを踏まえて、第1審である〔裁判例❻-1〕と控訴審である〔裁判例❻-2〕とにおいて判断が分かれた（結論が異なった）。すなわち、売買契約書と賃貸借契約書（以下、両契約をあわせて「本件契約」という）がそれぞれ可分であるという体裁をとっていたにもかかわらず、第1審は、不動産の小口分譲販売会社が本件契約の主眼は購入した不動産小口持分の口数に応じて家賃収入ないし売上収入の分配にあるかのような宣伝を行い、購入者もそのことを期待して（投資目的で）本件契約を締結しており、売買契約の締結は当該投資の手段にすぎず、当該売買に固有の利益ないし関心がなかったことを理由として、本件契約が、不動産小口持分を購入する方法により出資し、これに対し利益配分を受けるという、不動産小口持分の売買と賃貸借が不可分に結合した「一種の混合契約」であると認定し、賃貸借契約上の債務不履

行を理由に売買契約を解除することを認めた。他方、控訴審は、「本件契約の各条項を仔細に検討すれば」と述べたうえで、「売買契約の部分と賃貸借契約の部分とはそれぞれ可分のものとして扱われており、売買契約の解除は売買契約の条項に不履行があった場合を前提とし、賃貸借契約の不履行により売買契約の効力が左右されることを窺わせる条項は存在しない」との点を重視して、賃貸借契約上の債務不履行を理由に売買契約を解除することを認めなかった。

　一般的に、リースバックのような類型において、賃貸借契約上のさまざまな事項について、売買契約に影響を生じさせるのか否かについて、当事者の認識がどのようなものであるのかについて一概にはいえないと考えられる。このため、具体的な解釈の場面においても、個々のさまざまな解釈がありうることになろう。〔裁判例❻-１〕〔裁判例❻-２〕を踏まえて、「複数の契約の組み合わせによって成立した混合契約における当事者間の法律関係の把握については、①当事者は具体的な場面における契約から形式的に演繹した法律効果を認識したうえで契約を締結しているものとし、各々の局面で当該法律効果をそのまま生じさせることが当事者の意思に合致すると考え、個々の契約に分解して形式的に把握する方法と、②当事者、特に個人投資家は、様々な場面における契約から演繹した個々の法律効果について、知識はもちろん関心すら有しておらず、契約締結の目的は経済効果の実現にあるとし、契約の形式にとらわれず、当事者の意図する経済目的に合致させて実質的に把握する方法があるが、両者の甲乙は一概にはつけられない」との指摘もなされているところである（星野豊「判批」ジュリ1067号132頁）。

　このため、実務的な観点から無用な紛争を未然に防止するためには、賃貸借契約上のさまざまな事項について売買契約にいかなる影響を生じさせるのかについて、明確に契約書に定めておくことが望ましいことに留意すべきである。

(3) 賃貸借契約（他契約）が無効である場合

　〔裁判例❻-１〕〔裁判例❻-２〕は、賃貸借契約が無効である場合に、理論

上はこれに先行する売買契約にいかなる影響を生じさせるのかについて、同裁判例は明示的に判断を行っていない。一般的には、契約の形式にとらわれず複数の契約の不可分性や一体性に着目するのであれば、売買契約は無効とすることが望ましいと考えられるのに対し、形式面を重視するのであれば、売買契約それ自体は有効なものとすることが望ましいと考えられよう。

(ア) 主契約に影響を及ぼさせる条項例

1つめの考え方としては、賃貸借契約が無効である場合には、売買契約それ自体も無効とする考え方である。

たとえば、

> 第○条
>   売主および買主は、本売買契約は、売主および買主間において別途締結される予定の●●の賃貸借契約と一体となるものであり、理由のいかんを問わず、同賃貸借契約が無効である場合には、本売買契約も効力を有さないものとすることを確認する。

といった条項を設けておくことが考えられる。

(イ) 主契約に影響を及ぼさせない条項例

もう1つの方向性として考えられる条項としては、理論的には先行する売買契約に対して、賃貸借契約の有効・無効は何らの影響も生じさせない旨を定めておく条項である。

たとえば、

> 第○条
>   売主および買主は、本売買契約は、売主および買主間において別途締結される予定の●●の賃貸借契約とは別個の契約であり、同賃貸借契約の有効・無効は本売買契約に何らの影響も及ぼさないものであることを確認する。

といった条項を設けておくことが考えられる。

⑷ 賃貸借契約（他契約）に解除事由が発生した場合

〔裁判例❻-1〕〔裁判例❻-2〕は、賃貸借契約に解除事由が発生した場合について第1審と控訴審において判断が分かれた事例である（なお、これら裁判例のような事例においても、同一当事者間の複数契約の解除の事例として、〔裁判例❼-3〕最三小判平成8・11・12が示した一般的な準則が適用される可能性がある）。

実務上は、このような類型の売買契約と賃貸借契約において、賃貸借契約（他契約）が売買契約（主契約）にいかなる影響を生じさせるのかという点について、契約上明確にしておくことが望ましい。

なお、中間試案における同一当事者間の複数契約の解除に関する規定が、民法（債権関係）改正により明文化された場合の影響については、前記1⑷で述べたことが同様にあてはまる。

㋐ 主契約に影響を及ぼさせる条項例（その1）

まず、賃貸借契約が解除された場合には、売買契約においても当然に解除されるという条項を設けておくことが考えられる。

具体的には、

> 第○条
>   売主および買主は、本売買契約は、売主および買主間において別途締結される予定の●●の賃貸借契約と一体となるものであり、同賃貸借契約が解除された場合には、本売買契約も解除されるものであることを確認する。

といった条項を設けることになる。

もっとも、売買契約は原則として一回的な債務の履行が予定されているのに対し、賃貸借契約は継続的な債務の履行が予定されている。このため、賃貸借契約が解除された場合に、常に売買契約も解除されるとするのが当事者の認識に合致しているとは必ずしもいいがたい。

(イ)　主契約に影響を及ぼさせる条項例（その2）

　　(A)　解除事由を定める条項

　次に、賃貸借契約において解除事由とされる事由、またはこれらの事由のうち重大な債務不履行と評価できる事由が生じた場合に、売買契約を解除することができる旨を定めておくという考え方もありうる。

　たとえば、

第〇条

　　売主および買主は、相手方において、買主・売主間において今後締結する予定の●●の賃貸借契約に定める義務の重大な不履行があったときには、催告なしに直ちに本売買契約を解除することができるものとする。

といった条項を設けておくことが考えられる。

　ただし、すでに述べたとおり売買契約は原則として一回的な債務の履行が予定されているのに対し、賃貸借契約は継続的な債務の履行が予定されていることに加えて、賃貸借契約の期間が長期間にわたるものであることからすれば、仮に重大な義務の不履行があった場合に限ったとしても、常にそれより前に締結された売買契約が解除されるとすることが、当事者の認識に合致しているとは考えにくいと判断される。

　　(B)　前記(A)に期間制限を定める条項

　実務的には、売買契約を解除できる期間が、売買契約締結後いつまでも継続している状況になっていることは望ましくないため、解除権の行使に期間制限を設ける条項が考えられる。具体的には、

第〇条

　　売主および買主は、本売買契約締結後●年間に限り、相手方において、売主・買主間において今後締結する予定の●●の賃貸借契約に定める義務の重大な不履行があったときには、催告なしに直ちに本売買契約

を解除することができるものとする。

といった条項を設けることが考えられよう。

(ウ)　主契約に影響を及ぼさせない条項例

　一方、売買契約の対象物の価値などから考慮して、賃貸借契約が解除された場合であっても、売買契約まで解除されるとすることが適当ではないと考えられる場合もあろう。通常は、このように考えることが、契約当事者の認識に合致していると判断される。

　このような場合には、

第○条
　　売主および買主は、本売買契約は、売主および買主間において別途締結される予定の●●の賃貸借契約とは別個の契約であり、理由のいかんを問わず、同賃貸借契約が効力を失ったとしても、本売買契約には何らの影響も及ぼさないものであることを確認する。

第○条
　　売主および買主は、本売買契約は、売主および買主間において別途締結される予定の●●の賃貸借契約とは別個の契約であり、同契約に定める義務の不履行その他の解除事由が発生した場合であっても、これをもって本売買契約を解除することはできないことを確認する。

といった条項を設けることを検討することになろう。

　ただし、前記1(4)で述べたのと同様に、これらの条項が事業者と消費者との間において締結される場合には、先の中間試案のとおりの改正がなされた（明文化された）場合はもちろんのこと、改正がなされていない（明文化されていない）段階においても、消費者契約法により無効とされる可能性がある。

　すなわち、〔裁判例❼-3〕が示した要件を満たすか否かはケース・バイ・

ケースになるものと思われるが、仮に当該要件を満たすと判断されるときには、同一当事者間で締結された売買契約と賃貸借契約については、特に契約書において何らかの定めを設けなかったとしても、〔裁判例❼-3〕の要件を満たすことにより、賃貸借契約の債務不履行がある場合、賃貸借契約とあわせて売買契約も解除できると解される。このように、仮に本類型のような売買契約と賃貸借契約が、〔裁判例❼-3〕の射程範囲内であると解されるにもかかわらず、特に消費者側からの解除権を制限するような条項を契約書で定めた場合には、当該条項は、消費者契約法10条に違反して無効と解される余地が生じることになろう。

(5) **その他の事由により賃貸借契約（他契約）が効力を失った場合**

公序良俗等により無効である場合や、債務不履行その他の解除事由が発生したことによって解除される場合のほか、期間満了などの事由により賃貸借契約が効力を失う場合が存在する。

一般的には、期間満了などにより賃貸借契約が効力を失う場合において、売買契約に何らかの影響を及ぼすことが適切と当事者が考える場合は想定しにくい。

このため、通常は、特に条項を設けることは必要ないと思われるものの、確認的に、

> 第○条
> 　第△条に定める場合を除き、売主および買主は、本売買契約は、売主および買主間において別途締結される●●の賃貸借契約とは別個の契約であり、理由のいかんを問わず、同賃貸借契約が効力を失ったとしても、本売買契約には何らの影響も及ぼさないものであることを確認する。

といった条項を設けておくことも一考の余地はあろう。

(6) **賃貸借契約（他契約）に債務不履行等が発生した場合の影響**（前記(4)を除く）

賃貸借契約（他契約）に債務不履行等の問題が発生した場合に、売買契約

が解除されるか否かという点のほかに、売買契約に何らかの影響を及ぼす必要はないか。この点、契約当事者としては、賃貸借契約に債務不履行等の問題が発生した場合であっても、それ以前に締結された売買契約に何らかの影響を及ぼそうという意図を有していることはほとんど考えられない。このため、特にこれに対応するための条項を売買契約に設けておく必要性はほとんどないものと考えられる。

3 売買契約と請負契約
（主契約が売買契約、他契約が請負契約である場合）

(1) 総 論

同一の2者の当事者が、売買契約と同売買契約と一定の関係にある請負契約という2つの契約を締結する場面として想定される代表的な類型としては、請負契約の発注者が、請負人から納入されるべき請負契約の成果物を利用するために必要な「物」を請負人から購入するという類型が考えられよう。

〔裁判例❾〕東京地判平成18・6・30の事案、すなわち、データベースの開発を発注した者が、当該データベースがウインドウズサーバー（以下、「本件サーバー」という）により利用されることを前提としていたため、同発注とあわせて本件サーバーを購入した場合において、データベース開発契約（請負契約）上の債務不履行を理由として、当該請負契約の解除とあわせて、本件サーバーの売買契約も解除することができるかどうかが問題となった事案が、この類型に該当するものと考えられる。

実務的に、業務委託先から、委託業務の成果物を利用するための機器等を購入するケースは、かなり多くみられるものといえよう。

(2) 契約に関する当事者の認識

前記1のリゾートマンション等の売買契約と施設等の利用にかかる会員権契約といった類型と異なり、このような想定類型においては、両契約の目的が相互に密接に関連しているとは必ずしもいいがたい場合も多い（大澤逸平

「判批」ジュリ1388号110頁参照)。すなわち、リゾートマンション等の売買契約は、通常は会員権付きとされている。そして、リゾートマンションを譲渡する場合には、その譲受人にも会員権規約を遵守させることが売買契約の特約事項とされ、また、会員権規約においては会員権の分離譲渡が不可能である旨が定められていることが一般的であることから、通常、いずれか一方の契約のみを締結するという選択肢は存在しない。これに対して、発注者が請負人から、請負契約の成果物を利用するための「物」を購入するようなケースにおいては、請負契約のみを締結し、請負人以外の第三者との間において「物」の売買契約を締結することが可能である場合も多いという事情がある。

このため、当事者の認識においても、

① 売買契約の対象物である「物」は、当該請負人から購入する必要がある（他の第三者から購入することが不可能または著しく困難である）

② 売買契約の対象物である「物」は、請負契約の成果物を利用するためにしか使用できないものである

③ 売買契約を締結しない限り、請負契約の目的物を利用できない

などの事情の全部または一部が存在する場合には、請負契約と売買契約は密接不可分の関係にあるとの認識を有することが多いと思われる。一方で、

④ 売買契約の対象物である「物」を第三者から購入することが可能であるが、価格が低額である等の条件から、当該請負人から購入する

⑤ 売買契約の対象物である「物」は、請負契約の成果物を利用する以外にも使用できる価値を有するものである（このため、請負契約を締結し得ない場合であっても、発注者が当該「物」を保有することに意味がある）

⑥ 売買契約の目的物を購入しなくても、請負契約の目的物を利用できる

などの事情が存在する場合には、請負契約と売買契約とは別個の契約であり、特に契約相互間において何らかの関係を有するものではないとの認識を有することが通常であると判断される。

(3) 請負契約（他契約）が無効である場合

想定される類型においては、すでに述べたとおり、両契約を取り巻くさま

Ⅰ　売買契約に対する他の契約の影響

ざまな事情（前記(2)①～⑥のような事情）の有無により、当事者の認識が異なりうる。このため、主契約である売買契約において、明示的に、請負契約が無効である場合の影響について条項を設けておくことも意味がないものではない。

　(ア)　**主契約に影響を及ぼさせる条項例**

　1つめの考え方としては、請負契約が無効である場合には、売買契約それ自体も無効とする考え方である。

　たとえば、

第○条
　　売主および買主は、本売買契約は、売主および買主間の平成●年●月●日付けの「●●請負契約」と一体となるものであり、理由のいかんを問わず、同請負契約が無効である場合には、本売買契約も効力を有さないものとすることを確認する。

といった条項を設けておくことが考えられる。

　(イ)　**主契約に影響を及ぼさせない条項例**

　もう1つの方向性として考えられる条項としては、請負契約の有効・無効は、売買契約に何らの影響も生じさせない旨を定めておく条項である。

　たとえば、

第○条
　　売主および買主は、本売買契約は、売主および買主間の平成●年●月●日付けの「●●請負契約」とは別個の契約であり、同請負契約の有効・無効は本売買契約に何らの影響も及ぼさないものであることを確認する。

といった条項を設けておくことが考えられる。

　(4)　**請負契約（他契約）に解除事由が発生した場合**

　〔裁判例❾〕は、請負契約に債務不履行が発生した場合において、売買契

約の解除事由となることを示した事例である。

なお、想定される類型や〔裁判例❾〕のような事例においても、同一当事者間の複数契約の解除の場面として、〔裁判例❼-3〕最三小判平成8・11・12が示した要件を満たすか否かは、両契約を取り巻くさまざまな事情により、ケース・バイ・ケースになるものと思われる。

このため、実務的な観点からは、無用な紛争を未然に防止するために、請負契約に解除事由が発生した場合に、売買契約にいかなる影響を及ぼすのかについては、諸般の事情を考慮しながら、当事者の認識に沿って、明確に条項として定めておくことが望ましい。

なお、中間試案における同一当事者間の複数契約の解除に関する規定が、民法（債権関係）改正により明文化された場合の影響については、前記1(4)で述べたとおりである。

(ア) **主契約に影響を及ぼさせる条項例**

まず、請負契約が解除された場合には、売買契約も解除される、または、解除することができるといった条項を設けておくことが考えられる。

具体的には、

第○条

売主および買主は、本売買契約は、売主および買主間の平成●年●月●日付けの「●●請負契約」と一体となるものであり、同請負契約が解除された場合には、本契約も解除されるものであることを確認する。

第○条

売主および買主は、相手方において、売主および買主間の平成●年●月●日付けの「●●請負契約」に定める義務の（重大な）不履行があったときには、催告なしに直ちに本売買契約を解除することができる。

といった条項を設けておくことが考えられる。

(イ) 成果物に瑕疵がある場合に、主契約に影響を及ぼさせる条項例

　また、売買契約の買主側の当事者にとっては、請負契約における成果物に瑕疵があるようなケースにおいて、請負契約それ自体を解除する必要がある場合には、売買契約を解除する必要がある可能性も高い。

　このため、たとえば、請負契約の解除事由のうち、特に目的物に瑕疵があった場合を射程範囲として、

>第○条
>　買主は、売主および買主間の平成●年●月●日付けの「●●請負契約」第△条（瑕疵担保責任）に基づき買主が「●●請負契約」を解除した場合には、あわせて本売買契約も解除することができるものとする。

といった条項を設けておくことも考えられよう。

　請負契約の解除事由をすべて売買契約の解除事由とするのではなく、請負契約の瑕疵担保責任に基づき同契約を解除する場合に限って、売買契約を解除することができる旨を定めることは、一般的には、売主側（請負人側）にとっても合意しやすい条項であろう。

(ウ) 主契約に影響を及ぼさせない条項例

　一方、請負契約が解除された場合であっても、売買契約まで解除されるとすることが適当ではないと考えられる場合もあろう。

　このような場合には、

>第○条
>　売主および買主は、本売買契約は、売主および買主間の平成●年●月●日付けの「●●請負契約」とは別個の契約であり、理由のいかんを問わず、同請負契約が効力を失ったとしても、本売買契約には何らの影響も及ぼさないものであることを確認する。

> 第○条
>
> 　売主および買主は、本売買契約は、売主および買主間の平成●年●月●日付けの「●●請負契約」とは別個の契約であり、「●●請負契約」に定める義務の不履行その他の解除事由が発生した場合であっても、これをもって本売買契約を解除することはできないことを確認する。

といった条項を設けることを検討することになろう。

　ただし、これらの条項が事業者と消費者との間において締結される場合には、先の中間試案のとおりの改正がなされた（明文化された）場合はもちろんのこと、改正がなされていない（明文化されていない）段階においても、消費者契約法により無効とされる可能性があることについては、前記1(4)で述べたことと同様である。

(5) その他の事由により請負契約（他契約）が効力を失った場合

　公序良俗等により無効である場合や、債務不履行その他の解除事由が発生したことによって解除される場合のほか、合意解除などにより請負契約が効力を失う場合が存在する。

　この点、すでに述べてきた前記(3)(4)の場合以外の事由により請負契約が効力を失った場合に、売買契約に何らかの影響を生じさせる必要があると当事者が考える場合はほとんどないであろう（1つの想定として、請負契約を合意解除する場合に売買契約も効力を失わせることを意図する場合が想定されるものの、請負契約の解除につき合意する際に、売買契約の解除も含めて合意しておけば足りるものと考えられる）。

(6) 請負契約（他契約）に債務不履行等が発生した場合の影響（前記(4)を除く）

　請負契約（他契約）に債務不履行等の問題が発生した場合に、売買契約が解除されるか否かとは別に、売買契約において何らかの影響を生じさせるか否かについて、当事者が検討しておく必要があるか。

　実務的には、

① 請負契約の成果物に瑕疵が存在した場合または請負契約の成果物の性能保証に違反している場合
② 請負契約の完了期限が遅延した場合

などの場面について、検討しておくことが重要である。このような場合、売買契約の買主としてみれば、請負契約の成果物を利用できない以上、当初予定していた売買契約の履行期限において、売買目的物の引渡しを受ける（その代わりに代金を支払う）必要性が生じないことも多いからである。このため、請負契約の発注者であり、売買契約の買主でもある者としては、上記①または②の場合が生じた場合には、

㋐ 売買契約それ自体を解除する　成果物を利用できるのが先に延びる以上、他の売主を見つける機会が付与されることに意味がある。

㋑ 売買契約の目的物の引渡し・代金支払時期を延期する　成果物を利用できるのが先に延びる以上、当初予定された時点において、目的物の引渡しを受ける必要もなく、また、代金を支払う必要もないと考える。

といったことを検討する必要性が生じる可能性がある。

　具体的には、以下のような条項を検討することとなろう。

⑺ **請負契約の成果物に瑕疵が存在した場合または成果物の性能保証に違反している場合**

売買契約それ自体を解除する条項例としては、次のようなものが考えられる。

第〇条

　買主は、売主および買主間の平成●年●月●日付けの「●●請負契約」に基づき売主から買主に納入される成果物に瑕疵があることが発見された場合には、催告なしに直ちに本売買契約を解除することができるものとする。

> 第○条
>
> 　　買主は、売主および買主間の平成●年●月●日付けの「●●請負契約」第△条（請負人の保証）に違反する事実が発生した場合には、催告なしに直ちに本売買契約を解除することができるものとする。

　また、売買契約の目的物の引渡し・代金支払時期を延期する条項例としては、次のようなものが考えられる。

> 第○条
>
> 　　売主および買主は、売主および買主間の平成●年●月●日付けの「●●請負契約」に基づき売主から買主に納入される成果物に瑕疵があることが発見された場合において、買主の要求があった場合には、本売買契約第△条に定める引渡日および第□条に定める代金支払日を、瑕疵が完全に修補された日から●日間経過後の日と変更する。

> 第○条
>
> 　　売主および買主は、売主および買主間の平成●年●月●日付けの「●●請負契約」第△条（請負人の保証）に違反する事実が発生した場合において、買主の要求があった場合には、本売買契約第□条に定める引渡日および第◎条に定める代金支払日を、当該違反が是正された日から●日間経過後の日と変更する。

(イ)　請負契約の完了期限が遅延した場合

　売買契約それ自体を解除する条項例としては、次のようなものが考えられる。

> 第○条
>
> 　　買主は、売主および買主間の平成●年●月●日付けの「●●請負契約」第△条（請負業務の完了時期）に違反する事実があった場合には、

催告なしに直ちに本売買契約を解除することができるものとする。

また、売買契約の目的物の引渡し・代金支払時期を延期する条項例としては、次のようなものが考えられる。

第○条
　売主および買主は、売主および買主間の平成●年●月●日付けの「●●請負契約」第△条（請負業務の完了時期）に違反する事実があった場合において、買主から要求があった場合には、本売買契約第□条に定める引渡日および第◎条に定める代金支払日を、「●●請負契約」に基づく売主（請負人）の請負業務が完了した日から●日間経過後の日と変更する。

4　継続的な売買契約相互間の関係（その１）
　　──買主と売主が固定されている場合

継続的な売買契約関係を基礎づける売買取引基本契約書の一般的な書式例については、【書式２】（288頁）を参照されたい。

　(1)　総　　論

現在の企業間の取引において、１回きりの売買契約が締結されて履行されることは極めて稀であり、多くの企業間の取引においては同一当事者間で同一または一定の範囲の商品が継続的に売買されることが多く行われている。

これらの取引は、多くの場合には、企業間において取引基本契約が締結され、個別の売買取引に共通して適用されるルールが合意され、当該ルールに従って個別の売買取引がその都度行われることが通常である。

このような同一の２者の当事者間における個別の売買取引間の関係が問題になる類型としては、以下の２つの類型が代表的なものとして考えられる。

①　一方当事者（売主）から、一方当事者（買主）に対して、同一または一定の範囲の商品が継続的に販売されるという類型（買主と売主は固定

されている)

②　当事者は、ある商品の売買取引においては売主となり、別の商品の売買取引においては買主になるという類型（買主と売主は固定されていない）

　ここでは、まず①の類型を想定して検討することとし、②の類型については後述するものとする（後記5参照）。

(2)　契約に関する当事者の認識

　取引基本契約が適用されて、個別の取引が買主と売主が固定されている状態でその都度行われているような場合、当事者の認識としては、個別の取引ごとに売買契約が締結されているとの認識は薄く、継続的な取引が一体として行われているという認識を有している場合も多い。これは、売買取引の代金について、個別の取引ごとに支払われるのではなく、一定期間に生じた売買代金を、まとめて支払うことが多く行われていることにも一因があろう（通常、「月末締め」「翌月●日払い」といった形で合意されていることが通常である）。

　このような場合には、当事者は、個別の売買取引において何か問題が生じた場合に、当然に、他の売買取引についても何らかの影響が生じるという認識を有することも多いと判断される。

(3)　**ある個別売買契約が効力を有さない（原始的無効であるか後に効力が失われた場合であるか否かを問わない）場合に、他の個別売買契約に与える影響**

　当事者間において、ある個別売買契約が効力を有さない場合に、他の個別売買契約に何らかの影響を及ぼすという認識が形成されることは稀であろう。このため、特にこのようなケースに備える条項を契約書に定めるということは一般的には行われていない。

　ただし、想定される類型においては、ほとんどの場合、それぞれの個別売買契約は、ほぼ同一の条件で、同一の売買目的物の取引を行うことが多い。このため、何らかの事由により1つの個別売買契約が効力を有さない場合に

は、特に何らかの条項を設けていなかったとしても、同一の事由に基づき他の個別売買契約が無効となることも多いと思われる。

(4) ある個別売買契約に解除事由が発生した場合に、他の個別売買契約に与える影響

想定される類型においては、通常、ある個別売買契約において解除事由が発生した場合に、取引基本契約のみならず、その他の個別売買契約のすべてについて、解除事由となる旨が取引基本契約に定められていることが多い。

具体的には、

第○条

　甲または乙は、相手方に次の各号の1つに該当する事由が生じたときは、催告なしに直ちに、本契約および個別契約の全部または一部を解除することができる。なお、当該解除権の行使は、損害賠償の請求を妨げないものとする。

(1) 本契約または個別契約に違反したとき

(2) 手形不渡りもしくは銀行取引停止処分を受けたとき、または破産手続、民事再生手続、もしくは会社更生手続等の申立てがあったとき

(3) 仮差押え、仮処分、強制執行もしくは競売等の申立てを受け、または公租公課の滞納処分を受けたとき

(4) 営業につき行政庁から取消し、または停止の処分を受けたとき

(5) 経営または財産状態が悪化し、またはそのおそれがあると認められるとき

といった条項である。

このような条項は、契約当事者において、継続的な個別取引を継続するにあたっては、個々の個別取引について解除事由が発生していないという状態が維持されることが前提であるとの認識を有していることが多いことによるものと考えられる。

なお、特にこのような条項が設けられていない場合には、同一当事者間の複数契約の解除について〔裁判例❼-3〕最三小判平成8・11・12が示した一般的な準則に基づき、個々の個別売買契約の解除の可否が判断されることになると思われる。しかし、想定している類型に同準則を適用した場合、ある個別売買契約において解除事由が発生している場合において、常にその他の個別売買契約を解除できるとはいいきれない。このため、実務上は、ある個別売買契約に解除事由が発生した場合に、取引基本契約のみならず他の個別売買契約も解除できるようにするためには、上記のような条項を設けておくことを検討すべきである。

(5) **ある個別売買契約に債務不履行等が発生した場合に、他の個別売買契約に与える影響**（前記(4)を除く）

ある個別売買契約に債務不履行等が発生した場合に、他の個別売買契約に与える影響としては、

① ある個別売買契約において相手方の債務不履行等があった場合に、他の個別売買契約の履行を拒むことができるか（同時履行の抗弁権または先履行の抗弁権が認められるか）

② ある個別売買契約において相手方の債務不履行等があった場合に、他の個別売買契約の期限の利益を喪失させることができるか

という2つの点が、主として問題となろう。

(ア) **同時履行の抗弁権または先履行の抗弁権**

同時履行の抗弁権または先履行の抗弁権が問題となった裁判例として、〔裁判例⓱〕東京高判昭和50・12・18が存在する。〔裁判例⓱〕においては、印刷業者が販売業者に対し定期刊行物である雑誌を印刷製本して継続的に納入するという継続的取引契約が締結されていた場合において、販売業者がすでに納入済みの雑誌にかかる印刷製本代金を支払わなかったため、印刷業者がその後の雑誌の納入を停止し納入期限を徒過したことが、印刷業者の債務不履行となるかどうか（印刷業者は販売業者の前期取引の代金不払い（債務不履行）を理由として、当期ないし次期以降の取引の納入義務を拒むことができるか）

が問題となった。

〔裁判例❼〕は、前期の取引と当期ないし次期以降の取引はそれぞれ別個の取引（個別契約）であることから、納入済みの印刷製本代金債務とその後停止した雑誌の納入債務とは、「それ自体別個の法律行為によって生じたものであるが、同一雑誌の印刷製本という継続的取引から生じた相互に密接な関連を有する債務であるから、その履行についても一定の牽連関係があるのは当然」であり、販売業者が期限の到来した代金債務の履行をしない以上、印刷業者は当該代金債務の履行があるまで、後に期限の到来した納入債務の履行を拒むことができ、このように解することが、「継続的取引契約の趣旨に合致し、かつ、当事者間の衡平に適する」として、継続的取引契約の当事者間における、過去の反対債務の履行があるまで現在ないし将来の債務の履行を拒むことができること（先履行の抗弁権）を認めた。

この点、〔裁判例❼〕が示した結論については、継続的取引契約においてすでに判例（最一小判昭和42・6・29集民87号1279頁・判時494号41頁など）および通説が認めているところである。もっとも、実務的には、「継続的取引契約」と認められるか否かは不明確な場合もあり、このような抗弁権を主張したい場合には、取引基本契約書において、その旨を明確に定めておくことを検討する必要がある。

たとえば、

> 第〇条
>   甲または乙は、相手方において本契約または個別契約に定める義務に違反があった場合には、相手方が当該違反を是正するまでの間、本契約または個別契約（相手方が義務に違反したところの個別契約であると否とを問わない）に定める自らの債務の履行を拒むことができる。

といった条項が考えられよう（もっとも、実際に、上記のような条項を取引基本契約書に明示的に定めている例は必ずしも多くない）。

(イ)　期限の利益の喪失

多くの取引基本契約書においては、ある個別契約に違反した場合には、その他の個別契約に基づく債務も含めて、期限の利益を喪失させることを定めていることが通常である。

たとえば、

第〇条

　　甲または乙について、次の各号の1つに該当する事由が生じたときは、通知催告等なくして、相手方は本契約および個別契約に基づき甲または乙に対して負ういっさいの債務について当然に期限の利益を失い、直ちに債務を弁済しなければならない。

　(1)　手形不渡りもしくは銀行取引停止処分を受けたとき、または破産手続、民事再生手続、もしくは会社更生手続等の申立てがあったとき

　(2)　仮差押え、仮処分、強制執行もしくは競売等の申立てを受け、または公租公課の滞納処分を受けたとき

　(3)　営業につき行政庁から取消し、または停止の処分を受けたとき

　(4)　乙の責めに帰すべき事由によって、甲に乙の所在が不明となったとき

2　甲または乙について、次の各号の1つに該当する事由が生じたときは、相手方からの請求によって、甲または乙は本契約および個別契約に基づき相手方に対して負ういっさいの債務について期限の利益を失い、直ちに債務を弁済しなければならない。

　(1)　本契約および個別契約に基づく債務の支払いを怠ったとき

　(2)　本契約または個別契約以外に基づく債務を期限までに支払わなかったとき

　(3)　公租公課を滞納して督促を受けたとき

　(4)　本契約の各条項に違反したとき

> (5) 前各号のほか、経営または財産状態が悪化し、またはそのおそれ
>   があると認められるとき

といった条項を設けておくことが考えられよう。

5 継続的な売買契約相互間の関係（その2）
     ──買主と売主が固定されない場合

　継続的な売買契約関係を基礎づける売買取引基本契約書の一般的な書式例については、【書式2】（288頁）を参照されたい。

(1) 総　論

　同一の2者の当事者間における継続的な売買契約が行われている場合において、それぞれの個別売買契約の間の関係が問題となりうるもう1つの類型として、一方の当事者がある商品の売買取引においては売主となり、別の商品の売買取引においては買主になるという類型（買主と売主は固定されていない）という類型がある。

　この類型のうち、特に問題となりやすい類型は、たとえば【A】が原材料を【B】に供給（販売）し、【B】は当該原材料を加工等して商品を製作し、当該商品を【A】に販売するという類型である。このような取引については、【A】が【B】に対して原材料を支給して製作を委託する契約（一般的には請負契約）の形式をとる場合もないわけではないが、双方向の2つの売買契約という形式をとることも数多くみられる。

　この類型を検討するにあたり、【A】から【B】への原材料の各個別売買契約の間の関係、または、【B】から【A】への商品の各個別売買契約の間の関係については、前記4において述べたとおりである。ここでは、【A】から【B】への原材料の個別売買契約と、【B】から【A】への商品の個別売買契約の間の関係について、検討する。

(2) 契約に関する当事者の認識

　想定される類型における当事者の認識であるが、まず第1の特徴として、

【A】から【B】への原材料の供給（販売）について、有償で提供されているにもかかわらず、それが【A】から【B】への売買契約によって実現されているという認識を有していない場合も多いという点があげられる。これは、当事者の最終的な目的は原材料を使用して製作した商品の【B】から【A】への売買の実現にあること、【A】から【B】への原材料の提供が有償で行われる場合であっても、商品の売買代金のほうが高額であることが通常であるため、【B】から【A】への売買代金は【B】から【A】への売買代金と相殺する処理が行われ、【A】から【B】への売買代金を支払っているという認識をもちがたいこと、【A】から【B】へ売買される原材料は【B】が【A】に販売する商品の製作以外の目的に使用してはいけない旨が合意されていることが通常であることから、原材料それ自体が売買の対象となっているとの認識をもちがたいことなどの事情によるものと考えられよう。

　このような事情から、当事者間においては、一般的には、【B】から【A】への商品の売買契約を中心として取引基本契約書が締結され、その契約書中で【A】から【B】への原材料の売買について「原材料の有償支給」という形式で条項が設けられることも多い。

　また、第2の特徴として、【A】から【B】への原材料の売買と、【B】から【A】への商品の売買が、必ずしも1対1で対応していることが稀であることから、【A】から【B】への原材料の個別の売買契約のうちどの売買契約が、【B】から【A】への商品の個別の売買契約との間で、〔原材料―商品〕という関係が成立しているのかについて、当事者が認識していないことも多いという点があげられる（この点、【B】から【A】に対してさまざまな商品が販売されており、その前提としてさまざまな原材料を【A】が【B】に販売しているような場合には、ある原材料の売買契約とそれを基に製作した商品の売買契約とを特定できる場合もある。しかし、【A】から【B】への原材料の提供は、1種類または少ない種類の原材料が、一度にまとめて行われていることも多く、また、商品を製作する側における製作の際のロス率などもあることから、【B】から【A】への商品の売買契約の際に、その原材料がいつの【A】から【B】への売

Ⅰ 売買契約に対する他の契約の影響

買契約に基づいて【B】が使用するに至ったのかについて、当事者が明確に認識していないことが多いものである）。このため、たとえば【A】から【B】への原材料の提供が契約どおり行われなかったとしても、【B】から【A】への商品の売買契約に何らかの影響が生じるはずであるという認識を当事者がもち得ない場合も多いと判断される。

(3) ある個別売買契約が効力を有さない（原始的無効であるか否かと効力が失われた場合であるか否かを問わない）場合に、他の個別売買契約に与える影響

　当事者間において、継続的に双方向の売買契約が行われている場合に、ある一方向の個別売買契約が効力を有さない場合に、それと対応する逆方向の個別売買契約に何らかの影響を及ぼすという認識が形成されることはそれほど多くはないであろう。たとえば、原材料の個別売買契約と、それを用いた商品の個別売買契約を想定した場合であっても、仮に原材料の個別売買契約が効力を有さないとしても、他から原材料を調達することが可能であることが通常であることからすれば、商品の個別売買契約の効力を失わせる必要はない。また、商品の個別売買契約が効力を有さないとしても、当該原材料は、別の商品の個別売買契約のために使用することができることが通常であることからすれば、原材料の個別売買契約の効力を失わせる必要もないのである。

　もっとも、原材料が特殊なものであり、当該原材料の提供（販売）が有効に行われない限り、それを用いて製作することを予定していた商品の個別売買契約を履行することが困難である場合や、商品の個別売買契約が有効に行われない限り、原材料それ自体についても提供元（販売元）に返還することが望ましい場合なども考えられる。このような場合には、当事者間において、一方向の売買契約が効力を有さない場合には、これと対応する逆方向の売買契約の効力を失わせる旨の条項を契約書に設けておくことを検討すべきである。

　具体的には、

> 第○条
>
> 　甲から乙への商品の原材料の有償支給は、乙から甲への商品売買契約が有効に行われることを前提としていることから、乙から甲への商品売買契約が効力を有さない場合には、当該売買契約の商品のために甲から乙への原材料の有償支給も効力を有さないものとし、乙から甲に対して支給済みの原材料がある場合には、乙は甲に対して当該原材料を甲に返還しなければならない。

> 第○条
>
> 　甲および乙は、甲から乙への原材料の個別売買は、これを用いて製作される乙から甲への商品の個別売買と一体となるものであり、いずれか一方が効力を有さない場合にはもう一方も効力を有さないものとすることを確認する。

といった条項を設けておくことが考えられる。

(4) ある個別売買契約に解除事由が発生した場合に、他の個別売買契約に与える影響

　当事者間において、継続的に双方向の売買契約が行われている場合に、ある一方向の個別売買契約に解除事由が生じた場合に、それと対応する逆方向の個別売買契約についての解除事由となることを取引基本契約に定めている例はあまりみられない。前記(3)で述べた事情に加えて、一方向の個別売買契約において相手方の責めに帰すべき解除事由が発生したとしても、逆方向の個別売買契約については相手方の履行を期待できる状況も存在しうるといった事情も一因となっているのではないかと思われる。

　なお、特にこのような条項が設けられていない場合には、同一当事者間の複数契約の解除について〔裁判例❼-3〕最三小判平成8・11・12が示した一般的な準則に基づき、個々の個別売買契約の解除の可否が判断されることになると思われる。しかし、想定している類型に同準則を適用した場合、一

方向の個別売買契約において解除事由が発生している場合において、常に逆方向の個別売買契約を解除できるとはいいきれない。このため、仮に当事者において、一方向の個別売買契約に解除事由が生じた場合に、それと対応する逆方向の個別売買契約についても解除したいと考える場合には、取引基本契約書において、

> 第○条
>   甲および乙は、甲から乙への原材料の個別売買は、これを用いて製作される乙から甲への商品の個別売買と一体となるものであり、いずれかが一方が解除された場合にはもう一方も同時に解除されるものとであることを確認する。

といった条項を設けることを検討すべきである。

(5) **ある個別売買契約に債務不履行等が発生した場合に、他の個別売買契約に与える影響**（前記(4)を除く）

当事者間において、継続的に双方向の売買が行われている場合において、ある一方向の個別売買契約に債務不履行等が発生した場合に、これと対応する逆方向の個別売買契約に与える影響としては、

① ある一方向の個別売買契約において相手方の債務不履行等があった場合に、逆方向の個別売買契約の履行を拒むことができるか（同時履行の抗弁権または先履行の抗弁権が認められるか）

② ある一方向の個別売買契約において相手方の債務不履行等があった場合に、逆方向の個別売買契約の期限の利益を喪失させることができるか

という2つの点が、主として問題となることが考えられる。

もっとも、当事者間の取引基本契約書において、特にこれらの①または②に対応するための条項が設けられていることは稀である（仮に特に条項を設けるとすれば、前記4(5)で述べたのと同様の条項を設けることを検討すべきこととなろう）。

II　賃貸借契約に対する他の契約の影響
　　（主契約が賃貸借契約である場合）

　主契約である賃貸借契約の一般的な書式例については、【書式3】（294頁）を参照されたい。

1　賃貸借契約と賃貸借契約
　　（複数の賃貸借契約を締結する場合）

(1)　総　論

　同一当事者間において、複数の賃貸借契約を締結する場合で、契約相互の関係が問題になる代表的な類型としては、まず、複数の不動産の賃貸借契約を締結する場合が想定されよう。たとえば、隣接した場所にある複数の（筆の）土地の賃貸借契約を締結する場合や、隣接した場所にある土地と建物の賃貸借契約を締結する場合などが考えられよう。

　また、不動産の賃貸借契約と、動産の賃貸借契約を締結する場合も想定される。たとえば、工場用建物と、工場用機械の双方について、賃貸借契約を締結するような場合が考えられよう。

(2)　契約に関する当事者の認識

　一般的に、同一当事者間において複数の不動産の賃貸借契約を同時に締結する場合において、おのおのの賃貸借契約が対象としている不動産が隣接しており、一体として利用することが前提となっているような特段の事情が存在するような場合には、当事者としては一体的な取扱いをしたいという認識を有している場合も考えられる。しかし、一方で、同時に複数の不動産の賃貸借契約を締結する場合であっても、通常、当事者は、おのおのの賃貸借契約につき別々の取扱いをしたいという認識を有している場合（たとえば、必要に応じて一方の賃貸借契約を終了させ、一方の賃貸借契約のみを存続させたいと考えているような場合）が一般的であろう。

特に、同一時期ではなく、別々の時期に、隣接した不動産について賃貸借契約を締結するような場合については、当事者の認識としては、別々の取扱いをしたいという認識を有している場合がほとんどであろう。

このような当事者の認識については、複数の不動産の賃貸借契約のみならず、同一当事者間において不動産と動産の賃貸借契約が締結されている場合や、同一当事者間において複数の動産の賃貸借契約が締結されている場合についても同様であると思われる。

(3) 一方の賃貸借契約が無効である場合

同一の2者の当事者間において複数の賃貸借契約が締結されている場合において、一方の賃貸借契約が無効である場合に、他の賃貸借契約に何らかの影響を生じさせるのか。

一般的に、複数の賃貸借契約が同時に（または別の時期に）締結されている場合に、その賃貸借の対象物が一体として利用されることを前提としており、当事者の認識においても一体として取り扱うことが明確であるといった特段の事情がない限り、一方の賃貸借契約が無効であった場合に、他の賃貸借契約に何らかの影響を及ぼすことは、当事者の通常認識するところではなく、そのような契約解釈がなされることも考えられないと思料される。

このため、仮に一方の賃貸借契約が無効である場合に、他の賃貸借契約についても効力を失わせたいと当事者が考えた場合には、その旨を明確に契約書に定めておくことが必要であろう。

第〇条

　　貸主および借主は、本賃貸借契約は、平成●年●月●日付け賃貸借契約と一体となるものであり、理由のいかんを問わず、同賃貸借契約が無効である場合には、本賃貸借契約も効力を有さないものとすることを確認する。

---

(4) 一方の賃貸借契約に解除事由が発生した場合

同一の2者の当事者間において複数の賃貸借契約が締結されている場合

に、一方の賃貸借契約に解除事由が発生した場合、他の賃貸借契約に何らかの影響を生じさせるのか。

本類型においても、同一当事者間の複数契約の解除の事例として、〔裁判例❼-3〕最三小判平成8・11・12が示した準則が適用されることになるが、前記(2)で述べたとおり、一般的には、一体利用の目的がある場合等を除き、おのおのの賃貸借契約について別々の取扱いをしたいと認識していることが多く、当該準則により解除が認められる可能性は高くないように考えられる。

このため、実務上は、特に、当事者間において一方の賃貸借契約に解除事由が発生した場合に、他の賃貸借契約の解除ができることとする場合には、その旨を明確にしておくことが必要である。

では、仮に一方の賃貸借契約に解除事由が発生した場合には、他の賃貸借契約についても解除したいと考えた場合には、いかなる条項を設けておくことが考えられるだろうか。

このような場合には、

> 第○条
> 　貸主および借主は、本賃貸借契約は、平成●年●月●日付け賃貸借契約と一体となるものであり、理由のいかんを問わず、同賃貸借契約が解除された場合には、本賃貸借契約も解除されるものであることを確認する。

といった条項を設けておくことが考えられよう。

もっとも、不動産賃貸借契約において、借主に債務不履行があったとしても、同債務不履行が貸主・借主の間の信頼関係を破壊すると認められるような事情が存在しない場合には、解除は認められないというのがわが国の判例法理である。このため、上記のような条項を設けていたとしても、他の契約が不動産賃貸借契約である場合には、当該条項の効力は極めて制限される（一方の賃貸借契約の不履行に基づく解除により他の賃貸借契約も効力を失うこと

となったり、一方の賃貸借契約の不履行が他の賃貸借契約の解除事由となるためには、一方の賃貸借契約の不履行により他の賃貸借契約においても信頼関係を破壊するに足りると評価できるような状態が発生している場合に限り、これらの条項が有効とされる）ものと考えられよう。

したがって、たとえば、

> 第○条
>   貸主および借主は、相手方当事者において平成●年●月●日付け賃貸借契約に定める義務の重大な不履行があり、貸主および借主の間の信頼関係が破壊されるに至ったときは、催告なしに直ちに本賃貸借契約を解除することができる。

といった条項（解除事由を限定する条項）を設けておくことも考えられる。

(5) 一方の賃貸借契約が契約期間の満了により効力を失った場合

同一の2者の当事者間において複数の賃貸借契約が締結されている場合、一方の賃貸借契約において契約期間（賃貸借期間）が終了した場合に、他の賃貸借契約の契約期間（賃貸借期間）は影響を受けるのであろうか。この点、一方の賃貸借契約において賃貸借期間が定まっていた場合に、別の賃貸借契約における契約期間（賃貸借期間）にいかなる影響を生じさせるのかについて判断したものとして、〔裁判例⓭〕東京地判平成3・11・28がある。

〔裁判例⓭〕においては、賃貸借の対象土地のうち（事務所等が存在する）「本件敷地部分」と「駐車場部分」について、それぞれ別個の賃貸借契約が成立していることを前提に、「本件敷地部分」に関する賃貸借契約は建物所有目的であり（一時使用目的でもない）、「駐車場部分」に関する賃貸借契約は建物所有目的ではない（と別訴で判断された）ことにより、各契約の賃貸借契約期間が一致しなかったことから、「本件敷地部分」に関する賃貸借契約における賃貸借期間の定めが「駐車場部分」に関する賃貸借契約における賃貸借期間に影響を及ぼすかが問題となった。そして、〔裁判例⓭〕においては、土地全体につきどのような目的で各契約を締結したのかという当事者

の意思を解釈したうえで、利用関係が不可分一体のものであることから「本件敷地部分」に関する賃貸借契約が存続する限り「駐車場部分」に関する賃貸借契約も継続すると判断された。

　この点、そもそも民法上は、賃貸借期間に関して、その上限は20年とされており、他方で下限について特段の制限はない（民法604条1項）。しかし、借地借家法によれば、建物所有を目的とする土地賃貸借期間は最短でも30年となり（借地借家法3条。契約において30年よりも短い期間を定めた場合でも30年となる）、契約上30年よりも長い期間を定めたときはその期間となる旨が定められている。このため、同一当事者間で複数の土地が賃貸借の対象となっている場合において、一方の土地（土地A）が建物所有目的であって借地借家法の適用を受ける一方で、他方の土地（土地B）が建物所有目的ではなかったり、一時使用目的であって同法の適用を受けない場合には、両土地の賃貸借期間が一致しない可能性が生じることとなる（具体的には、土地Aの賃貸借期間は（同法の適用により）最短でも30年となる一方で、土地Bの賃貸借期間は（民法の規定により）最長でも20年となる事態が生じることになる）。

　このような事案を踏まえて、実務における考え方としては、複数の賃貸借契約における契約期間（賃貸借期間）を同一としたいと考える場合には、無用な紛争を未然に防止するため、

第○条

　　貸主および借主は、本賃貸借契約は、平成●年●月●日付け賃貸借契約（以下、「別契約」という）と一体となるものであり、理由のいかんを問わず、別契約が効力を失わない限り本賃貸借契約も存続するものとし、また、別契約が効力を失った場合には、本賃貸借契約も効力を失うものであることを確認する。

といった条項を設けることが考えられる。

　また、〔裁判例⓭〕における事案のように、たとえば、一方が借地借家法の適用を受ける土地の賃貸借であり、他方が借地借家法の適用を受けない土

地の賃貸借である場合において、借地借家法の適用を受ける土地の契約期間（賃貸借期間）に、借地借家法の適用を受けない土地の契約期間（賃貸借期間）を合わせたいと考える場合には、

第○条
　本賃貸借契約に基づく賃貸借の期間は、●年●月●日から●年●月●日までの20年間とする。ただし、貸主および借主は、特段の事情がない限り、同期間満了の際、貸主および借主間で締結された●年●月●日付け賃貸借契約（以下、「別契約」という）に定める賃貸借期間の終了日まで（本賃貸借契約終了時において、別契約の残存期間が20年を超える場合には20年間）、本賃貸借契約を更新することを合意する。
2　別契約が終了した場合、当該終了と同時に本賃貸借契約は終了する。

といった条項を設けることを検討すべきであろう。

2　賃貸借契約と売買契約
　　（主契約が賃貸借契約、他契約が売買契約である場合）

(1)　総　論

　前述したように（前記Ⅰ2参照）、同一当事者間において、賃貸借契約と売買契約が同時期に締結される事例はそれほど多いものではないが、賃貸借契約に対する影響が問題となる代表的類型として、同じくリースバック契約が締結されている類型が考えられよう。

(2)　契約に関する当事者の認識

　（仮に、売買契約が解除され、買主兼貸主が所有権を失い、その結果、他人の物を賃貸していることになったとしても）他人物賃貸借は、民法上は有効である。しかし、リースバックにおける当事者の認識としては、売買契約が効力を発しない場合、または、いったんは効力を発したものの後に解除されるなどによって効力を失うに至った場合には、当然、売買契約後に売主が対象物を使用収益する契約（賃貸借契約）それ自体も効力を失わせるのが当然であ

るという認識を有していることが一般的であろう。

(3) 売買契約（他契約）が効力を有さない（原始的無効であるか後に効力を失った場合であるか否かを問わない）場合または売買契約に解除事由が発生した場合において、賃貸借契約に与える影響

本類型の裁判例として、〔裁判例⓬〕東京地判昭和51・11・2がある。いわゆるリースバック契約において、売買代金を期日までに完済しないことがリース契約の解除条件とされていたかどうか（売買契約の解除によりリース契約が失効するのか）が問題となった事案である（売買契約書およびリース契約書上、売買代金を期日までに完済しないことが両契約の解除条件とする条項はなく、売買契約の解除によりリース契約が失効する旨の条項はなかった事案である）。

〔裁判例⓬〕においては、「ところで、典型的なリース契約にあっては、本件リース契約書にみられるように売買契約とリース契約とは互いに個別に存在し、一方が他方に影響を及ぼすことは少ないと解されているけれども、いわゆるリースバック契約の場合には右原則をそのままあてはめることは適当ではない」と述べたうえで、売買代金を期日までに完済されない場合には売買契約は当然に解除となり（売買代金を完済しないことが売買契約の解除条件とされている）、売買契約と一連の行為としてなされたリース契約はその前提を失って失効するという「黙示の契約」がある（売買代金を完済しないことが同時にリース契約の解除条件ともされている）との結論を導いた。

この点、リースバック契約においては、サプライヤーがリース会社より物件の売買代金相当額の融資を得ることが目的であり、売買代金が支払われない場合、当該リースバック契約の目的が達成されないことになると考えられる。

もっとも、実務的には、リースバックであったとしても、リース契約書（賃貸借契約書）と売買契約書とがそれぞれ別々に作成され、しかも各契約書において両契約の関係には触れられていないのが一般的である（庄政志「判例法からみたリースバックの問題点」金法1103号35頁）。

このため、〔裁判例⓬〕の事案においても、各契約書上、両契約の関係には触れられておらず、リースバック契約の目的である売買代金相当額の融資が得られない場合（売買代金の支払いがない場合）の両契約の帰趨についても規定がなかった。

　リースバックにおいて、売買契約に解除事由が発生した場合については、同一当事者間の複数契約の解除の事例として、〔裁判例❼-3〕最三小判平成8・11・12が示した準則が適用されることになるが、前記(2)で述べたとおり、一般的に、リースバック契約の目的は売買代金相当額の融資を得ることにあるため、売買代金の支払いがない場合には、両契約を締結した目的が全体として達成できないことになろう。このため、リースバック契約においては、一般的に、当該準則に基づく解除が認められる可能性は高いものと考えられる。

　もっとも、当該準則は抽象的なものであり、いかなる場合に解除が認められるか否かをあらかじめ明確に判断することは当事者にとって非常に困難である。このため、実務上は、売買契約が無効である場合のみならず、解除事由が発生した場合についても、売買契約（他契約）が賃貸借契約（主契約）に対していかなる影響を生じさせるのかという点について、あらかじめ明確にしておくことが望ましいといえよう。

　なお、中間試案における同一当事者間の複数契約の解除に関する規定が、民法（債権関係）改正により明文化された場合の影響については、前記Ⅰ1(4)を参照されたい。

　具体的には、リース契約（賃貸借契約）の契約書において、

第○条
　貸主および借主は、本賃貸借契約は、借主を売主とし貸主を買主とする平成●年●月●日付け売買契約と一体となるものであり、理由のいかんを問わず、同売買契約が無効である場合には、本賃貸借契約も効力を有さないものであることを確認する。

> 第○条
>
> 　貸主および借主は、本賃貸借契約は、借主を売主とし貸主を買主とする平成●年●月●日付け売買契約と一体となるものであり、理由のいかんを問わず、同売買契約が解除された場合には、本賃貸借契約も解除されるものであることを確認する。

といった条項を設けておくことを検討すべきである。

　他方で、売買契約（他契約）が賃貸借契約（主契約）に対していかなる影響も生じさせない旨の特約を締結することも考えられる。この場合において、本類型の取引が通常事業者間でなされることからすれば、一般的にはこのような特約も有効とされよう。しかし、これらの特約が事業者と消費者との間において締結される場合には、先の中間試案のとおりの改正がなされた（明文化された）場合のみならず、改正がなされていない（明文化されていない）段階においても、〔裁判例❼-3〕が示した準則により解除が認められる可能性が高い。このため、同一当事者間の複数契約の解除権に関する限り、このような条項は消費者契約法10条に違反して無効とされる可能性がある。

(4)　売買契約（他契約）に債務不履行等が発生した場合の影響（前記(3)を除く）

　売買契約に債務不履行が生じ、売買契約が解除された場合に賃貸借契約（リース契約）に与える影響については、前記(3)に記載のとおりである。もっとも、当事者としては、売買契約上の債務不履行が生じた際に、契約関係を解除するよりも、契約関係を維持するという行動を選択したいと考えることも想定される。

　特にリースバックの場合、売買契約の債務不履行が問題になるケースのうち、売主側の債務不履行に基づく解除が問題になることはほとんどないものと思われる（そもそも売買契約における売主の最大の義務は、目的物引渡義務であるところ、リースバック形式の場合には、売買契約の履行としての目的物の引渡しと賃貸借契約の履行としての目的物の引渡しが同時になされることがほとん

どであるから、売主の目的物引渡義務の履行自体が問題にはなることはないからである）。一方、買主側の債務不履行、具体的には、買主側が売買代金支払債務を履行しない場合において、売主側としては契約を解除したくないと考えつつ、自らの賃貸借契約上の債務の履行（具体的には賃料支払債務の履行）を回避し得ないか、が問題となる。

　この点、そもそもリースバック契約の実質は、売買代金相当額の融資金を得ることにあり、売買契約は資金の調達手段、かつ、リース契約は（当該売買により調達された）資金の返済手段であるという見方も可能である。そして、このような考え方に基づき、リース業者が売買代金を支払わない場合、サプライヤーないしユーザーはリース料の支払いを当然に拒むことができるという指摘もある（庄政志「判例法からみたリースバックの問題点」金法1103号41頁）。

　もっとも、実務的な観点からすれば、売買代金が不払いである場合には、賃貸借契約（リース契約）に基づく賃料（リース料）の支払いを拒める旨を定めた以下のような条項を設けておくことが考えられる。

第○条
　借主は、本契約に基づく賃料支払債務につき、借主を売主とし貸主を買主とする平成●年●月●日付け売買契約に基づく売買代金債務がすべて履行されるまでの間、その履行を拒むことができるものとする。

III 消費貸借契約に対する他の契約の影響
（主契約が消費貸借契約である場合）

　主契約である消費貸借契約の一般的な書式例については、【書式4】（298頁）を参照されたい。

1 消費貸借契約と担保設定契約
（主契約が消費貸借契約、他契約が担保設定契約である場合）

(1) 総　論

　貸金業等を営んでいる企業は格別、通常の企業が一般的なビジネスの場面において、消費貸借契約を締結することはそれほど多いものではない。もっとも、相手方に対して債権を有している場合に、時効の管理などのために、準消費貸借契約を締結する場面はそれほど少ないものでもないであろう。

　消費貸借契約であっても、準消費貸借契約であっても、その契約締結と同時に、貸金返還請求権を被担保債権として担保設定契約も締結して担保を設定することが考えられる。それでは、消費貸借契約または準消費貸借契約と、担保設定契約はいかなる関係にあるのかだろう。

　この点、消費貸借契約または準消費貸借契約が無効であるような場合には、担保設定契約における被担保債権が不存在となるような場合が多いため、さほど問題とはならない。問題は、担保設定契約が無効であるなどの場合に、それが消費貸借契約または準消費貸借契約にいかなる影響を生じさせるのかである。

(2) 契約に関する当事者の認識

　同一当事者間において、消費貸借契約または準消費貸借契約の締結と同時に、担保設定契約を締結したような場合には、後者の契約が有効であり、必要なときには担保を実行できることを前提に前者の契約を締結する（言い換えれば、担保設定契約に何らかの問題がある場合には、消費貸借契約または準消

Ⅲ 消費貸借契約に対する他の契約の影響

費貸借契約を締結したくはない）という認識を（少なくとも貸主側の）当事者が有しているケースが多いと思われる。

　もっとも、同一の２者の当事者間において、消費貸借契約または準消費貸借契約と、同契約に基づく貸金返還請求権を被担保債権とする担保設定契約が締結されている場合であっても、２つの契約の締結時点が異なる場合、特に担保設定契約が消費貸借契約または準消費貸借契約よりも後に締結されているような場合には、担保設定契約における事情をもって、消費貸借契約または準消費貸借契約に何らかの影響を生じさせるという意図を当事者が有していることは稀であるとも考えられる。

(3) 担保設定契約（他契約）が効力を有さない（原始的無効であるか後に効力を失った場合であるか否かを問わない）場合または担保設定契約に債務不履行が発生した場合に、消費貸借契約または準消費貸借契約に与える影響

　準消費貸借契約を締結すると同時に抵当権設定契約を締結した場合において、抵当権設定契約が要素の錯誤により無効である場合に、準消費貸借契約も無効となるか否かが問題となった事例として〔裁判例❹- 3〕最一小判昭和45・5・29の裁判例がある（第１章Ⅰ3参照）。〔裁判例❹- 3〕は抵当権設定契約が無効であるとしても同時に締結された準消費貸借契約の無効事由は各別に判断することとしている。

　このような事案を踏まえれば、実務的な考え方としては、仮に当事者において担保設定契約が無効等である場合に、消費貸借契約または準消費貸借契約に何らかの影響を及ぼしたいと考えた場合には、同契約において、消費貸借契約または準消費貸借契約を無効とする条項として、

第〇条
　貸主および借主は、本契約は、本契約に基づく借主の貸主に対する債務を被担保債務とする平成●年●月●日付け担保設定契約と一体となるものであり、理由のいかんを問わず、同担保設定契約が効力を失った場

> 合には、本契約も効力を失うものとすることを確認する。

といった条項を設けることが考えられる。

　また、仮に担保設定契約が無効等である場合に、消費貸借契約または準消費貸借契約に基づく借主の貸金返還債務の期限の利益を喪失させる条項として、たとえば、

> 第○条
>   借主に以下の事由が１つでも生じた場合には、何らの催告も要することなく、借主は当然に期限の利益を失い、直ちに残債務を一括して貸主に対して支払わなければならないものとする。
>   (1)　本契約に基づく債務の支払いを１回でも怠ったとき
>   (2)　本契約または本契約に基づく借主の貸主に対する債務を被担保債務とする平成●年●月●日付け担保設定契約（以下、「担保契約」という）の各条項に違反したとき
>   (3)　銀行取引停止の状態に陥ったとき
>   (4)　破産手続、民事再生手続または会社更生手続等の申立てがあったとき
>   (5)　仮差押え、仮処分、強制執行もしくは競売等の申立てを受け、または公租公課の滞納処分を受けたとき
>   (6)　営業につき行政庁から取消し、または停止の処分を受けたとき
>   (7)　貸主・借主間の平成●年●月●日付け担保設定契約が効力を失ったとき、同契約に定める義務に違反したとき、または、同契約に基づく担保が毀滅もしくは減少したとき

等の条項を設けることが考えられる（消費貸借契約または準消費貸借契約については、仮にこれらの契約を無効としたとしても、通常は貸主から借主に対する不当利得返還請求権が発生することとなるだけであることから、期限の利益を喪失させる条項が選択される場合もあろう）。

2 消費貸借契約と消費貸借契約
（複数の消費貸借契約を締結する場合）

(1) 総 論

　同一の貸主と借主との間で継続的に金銭消費貸借契約が締結される代表的な類型として、いわゆる貸金業者と顧客との間に複数の金銭消費貸借契約が締結される類型が想定されよう。

(2) 借主からの弁済の充当関係

　複数の金銭消費貸借契約が同一当事者間で締結されている場合に、借主からの弁済の充当はどのように考えるべきであろうか。

　この点、同一の貸主と借主の間で継続的に金銭消費貸借取引が行われる場合に、1つの借入金債務について過払金が発生した場合に他の借入金債務に当該過払金を充当することができるかという点が問題とされた裁判例がある（〔裁判例⓯-1-3〕最一小判平成19・6・7および〔裁判例⓯-2-3〕最二小判平成20・1・18）。もっとも、出資の受入れ、預り金及び金利等の取締りに関する法律および利息制限法の改正が行われ、いわゆるグレーゾーン金利が廃止されたことなどにより（グレーゾーン金利廃止以前の過払金については格別）、今後締結される金銭消費貸借契約においては、過払金が新たに生じる余地はなく、したがって、過払金を他の借入金債務に充当することの可否が新たに問題になる余地はないこととなる。

　一般的に、債務者から弁済が行われた場合において、債務者から特に充当の指定がなされずに全債務を消滅させるには足りない弁済が行われた場合には、契約上充当に関する合意があればそれに従い、当該合意がない場合には民法488条以下の規定に従い、当事者による充当の指定または法定充当が行われることになる。

　もっとも、当事者による充当指定や法定充当を行うことは煩雑である場合が少なくない。そこで、弁済を受けた貸主において迅速かつ簡潔に充当を行うために、一般的には、金銭消費貸借契約書において、貸主による充当指定

の規定を設けておくことが行われている。

> 第○条
>   借主が債務を弁済する場合（または第△条による相殺もしくは払戻充当が行われる場合）において、当該弁済等が借主の貸主に対する債務全額を消滅させるに足りないときは、貸主は適当と認める順序方法により充当することができ、当該充当が行われた場合、貸主は書面により借主に通知するものとする。この場合、借主はその充当に対して異議を述べることはできない。

(3) 相 殺

相殺については、下記のような条項が設けられていることも多い。

> 第○条
>   貸主は、期限の到来、期限の利益の喪失、求償債務の発生その他の事由に基づき、借主が貸主に対する債務を履行しなければならない場合には、その債務と借主の貸主に対する債権（本契約に基づかないものをすべて含む）とを、いつでも相殺することができるものとする。

なお、過払金については、同一の貸主と借主の間で（3個の基本契約に基づき）継続的に金銭消費貸借取引が行われた場合において、各貸付けは別個の取引であるとしたうえで1つの取引により生じた過払金返還請求権と別の取引に基づく貸金返還請求権との相殺を認めた事例もある（〔裁判例❻〕山形地酒田支判平成20・2・14）。

3 消費貸借契約と雇用契約
  （主契約が消費貸借契約、他契約が雇用契約である場合）

(1) 総 論

消費貸借契約と雇用契約が同一当事者間で締結される代表的な類型として、想定されるのは、企業が福利厚生として行っている従業員に対する低金

利貸付制度などが想定される。

また、それ以外の類型として、従業員が何らかの不祥事等を起こし、使用者である企業に損害を発生させた場合において、従業員が企業に対して損害賠償債務を負担していることを前提として、準消費貸借契約を締結することも相当程度行われている。

(2) 契約に関する当事者の認識

雇用契約を前提にして、消費貸借契約が締結される場合、多くの場合には、雇用契約が存続することを前提として貸金の分割弁済を行うこととしている場合が多いと思われる。このため、当事者の認識としても、雇用関係が何らかの事由によって消滅した場合には、消費貸借契約に基づく貸金債務について期限の利益を喪失させるという意図を有していることが通常であろうと思われる（ただし、従業員が定年退職後も弁済を行うことが、当初の消費貸借契約締結時から予定されていたような場合は別である）。

(3) 雇用契約が消費貸借契約に与える影響

裁判例としては、消費貸借契約と同時に締結されたソープ嬢としての雇用契約が公序良俗違反により無効となる場合に、当該消費貸借契約も公序良俗違反により無効となるかが問題となった事例（〔裁判例❸〕東京地判平成17・11・30）がある。ただし、〔裁判例❸〕においては、当該消費貸借契約がソープ嬢としての雇用にあたっての前貸しとして締結されたことなどに関して「そのような趣旨、目的のもとに」締結された消費貸借契約は公序良俗に違反するのみ述べられており、一方の契約における無効事由が他方の契約にどのような影響を及ぼすのかについては明確に言及されてはいない（事実関係自体に強度の公序良俗違反事由が認められるような事案でもあり、各契約に対する影響について言及する必要性が低かったことも考えうる）。

実務的には、両契約の基礎となった事実関係自体において強度の公序良俗違反事由が認められるような場合に、当該事由が直接的に関連する契約（本件における雇用契約）について何らかの影響を及ぼすといった条項を設けることは考えられない。

もっとも、当事者の認識としては、前述したとおり、多くの場合において消費貸借契約に基づく貸金の分割弁済は雇用関係の存続が前提となっているものと思われる。このため、実務的な観点から、雇用契約が終了した場合には、期限の利益を喪失させるような条項を設けておくことが考えられる。

第○条

　借主に以下の事由が1つでも生じた場合には、何らの催告も要することなく、借主は当然に期限の利益を失い、直ちに残債務を一括して貸主に対して支払わなければならないものとする。

(1)　本契約に基づく債務の支払いを1回でも怠ったとき

(2)　借主が、貸主の従業員たる地位を失ったとき

(3)　銀行取引停止の状態に陥ったとき

(4)　破産手続、民事再生手続または会社更生手続等の申立てがあったとき

(5)　仮差押え、仮処分、強制執行もしくは競売等の申立てを受け、または公租公課の滞納処分を受けたとき

(6)　営業につき行政庁から取消し、または停止の処分を受けたとき

第3部 3者間以上の複数契約の法理と実務

第1章 3者間以上における複数契約の判例と法理

はじめに

3者間以上において、複数の契約によって1つの取引が構成される場合も、多様な場面が問題となる。これらの場面では、2者間の場合と同様、そもそも、取引が複数の契約によって構成されるのか否か、それぞれの契約が相互に依存関係にあるのか否かが問題となる。

本章では、契約の成立・不成立（下記Ⅰ）、契約の終了（下記Ⅱ）、抗弁の接続（下記Ⅲ）、行為義務違反（下記Ⅳ）、契約の解釈（下記Ⅴ）などの場面で、複数の契約が問題となった裁判例・学説を分析・検討し、3者間以上における複数契約の考え方を探ることとする。

Ⅰ 契約の成立・不成立

1 概　説

契約の成立・不成立が争われたものとして、ここでは、売買契約と立替払契約の裁判例・学説の分析・検討をする。

1つの契約が不成立となると、他の契約も不成立となるか否かが問題となる。

2　売買契約と立替払契約

契約の成立・不成立について争われた裁判例には、〔裁判例■〕仙台高判昭和63・2・15判時1270号93頁がある。

(1)　事案の概要

昭和58年4月22日、A社（自動車の販売会社）は自動車30台（以下、「本件自動車」という）をB社（運送会社）に売り渡した。B社は自分の購入代金の支払負担を軽減することを考え、B社の従業員のうち希望する従業員に対し、本件自動車1台を取得させ、本件自動車の代金を信販会社のクレジット（立替払い）を利用させA社に払い込ませることにした。

昭和59年2月頃、A社とB社との間で、次の①②のような合意がなされた。

①　B社の従業員は本件自動車の購入の際、信販会社に対する本件自動車購入代金の立替払いについての申込みの代行をA社に依頼し、A社はB社の従業員に代わってA社と加盟店契約を結んでいるX社（信販会社）に立替払いを委託する。

②　X社がA社に立替払いを承知する旨の通知をし、B社がB社の従業員に譲渡すべき自動車を特定しA社に通知したときは、A社とB社との間で成立した本件自動車の売買契約のうち、当該自動車の部分は合意解除となり、A社はB社の従業員に対し当該自動車を売却する。

同年2月27日、Y（B社の従業員）は、A社に出向き、本件自動車を購入するため、X社に対する立替払契約の申込みの代行を依頼した。クレジット契約書の自動車の欄は空欄のままであった。A社からクレジット契約書の送付を受けたX社は、Yのために売買代金の立替金としてA社に金90万円を送付した。

同年5月頃、A社へのYに売り渡す自動車の特定の通知や、A社との間の合意解除をしないまま、B社は倒産した。

X社はYに対し立替払契約に基づき、立替金および手数料などの残金の

支払いを求めて訴えを提起した。

　(2)　判　旨

　〔裁判例❶〕は、次のように判示した。

　「信販会社が直接購入者と立替払委託契約を締結する方式をとらず、加盟販売店を通してその手続がなされ、しかも信販会社において販売店と購入者との間の売買契約の正確な詳しい内容ないしは引渡などの履行の有無につき購入者に問い合わせるなどして確認しようと思えば容易にこれらの措置をとりえたのにこれに格別の関心を払わずなんら確認することもしなかった場合においては信義則に照らし、信販会社と購入者間に立替払委託契約の成否・効力を売買契約の成否・効力にかからしめるとの暗黙の合意（換言すれば、購入者に対する引渡等の確認をすることなく立替払を実行するときはその実行による危険は信販会社が負担するとの特約）がなされたものと認めるのを相当とする」。

　「……契約条項に、購入対象物件に瑕疵がありあるいはその引渡に遅延があり購入目的を達することができない場合にはその事由をＸ社に対し主張しうる旨の条項がうたわれていることは前述のとおりであり、右条項の存することは右条項の設けられた趣旨に照らし当事者の合理的な契約意思を解釈するうえにおいて十分配慮されるべきものである」。

　「Ａ社から届けられたクレジット契約書の自動車の欄は全く空白であり、いかなる自動車が売買されたか（あるいは売買の予定か）不明のまま、これに関心を払うことなく直ちに立替払を実行したものであることが認められるところであるから、本件立替払契約には信義則に照らし前記特約が暗黙のうちに合意されたものと認めるのが相当である……」。

　そうだとすれば、……自動車の売買契約は結局において締結されずじまいとなり、あるいは仮に不特定の（ないしは種類が限定された）自動車を目的とする売買契約が成立したと認めうるとしても、その特定をみることなく履行不能となり売買としての効力の発生をみるに至らなかったものであるから結局において本件立替払契約はその効力の発生をみるに至らなかったかあるいはその効力を失うに至ったものというべく、したがって右契約の効力の発生、存続を前提とする本訴請求は理由がなく失当というのほかはない」。

　(3)　検　討

　本件では、売買契約が不成立であった場合、立替払契約も不成立となるかが問題となっている。〔裁判例❶〕は、Ｂ社の従業員がＡ社の自動車を購入

するために X 社との間に立替払契約を締結したが、自動車の引渡しがなく売買契約が不成立となったときには、立替払契約も不成立となると判断した。

売買契約と立替払契約との結びつきの実質的な根拠は多様である。それぞれの契約締結の手続が一体化している点、信販会社と販売会社の間には資金供給関係がある点などである（青竹正一「判批」ジュリ984号193頁）。

理論上の根拠もさまざまである。まず、契約当事者の契約意思から、売買契約と立替払契約の牽連関係を認める見解がある（北川善太郎「約款──法と現実（4・完）」NBL242号83頁～84頁）。この見解は、立替払契約の主たる目的が売買代金の立替払いであるとする（千葉恵美子「『多数当事者の取引関係』をみる視点」椿寿夫先生古稀記念論文集『現代取引法の基礎的課題』174頁）。そのうえで、立替払契約は売買契約の不成立・無効・解除を解除条件とする契約であると解釈する（北川善太郎「約款──法と現実（4・完）」NBL242号84頁、千葉恵美子「『多数当事者の取引関係』をみる視点」椿寿夫先生古稀記念論文集『現代取引法の基礎的課題』174頁）。

次に、契約当事者の契約意思によると、信販会社による売買代金の弁済によって、購入者の販売業者に対する売買代金債務が履行され、信販会社の購入者に対する立替金請求権が発生すると約していると解されるから、売買契約と立替払契約から生ずる債務の間には牽連関係があり、売買代金債務と立替金債務は一方がなければ他方もない関係にあると考える見解がある（千葉恵美子「割賦販売法上の抗弁接続規定と民法」谷口知平＝山木戸克己編集代表『特別法からみた民法（民商法雑誌創刊50周年記念論集Ⅱ）』292頁～293頁）。この見解は、販売会社と顧客は売買契約上、信販会社と顧客は立替払契約上、それぞれ一方の契約を他方の契約に関連づける要素を契約内容として取り込んでいるため、両契約から生じる債務間には一定の牽連関係があるとする（千葉恵美子「『多数当事者の取引関係』をみる視点」椿寿夫先生古稀記念論文集『現代取引法の基礎的課題』175頁～178頁）。

〔裁判例❶〕は、購入物件の引渡しなど販売業者の義務の履行とは無関係

に、購入者が信販会社に対して支払義務を負うことはないとしており、売買契約が発生・存続しなければ立替払契約も発生・存続しないという考えが妥当するとの見解がある（青竹正一「判批」ジュリ984号194頁）。

(4) 小　括

〔裁判例❶〕は、売買契約のみならず立替払契約も不成立となるかの問題について、信販会社と購入者間の立替払契約には、立替払契約の成否を売買契約の成否に関係させるという暗黙の合意があったとし、立替払契約も不成立となると判断している。

したがって、この場合には、純粋な「契約アプローチ」が問題となっているといえる。

II　契約の終了

1　概　説

　契約の終了の場面では、取引が複数の契約によって構成される場合、一方の契約が終了すると、他方の契約も終了するかなどが問題となる。以下では、契約の終了について、公序良俗違反（下記2）、錯誤無効（下記3）、解除（下記4）が問題となった裁判例・学説の分析・検討をする。

2　公序良俗違反

　契約の終了の場面において、公序良俗違反が争われた裁判例として、稼働契約と前借金契約によって構成された取引（下記(1)）、売買契約等（ネズミ講）と立替払契約によって構成された取引（下記(2)）、談合とシール製造契約によって構成された取引（下記(3)）、詐欺商法と金銭消費貸借契約によって構成された取引（下記(4)）、過量販売契約と立替払契約によって構成された取引（下記(5)）、売買契約（デート商法）と立替払契約によって構成された取引（下記(6)）がある。

　これらの場合には、一方の契約の公序良俗違反による無効を理由として、他方の契約も無効とすることができるかが問題となる。

(1)　稼働契約と前借金契約

　稼働契約と前借金契約によって構成された取引の裁判例には、〔裁判例❷〕最二小判昭和30・10・7民集9巻11号1616頁がある。

(ア)　事案の概要

　昭和25年12月23日頃、Y_1は、Xから期限を定めずに金4万円を借り受け、Y_2はこの債務について連帯保証をした。同時に、その弁済方法については、A（Y_1の娘、当時16歳）がX方において酌婦稼働し、そこでAが得るべき報酬の半額をこれに充てることが約された。

昭和26年 5 月まで、A は、X 方において酌婦として稼働した。この間、A の得た報酬はすべて他の費用（衣類新調費・物品買受け代金ほか）の弁済に充当され、Y_1 が受領した金員の弁済には充当されるに至らなかった。

　同月、A が逃亡したため、X は Y_1 および Y_2 に対して、貸金 4 万円の返済と遅延損害金などを求めて訴えた。Y らは、受領した金員は A の酌婦稼働契約に伴う「前借」であり、A の稼働による賃金で清算されるべきであると主張した。控訴審判決（高松高判昭和28・4・30民集 9 巻11号1623頁）において、Y らは、A の酌婦稼働による金銭を債務の弁済に充てるとの約定は、A の自由を束縛するため公序良俗に反し無効であり、借用金返還の義務はないとの抗弁を追加した。

(ｲ) 判　旨

〔裁判例❷〕は、次のように判示した。

「以上（原審の判断）のうち A が酌婦として稼働する契約の部分が公序良俗に反し無効であるとする点については、当裁判所もまた見解を同一にするものである。しかしながら前記事実関係を実質的に観察すれば、Y_1 は、その娘 A に酌婦稼働をさせる対価として、X から消費貸借名義で前借金を受領したものであり、X も A の酌婦としての稼働の結果を目当てとし、これあるがゆえにこそ前記金員を貸与したものということができるのである。しからば、Y_1 の右金員受領と A の酌婦としての稼働とは、密接に関連して互に不可分の関係にあるものと認められるから、本件において契約の一部たる稼働契約の無効は、ひいて契約全部の無効を来すものと解するを相当とする。……従って本件のいわゆる消費貸借及び Y_2 のなした連帯保証契約はともに無効であり、そして以上の契約において不法の原因が受益者すなわち Y らについてのみ存したものということはできないから、X は民法708条本文により、交付した金員の返還を求めることはできないものと云わなければならない」。

(ｳ) 検　討

　本件では、親が置屋から金銭を借り、その返済方法として娘を芸娼妓として働かせてその収入から返済する取引が問題となっている（四宮和夫＝能見善久『民法総則〔第八版〕』267頁〜268頁）。具体的には、①問題となった法律関係を全体として 1 つの契約と考えるべきか、あるいは 2 つの契約と考えるべきか、②それぞれの場合、酌婦稼働部分（あるいは契約）の公序良俗違反

による無効は、消費貸借部分（あるいは契約）の効力にも影響を及ぼすかが問題となった。

　これらの問題について、〔裁判例❷〕は、酌婦稼働契約と消費貸借契約を別個のものと判断し（①）、それぞれの契約は密接に関連して互いに不可分の関係にあることから、酌婦稼働契約の公序良俗違反による無効は、契約全部の無効をもたらすと判断した（②）。

　上記①について、学説では、前借金は、単純な消費貸借上の借金ではなく、一定期間人身の自由を拘束されて芸娼妓稼業に従事することに対する対価としてあらかじめ交付されるものであり、芸妓契約は、実質的には、１つの人身売買を構成しているとの指摘がある（末弘厳太郎「判例を通して見た人身売買」法時3巻9号4頁）。取引の内容は個々の事案において異なるが、「丸抱え」の場合には、稼業上の収益金の多寡を問わず、約定の期間、稼業に従事し終わったとき、初めて前借金債務が消滅し、もし途中で廃業・休業・逃亡等の事由が発生したときは、前借金の元利の全部または一部を返還するほか、別に違約金・予定賠償金等を支払うべきことを約するとされる（西村信雄「判批」ジュリ200号154頁、同「前借金無効の判決について」法時28巻1号92頁）。

　〔裁判例❷〕の分析には、いくつかの見解がある。まず、「実質的に観察」すると、「Y_1は、その娘Ａに酌婦稼働をさせる対価として、Ｘから消費貸借名義で前借金を受領した」とし、金員交付の原因について「いわゆる消費貸借」としていることから、最高裁判所は、本件合意を純然たる消費貸借契約とは考えず、酌婦稼働と金銭消費貸借を不可分の一個の契約とみたと考えられるとする見解がある（河上正二「債権の発生原因と目的（対象・内容）(5)——複合的給付と複合的債権関係」法セ695号73頁、同「民法における権利の実現と『公序良俗』——酌婦前借金事件（最高裁昭和30年10月7日判決）」法セ584号75頁、川島武宜「前借金無効の判決について」判時63号1頁）。この見解は、続けて、問題となった法律関係を実質的には１つの人身売買であると解しつつ、最高裁判所は、形式的には２つの契約部分を組み合わせたものと解したとす

る（河上正二「債権の発生原因と目的（対象・内容）(5)——複合的給付と複合的債権関係」法セ695号73頁、同「民法における権利の実現と『公序良俗』——酌婦前借金事件（最高裁昭和30年10月7日判決）」法セ584号76頁、我妻榮「前借金無効の判決」ジュリ93号24頁、能見善久「判批」法協97巻4号130頁、谷口知平「判批」民商34巻3号388頁）。

　上記②について、従来の裁判例には、1つの契約と考え、前借金を独立の消費貸借上の借金とはとらえず、芸娼妓等の稼業に従事させることに対する対価の前渡しととらえ、問題となっている契約の内容が全体として公序良俗に反するときは、前借金の部分も当然に無効となるとするものがある（能見善久「判批」法協97巻4号128頁）。一方、これらの裁判例とは異なり、2つの契約と考え、①前借金の契約を金銭消費貸借、酌婦稼働契約をその債務の弁済方法と理解し、それぞれを別個独立の契約であるとすることから、酌婦稼働契約のみを無効とした裁判例（幾代通「判批」別冊ジュリ46号38頁、同「判批」別冊ジュリ77号38頁）、②金銭消費貸借とする前借金の契約と酌婦稼働契約が、それぞれ別個独立の契約であるものの、当事者の意思によって不可分な関係にあると解される場合、いずれの契約の無効も認められるとする裁判例もある（西村信雄「判批」別冊ジュリ2号93頁）。

　〔裁判例❷〕は、「契約の一部たる稼働契約の無効は、ひいて契約全部の無効を来す」としている。〔裁判例❷〕について、学説では、「不可分一体無効」の類型と理解する見解がある（川島武宜＝平井宜雄編『新版注釈民法(3)』〔森田修〕212頁）。この見解は、単独では公序良俗違反にあたるとはいえない甲契約と乙契約が組み合わされることによって、それぞれの契約が形成する複合契約全体に公序良俗違反としての性格が生じるタイプの類型を「不可分一体無効」の類型とする（川島武宜＝平井宜雄編『新版注釈民法(3)』〔森田修〕212頁）。この見解は、本判決が契約全部を無効とする理由に、①乙契約が甲契約の対価としていること、②甲契約が乙契約の担保となっていること、③②が損害賠償額の予定・違約金条項として甲契約の拘束性を強化していることをあげていることに着目する。①②③の理由は「不可分一体無効」の類型

のガイドラインを示しているとする（川島武宜＝平井宜雄編『新版注釈民法(3)』〔森田修〕212頁）。

(エ) 小　括

本件で問題となった酌婦稼働と消費貸借は、実質的には１つの人身売買契約と解されうる。〔裁判例**2**〕は、形式的に２つの契約の存在を認め、契約の一部たる稼働契約の無効は契約全部の無効をもたらすとした。人身売買と考えられる全体において公序良俗違反による無効が認められることから、それぞれの契約は無効となっている。

したがって、この場合には、「全体アプローチ」が問題となっているといえる。

(2)　売買契約等（ネズミ講）と立替払契約

売買契約等（ネズミ講）と立替払契約によって構成された取引の裁判例には、〔裁判例**3**-1〕名古屋高金沢支判昭和62・8・31判時1279号22頁（事例①）、〔裁判例**3**-2〕名古屋高金沢支判昭和62・8・31判時1254号76頁（事例②）がある。

(ア) 事実の概要（事例①）

YらはA社（印鑑販売会社）から印鑑セットを購入するに際して、その代金につきX社（信販会社）と立替払契約を締結した。A社の印鑑セットの販売方法は、次のようなものであった。購入者は、入会金を支払ったうえで、印鑑セットの代金18万円を支出する。続けて３名の購入者を勧誘すれば、後順位の購入者の代金から最高605万円の金銭配当を受けることができる。

X社は、代金をA社に立替払いしたため、Yらに立替残金の支払いの請求をした。これに対し、Yらは、Y、A社間の売買契約は無限連鎖講（ネズミ講）にあたり公序良俗に反し無効であり、X社はA社の販売方法を知りながら立替払いをしたため、立替払契約も同様に無効であるなどと主張した。

(イ) 判旨（事例①）

〔裁判例**3**-1〕は、次のように判示した。

161

「そして、AとYらとの間の前記契約中、金銭配当契約部分は公序良俗に反して無効であるから、Xにおいてその事実を知りながら、右無効な契約の履行（立替払）を目的として立替払契約を締結した場合は、右立替払契約は公序良俗に反する金銭配当契約の履行を支持・助長することになって、それ自体公序良俗違反性を帯び、これも同様の理由で無効とすべきものである。

Xは、A・Yら間の売買契約と、X・Yら間の立替払契約は、主体の異なる別個の契約である旨主張するが、右のような場合にまで、前者を無効としながら、後者を有効とし、その権利行使を容認すれば、結局公序良俗に反する前者の契約の効果を実現・享受せしめることになって、その結果は民法90条の趣旨に反することになるから、契約としては別個であっても、後者の契約につき反公序性の主張をすることは許されるというべきである」。

「右認定事実によれば、XがAの本件取引の実態を認識していたとは認められず、また、Xがその取引に疑問を持たなかったとしても、これを非難することはできないものというべきである。そして、右悪意は、立替払契約の反公序性判断の中心となるべきものであるから、本件においてXに悪意が認められない以上、本件各立替払契約を公序良俗に反するものとみることはできない。Yらは、AとXとの関係からみると、XはAの本件取引の実態を認識し得べきであったと主張するが、過失があるにせよ、その点の認識がない以上、一応別の契約である本件立替払契約が公序良俗に反し無効になるとまでいうことはできないから右主張は理由がない」。

(ウ) **事案の概要（事例②）**

A社（印鑑販売会社）は、Y社（信販会社）との間で、加盟店契約を結んでいた。A社の販売方法は、次のようなものであった。商品の購入を希望する者は、入会金を支払って会員となったうえで、A社の商品を代金18万円で購入する。同様の入会者を3名勧誘すると、広告宣伝費の名目で5万円の還元金を受領できる。

昭和57年9月18日、Xは、A社の会員となり、A社から印鑑セットを購入した。昭和58年1月5日、Xは、A社から呉服を購入した。Xは、それぞれの代金につきY社との間で立替払契約を締結した。

Xは、A社との間の、「マルチまがい商法」を目的とする売買契約が公序良俗違反により無効であり、立替払契約も無効であると主張して、Y社に対し立替払債務不存在確認の訴えを提起した。これに対し、Y社は、反訴

として立替金の支払いを請求した。

(エ) **判旨（事例②）**

〔裁判例❸-２〕は、次のように判示した。

「そして、AとX間の前記契約中、金銭配当契約部分は、公序良俗に反して無効であるから、Yにおいてその事実を知りながら、右無効な契約の履行（立替払）を目的として立替払契約を締結した場合は、右立替払契約は、公序良俗に反する金銭配当契約の履行を支持・助長することになって、それ自体公序良俗違反性を帯び、これも無効とすべきものである。

Yは、A・X間の売買契約と、Y・X間の立替払契約は、主体の異なる別個の契約である旨主張するが、右のような場合にまで、前者を無効としながら、後者を有効とし、その権利行使を容認すれば、結局公序良俗に反する前者の契約の効果を実現・享受せしめることとなって、その結果は民法90条の趣旨に反することになるから、契約としては別個であっても、後者の契約につき反公序性の主張をすることは許されるというべきである」。

「すると、Yは、本件売買契約中に金銭配当契約の部分が包含されていること、そして、それがネズミ講の実態を備えていることを事実として認識していたと認められるところ、右配当率の高さに照らせば、庶民の射倖心を著しくあおり、かつ、いずれは行き詰まるものであることを、一般の経済人として容易に判断し得たものというべく、Yが、当時無限連鎖講の防止に関する法律があり、ネズミ講を開設・運営した者には刑事上の罰則が適用されることまでの詳細についての認識はなかったとしても、少くとも前記弊害を伴なう悪徳商法で社会的に受け容れられない契約である位の認識はあったと認められる。

すると、立替払の対象となる債務が無限連鎖型金銭配当契約上の債務であること、右金銭配当契約は公序良俗に反することを知って、これを契約目的とし、Yにおいて立替支払する旨を約した本件立替払契約部分は、前者の契約が公序良俗に反し無効である以上、ともに公序良俗に反し無効になるというべきである」。

(オ) **検　討**

〔裁判例❸-１〕〔裁判例❸-２〕では、売買契約等が公序良俗違反により無効となった場合、立替払契約も同様の理由により無効となるかが問題となった。

〔裁判例❸-１〕と〔裁判例❸-２〕では、判断が異なる。〔裁判例❸-１〕

では、売買契約と金銭配当契約に区分し、公序良俗違反とされた金銭配当契約に関連した立替払契約は、信販会社が販売会社の取引の実態を認識していなかったから、公序良俗違反により無効とはならないとした。〔裁判例❸-2〕では、「マルチ取引」を売買契約と金銭配当契約に分離させ、公序良俗に反する金銭配当契約であることを知りつつ信販会社が締結した立替払契約も、公序良俗違反によって無効となると判断した。〔裁判例❸-1〕〔裁判例❸-2〕においては、販売会社と顧客の間の取引の実態を信販会社が認識していたかが問題となっている（〔裁判例❸-2〕の判例評釈である、植木哲「判批」別冊ジュリ135号107頁、松本恒雄「判批」法セ401号132頁）。

　学説では、〔裁判例❸-1〕〔裁判例❸-2〕では「マルチ取引」が金銭配当契約と売買契約に分離しうるとしているが、立替払契約も2つの契約の部分に分離できるかは疑問であるとする見解がある（尾島茂樹「公序良俗違反の契約とクレジット契約」クレジット研究2号25頁）。また、〔裁判例❸-1〕〔裁判例❸-2〕の判断のように、立替払契約が無効となるためには、立替払契約自体が公序良俗に反することが必要であるとする見解もある（〔裁判例❸-2〕の判例評釈である、植木哲＝坂東俊矢「判批」判評354号30頁、尾島茂樹「公序良俗違反の契約とクレジット契約」クレジット研究2号26頁）。この見解は、立替払契約そのものが公序良俗違反により無効となるには、まず、クレジット会社が「マルチ取引」が公序良俗違反である事実を知っていたかを問題とすべきであるとする（尾島茂樹「公序良俗違反の契約とクレジット契約」クレジット研究2号26頁～27頁）。この見解は、「動機の不法」の問題に関連するといえる（四宮和夫＝能見善久『民法総則〔第八版〕』271頁～272頁）。そのほかに、クレジット会社が「マルチ取引」にどの程度関与していたかも問題とする必要があるとする見解もある（都筑満雄「複合契約と公序良俗（下）」国民生活研究47巻3号29頁、大阪地判平成2・8・6判時1382号107頁〔提携住宅ローン〕の判例評釈である、中田裕康「判批」金法1304号32頁、千葉恵美子「判批」判評397号26頁）。

(カ) 小　括

〔裁判例❸-1〕〔裁判例❸-2〕では、金銭配当契約と同様、立替払契約も公序良俗違反により無効となるか否かが問題となった。〔裁判例❸-1〕〔裁判例❸-2〕では、立替払契約の締結において、販売会社による取引の実態を信販会社が認識していたか否かを問題にしている。それぞれの判決では、信販会社に動機の不法が認められるかを全体で検討しつつ、立替払契約の無効を判断している。

したがって、この場合には、「中間的アプローチ」が問題となっているといえる。

(3) 談合とシール製造契約

談合とシール製造契約によって構成された取引の裁判例には、〔裁判例❹-1〕東京地判平成12・3・31判時1734号28頁、〔裁判例❹-2〕東京高判平成13・2・8判時1742号96頁（〔裁判例❹-1〕の控訴審判決）がある。

(ア) 事案の概要

X（国）は、平成元年8月から平成4年9月までの間、合計19回にわたり、社会保険庁の年金受給者に対する支払通知書に貼付する支払通知書等貼付用シール（以下、「本件シール」という）を指名競争入札の方法により発注することとし、XはYらを指名した。

指名後、Yらは談合協定を結んだ。談合協定に基づいてYらは入札のたびに談合を行い、事前の話合いで決められた落札予定業者が落札し、Xとの間で本件シールの製造契約（以下、「本件各契約」という）を締結した。

Xは、予算決算および予算決算及び会計令76条に基づく入札条件に違反した入札は無効とする旨の公告によって、談合による入札は無効であるから、本件談合と密接不可分の本件各契約は、公序良俗に違反して無効であるなどと主張した。Yらは、反訴として、本件各契約は有効であると主張し、未払代金等を請求した。

(イ) 判　旨

〔裁判例❹-1〕は、次のように判示した。

「本件各契約は、いずれもYらによる本件談合に基づく本件各入札により締結されたものである。本件談合の態様は巧妙かつ悪質というほかなく、また、その目的・意図も、結局は適正に支出されるべき国庫を犠牲にして自社の利益ないしは自己の営業成績等をできる限り増やそうとするものであって、不正なものといわざるを得ない。本件各入札における各落札価格は、公正な自由競争が行われていれば形成されていたであろう落札価格に比して相当高額であることは明らかであり、Yらが本件談合によって得た不正の利益（本来ならばXが支出する必要のなかった金員）は、かなりの高額である。本件談合の結果は重大である。Yらの談合体質には根深いものがある。これらの事実に加え、本件各入札における落札業者および落札価格は、ほぼ談合によって決定したとおりの業者および金額となっているのであって、これに基づいて締結された本件各契約がYらの一連の工作および本件談合と極めて密接に関連するものであること等を併せ考慮すると、本件各契約は、いずれも公序良俗に反し無効であるというべきである。

Yらは、本件談合は、印刷業界で慣行化し定着したものとして行われたものであり、談合が慣行化するに至った経緯において発注者である社会保険庁にもその責任があること、社会保険庁は談合が行われることを知り、これを容認していたものと考えられることおよび落札価格が公正な価格を害するものとはいえないことからすれば、本件談合が本件各契約を無効とするほど違法性が強いものとはいえないと主張するが、談合が慣行化するに至った経緯において発注者である社会保険庁にもその責任があるとはいえないし、社会保険庁の担当者が、談合が行われることを知り、これを容認していたことを認めるに足りる証拠がない。したがって、談合が慣行化し定着したものとして行われていたとしても、本件各契約が公序良俗に反し無効であるとの判断に影響を与えるものではない」。

〔裁判例**4**-1〕の控訴審判決である〔裁判例**4**-2〕は、次のように判示した。

「競争の参加者の間において談合が行われた場合には、競争自体が存在しないのであり、競争による価格の形成はない。談合により指名競争入札制度の根幹が否定されるのである。そして、談合による入札が無効であることは、入札者心得書にも記載されており、官報公示でも明らかになっている。そうすると、その入札が談合を理由に無効とされることがあっても、入札した者にとって、予想された事態が現実化したにすぎないのであり、入札の無効によってその者が不利益を被っても、これを保護すべきであるとはいえない。他方、入札を有効とすると、国民全体が不利益を受けるのである。したがって、入札制度の趣旨それ自体からみて、このような談

合に基づく入札は当然無効であり、これを契約の申込みであるとしてされる契約も、その公序良俗違反性を別途検討するまでもなく、当然に無効であるといわねばならない」。

(ウ) 検 討

本件では、①談合契約は違法性が強く無効となるか、②談合が無効となる場合、密接に関連した各契約は無効となるかなどが問題となった。

上記①については、〔裁判例4-1〕は、⑦態様が巧妙かつ悪質であること、④目的・意図が不正なものであること、⑦結果が重大であること、⑤談合体質が根深いことなどにより、談合の違法性が強いことを指摘する。

また、上記②については、〔裁判例4-1〕は、談合行為の計画性、不正な利益の大きさ、談合との密接関連性などから、シールの製造契約が公序良俗違反により無効となると判断した。独占禁止法違反の行為とされる契約締結が、私法上、公序良俗違反により無効であるとする（〔裁判例4-1〕の判例評釈である、村田淑子「判批」ジュリ1202号250頁、〔裁判例4-2〕の判例評釈である、厚谷襄児「判批」別冊ジュリ161号67頁）。〔裁判例4-2〕は、シールの製造契約が、公序良俗違反になるか否かを検討するまでもなく、当然に無効であるとする（〔裁判例4-2〕の判例評釈である、和田健夫「判批」NBL719号36頁〜37頁、杉浦徳宏「判批」民研544号25頁、岡田外司博「判批」別冊ジュリ199号208頁〜209頁）。

学説では、上記①について、談合行為ないし談合当事者間での談合利益の分配を内容とする談合契約が無効であることは異論がないとする見解がある（〔裁判例4-2〕の判例評釈である、平田健治「判批」判評515号8頁）。

また、上記②について、〔裁判例4-1〕と〔裁判例4-2〕の判断に対して、学説では次のような見解がある。〔裁判例4-1〕については、悪質な独占禁止法違反行為に基づき、それと密接な関係にある契約は、仮に取引の安全の要請があったとしても、そこに特段の事情が認められない限り、公序良俗に反して無効とする立場を示したとする見解がある（〔裁判例4-1〕の判例評釈である、稗貫俊文「判批」NBL693号26頁〜27頁、江口公典「判批」ジュリ

1183号173頁、川島武宜＝平井宜雄編『新版注釈民法(3)』〔森田修〕211頁～212頁)。〔裁判例4-2〕については、判旨の結論に賛成する見解が多いが（〔裁判例4-2〕の判例評釈である、谷原修身「判批」金商1152号65頁、平田健治「判批」判評515号8頁)、談合は多様であり、談合に基づく入札により結ばれた契約が、一概に無効であるとはいえないとする批判もある（〔裁判例4-2〕の判例評釈である、南博方「判批」自研78巻5号107頁)。

(エ) 小 括

違法な談合契約に基づく入札により締結されたシールの製造契約は、〔裁判例4-1〕では、公序良俗違反により無効であるとされ、〔裁判例4-2〕では、公序良俗違反を判断するまでもなく無効であるとされている。公序良俗違反に該当するか否かの問題はあるものの、いずれの判断でもシール製造契約は当然に無効となっている。

したがって、この場合には、純粋な「契約アプローチ」が問題となっているといえる。

(4) 詐欺商法と金銭消費貸借契約

詐欺商法と金銭消費貸借契約によって構成された取引の裁判例には、〔裁判例5〕東京地判平成16・8・27判時1886号60頁がある。

(ア) 事案の概要

Aは、偽物のブランド商品や効能のない健康食品等の商品をブランド品や特別な効能を有する商品であると偽って販売する業者である。

平成13年1月、Aは、Y_1とY_2（購入者）に商品を販売した。Y_1とY_2には代金を支払う能力がなかったため、AはX（貸金業者）を紹介した。Y_1とY_2は、Xからそれぞれ50万円ずつを借り入れ、Aからの購入代金45万円にあてた。Y_1とY_2はXに対する借入金の分割返済を怠った。

Xは、Y_1とY_2に対し、分割弁済の懈怠によって期限の利益が喪失したとし、残金（Y_1は30万3450円、Y_2は18万4167円）と利息金の支払いを求めた。これに対し、Aが詐欺的取引をしていることを知りながら、Xは商品代金の支払いのために金銭を貸し付けていたとして、Y_1とY_2は、消費貸

借契約が公序良俗に違反し無効であると主張した。

(イ) 判　旨

〔裁判例5〕は、次のように判示した。

「以上に認定説示したところからすれば、Ｘは、Ａが商品希望購入者に借入債務を負担させることによって調達させた金銭を、偽物のブランド品等の商品代金名下に詐取していることを知りながら、Ａから紹介された商品購入希望者に金銭を貸し付けることで、Ａによる上記詐欺を幇助していたものといわざるを得ない。かかる金銭消費貸借契約が公序良俗に反し、無効であることは明らかである」。

(ウ) 検　討

本件では、①売買契約が公序良俗違反により無効となるか、②肯定される場合、消費貸借契約も無効となるかの２点が問題となった。〔裁判例5〕は、それぞれの契約は無効となると判断した。

上記①について、売買契約が公序良俗違反により無効であるかは、問題なく無効であると考えられる（都筑満雄「複合契約と公序良俗(下)」国民生活研究47巻３号30頁）。本件では、売主は、偽物のブランド商品や効能のない健康食品等の商品を、ブランド品や特別な効能を有する商品であると偽って販売している（大村敦志『公序良俗と契約正義』368頁）。

また、上記②の消費貸借契約が同様に無効であるかは、まず、売買契約の公序良俗違反の程度がどの程度強いものか、次に、詐欺的な売買契約を貸付行為が幇助することを貸主が知ることができたかを考える必要がある。売買契約の不法性が高く、それに対する貸主の加担の程度も高い場合、消費貸借契約も無効となる（大阪地判平成２・８・６判時1382号107頁〔提携住宅ローン〕の判例評釈である、中田裕康「判批」金法1304号32頁、千葉恵美子「判批」判評397号26頁）。

本件では、実質的には詐欺である売買契約の不法性は極めて高い（都筑満雄「複合契約と公序良俗(下)」国民生活研究47巻３号30頁）。消費貸借契約では、Ｘによる貸付けが客観的にみてＡの詐欺を幇助する結果になっている。たとえば、①Ａが本来Ｘのなすべき契約締結のいっさいの手続を行っていた

169

（野口恵三「判批」NBL811号97頁）、②AがXを商品代金の支払資金の借入先として紹介していた（野口恵三「判批」NBL811号97頁）、③AがXとともに貸金債権の取立てを行っていた（野口恵三「判批」NBL811号97頁）、④XはAの紹介によって数カ月間に数百人単位の者に対して融資を行っていた（河津博史「判批」銀行法務21第648号58頁、河津博史「判批」銀行法務21第658号74頁）、⑤XはAの詐欺を認識していたなどの判断要素により、売買契約の不法性に対する貸主の加担の程度も高い（野口恵三「判批」NBL811号97頁）。

すなわち、消費貸借契約という契約内容のみならず、契約締結に至る経緯まで含めて、全体として「詐欺幇助」という不公正な取引行為に該当するとされ、消費貸借契約そのものも公序良俗違反により無効となると判断されたと考えられる（小野秀誠「判批」リマ32号17頁、西本強「判批」銀行法務21第649号49頁）。

(エ) 小 括

〔裁判例**5**〕は、消費貸借契約も公序良俗違反となるかを判断するとき、公序良俗に反する売買契約について、どの程度貸主が認識していたか、関与していたかを検討し、貸主は販売業者の詐欺的取引を認識し、詐欺を幇助していると判断している。すなわち、販売業者の取引への貸主の加担の程度を全体で考え、消費貸借契約の無効を判断している。

したがって、この場合には、「中間的アプローチ」が問題となっているといえる。

(5) 過量販売契約と立替払契約

過量販売契約と立替払契約によって構成された取引の裁判例には、〔裁判例**6**-1〕高松高判平成20・1・29判時2012号79頁（事例①）、〔裁判例**6**-2〕大阪地判平成20・4・23判時2019号39頁（事例②）がある。

(ア) 事案の概要（事例①）

平成12年8月から平成13年12月までの間、A（主婦）は、Y_2（販売店）を含む12の販売店から合計123回にわたって着物やアクセサリー等を購入した。売買代金は合計5978万7728円に達した。このうち、Y_2との取引回数は63回

であり、その売買代金は合計2747万0823円であった。

　Aは、Y₂への売買代金返済のため、複数のクレジット会社と立替払契約を締結した。Aが、Y₂との取引のうち、Y₁（クレジット会社）との間で立替払契約を締結したものは、20件、代金合計2051万1582円であった。Y₁は、立替払契約に基づき、Y₂に売買代金相当額を立替払いした。Aは、Y₁に立替払契約に基づく立替金の一部を支払った。

　Aは、ウイルス性肝炎、原発性胆汁性肝硬変に罹患し、平成12年夏以降は日常生活においてさまざまな奇矯な立ち居振る舞いがみられるようになった。Aの主治医は、遅くとも平成12年7月ころまでに肝性脳症による精神神経障害を発症していた可能性があると指摘していた。肉眼によってもはっきりと黄疸の病状が認められるようになった平成13年7月以降、Aの購買行動の異常性にますます拍車が掛かった。

　平成14年4月、Y₁はAに対し、未払いの立替金の支払いなどを求める訴訟を提起した。平成15年4月19日、Aが死亡したため、X₁（Aの夫）やX₂（Aの子）が訴訟承継した。Y₂との売買契約およびY₁との立替払契約について、精神神経障害により正常な判断能力を欠いていたAに対して着物等の高額商品を過量販売したものであり、公序良俗違反等により、いずれも契約としての効力を有しないとXらは主張した。

(ｲ)　**判旨（事例①）**

〔裁判例6-1〕は、次のように判示した。

　「本件取引に係る商品の多くは高額な着物等であるところ、顧客の年齢や職業、収入や資産状況、これらからうかがわれる顧客の生活状況及び顧客とのこれまでの取引状況並びにこれから看取される顧客の取引についての知識経験や取引対象商品の必要性等の諸事情にかんがみて、このような高額の商品を販売する販売店においては顧客に対する不当な過量販売その他適合性の原則から著しく逸脱した取引をしてはならず、これと提携するクレジット会社においても、これに応じて不当に過大な与信をしてはならない信義則上の義務を負っているものと解すべきである……。そして、不当な過量取引であるかどうかについては、個別具体的に判断されるべきものであるところ、その不当性が著しい場合には、販売契約及びこれに関連するク

レジット契約が公序良俗に反し無効とされる場合もあるというべきである。

　しかるところ、本件取引の状況等は前記(1)のとおりであり、AとY₂との取引の中には1件当たりの代金額が100万円を超えるものが14件も含まれているのみならず、Aの収入、資産状況やこれまでの生活状況等に照らし、これらは短期間に多数購入する必要性の乏しい商品であったといわざるを得ず、現に購入した着物等の大半は未着用のままとなっている。しかも、本件取引を含む本件全取引はAの肝臓疾患ないしこれによる肝不全期における肝性脳症に伴う精神神経障害に起因するものであって、いわばAの購買行動の異常性の発露ともいうべきものであるにもかかわらず、Y₂及びY₁において、Aの上記状態を何ら顧慮することなく本件取引を継続してきているのである。こうした本件取引の期間、回数及び取引金額等の状況、Aの購買行動の異常性の原因、Y₂及びY₁の担当者による上記異常性の認識可能性及び本件取引への対応等の諸事情にかんがみれば、本件取引においては、Y₂との関係では平成12年11月以降の取引につき、Y₁との関係では平成13年1月以降の取引につき、いずれも過量販売ないし過剰与信に該当するものとして、Aに対する販売ないし与信取引を差し控えるべき信義則上の義務があったというべきであり、この時期以降の取引は公序良俗に反するものとして無効となる……」。

(ウ)　検討（事例①）

　本件では、①問題となった販売契約が不当な過量販売とされ、公序良俗違反となり無効となるか、②①が肯定される場合、販売契約の返済のために締結された立替払契約も、同様、公序良俗違反となり無効となるかの2点が問題となった。〔裁判例❻-1〕はそれぞれの契約が無効となると判断した。

　まず、上記①について、〔裁判例❻-1〕は、呉服を販売する販売店は、顧客に対する不当な過量販売をしてはならないとしている。一般論として、不当な過量販売に該当するか否かの判断にはどのような要素が考慮されるかについて述べている。考慮されるべき要素として、顧客の年齢や職業、収入や資産状況、これらからうかがわれる顧客の生活状況および顧客とのこれまでの取引状況をあげている。本件の場合は、㋐取引の期間、回数、取引金額等の取引状況と買主の資産状況、㋑買主の購買活動の異常性の原因の有無、㋒買主の異常性に対する売主の認識可能性および取引への対応などを総合的に考慮している。Y₁のAに対する与信枠に余裕がなくなった、平成12年11月

以降の呉服販売を公序良俗に反するものとして無効と判断している。〔裁判例6-1〕では、自己決定不全の状況下にある者からの搾取（暴利行為）が問題となっているとされる（〔裁判例6-2〕の判例評釈である、原田昌和「判批」法セ651号122頁）。

　平成20年、訪問販売による過量販売解除権が、特定商取引に関する法律の改正（特定商取引に関する法律及び割賦販売法の一部を改正する法律（平成20年法律第74号）による改正。以下、「平成20年改正」という）により、規定された（特定商取引に関する法律9条の2）。この規定によると、日常生活において通常必要とされる分量を著しく超える商品または役務の売買契約を訪問販売によって締結した場合、消費者はこれを解除することができることになる（圓山茂夫『詳解特定商取引法の理論と実務〔第2版〕』247頁～255頁、齋藤雅弘ほか『特定商取引法ハンドブック〔第4版〕』202頁～204頁、後藤巻則＝池本誠司『割賦販売法』290頁～308頁）。

　次に、上記②について、平成12年11月、12月には、呉服の購入についてY₁との間で立替払契約は締結されなかったことから、〔裁判例6-1〕は、平成13年1月以降の取引について、過剰与信に該当し、立替払契約は公序良俗に反し無効であると判断している。与信業者には、「不当に過大な与信をしてはならない信義則上の義務」があるとし、その義務違反にあたる与信行為があったとしている。

　この点について、平成20年改正前の割賦販売法38条には、訓示規定ではあるが、過剰与信の防止に関する規定があった（松尾善紀「判批」消費者法ニュース77号127頁）。この規定は、購入者の支払能力を超える与信を防止するために、共同して設立された信用情報機関の利用による情報に基づき、購入者の支払能力を超える与信を行わないよう割賦販売業者等は努めなければならないと規定していた（松尾善紀「判批」消費者法ニュース77号127頁）。この訓示規定では、実効性に乏しいため、割賦販売法の平成20年改正により、過剰な与信を防止する目的として、信販会社はいくつかの義務を負うことになった。新しい規定によると、信販会社は、指定信用情報機関を使って、個別支

払可能見込額を調査しなければならないとされる（同法35条の3の3）（後藤巻則＝池本誠司『割賦販売法』218頁）。また、信販会社は、売買契約が過量販売に該当しうるときには、これを対象とする立替払契約を締結してはならないとされる（同法35条の3の4）（後藤巻則＝池本誠司『割賦販売法』219頁）。また、訪問販売によって過量販売がなされた場合、それに伴って締結された立替払契約も解除されるとされる（同法35条の3の12）（圓山茂夫『詳解特定商取引法の理論と実務〔第2版〕』255頁～263頁、齋藤雅弘ほか『特定商取引法ハンドブック〔第4版〕』747頁～749頁、後藤巻則＝池本誠司『割賦販売法』221頁～222頁、片岡義広＝吉本利行編『クレジット取引――改正割賦販売法の概要と実務対応』300頁～301頁）。

〔裁判例6-1〕は、与信行為が過剰与信防止義務に違反するかは、販売契約が公序良俗違反となるかを検討するために考慮した事実をもって判断する必要があるとしている。過剰与信防止義務違反か否かを販売契約との関係でとらえていることから、本件で問題となった取引は、販売契約と立替払契約とが関連する一体的な取引システムであるととらえうる（芦野訓和「判批」金商1336号157頁）。

また、公序良俗違反による無効の類型について、本件で問題となった取引を、甲契約の勧誘行為の不当性に乙契約の存在それ自体が加功していると分析し、単独では公序良俗違反とはいえない甲契約と乙契約とが組み合わされることによって、それぞれの契約が形成する複合契約全体に公序良俗違反としての性格が生じている類型であると分析することも考えられうる（川島武宜＝平井宜雄編『新版注釈民法(3)』〔森田修〕213頁～214頁）。

(エ) **事案の概要（事例②）**

平成9年4月5日から平成16年2月19日にかけて、X（高齢女性）は、Y_2（呉服販売業者）の外交員（Y_2から営業活動を委託され、Y_2から一定額の基本契約料を受領する者）として、平成16年6月頃からはY_1（呉服販売業者）のパート従業員として、平成17年3月からはY_3（呉服販売業者）のパート従業員として、それぞれ勤務した。それぞれの就労期間中、Xは、Y_2からは31回

(代金総額1029万円)、Y_1 からは12回、Y_3 からは6回、着物等を購入した。これらの購入回数のうち、42回分について、X は、Y_4〜Y_8（信販会社）との間で立替払契約を締結した。このうち、Y_2 との売買契約では、31回中24回（支払総額950万円）につき Y_4 との間で立替払契約が締結され、残りは現金払いであった。

X の Y_1〜Y_3 での給料と遺族年金の年間合計は、310万円程度であった。X の Y_4 らへの立替払金支払額は、平成14年では、年間約130万円であった。平成14年以降では、X は、年間、給与とほぼ同じ程度、少なくとも7割以上の額の立替金債務の支払いをしていた。X が Y_2 などから着物を購入したのは Y_2 などの売上げを伸ばす目的や Y_2 などでの勤務に利用するためであった。

X は、使用者という優越的地位の利用、判断能力の低下の利用、X の生活を破綻させるほどの過量販売の強要のゆえに売買契約が公序良俗に反し、立替払契約も公序良俗に反すると主張した。X は、既払金の返還を Y_1〜Y_3 および Y_4〜Y_8 に請求した。

以下では、責任が認められた、X と Y_2 の間の売買契約、X と Y_4 の間の立替払契約のみを検討する。

(オ) **判旨（事例②）**

〔裁判例 6-2〕は、次のように判示した。

「Y_2 の外交員である X は、Y_2 の売上を伸ばすため、Y_2 での勤務で着用するために Y_2 から過大な商品購入を繰り返し、Y_2 はその状況を知りつつ X に対し、商品販売を続けて Y_2 が支払う給与とほぼ同額か、少なくとも7割以上の額の立替金債務の支払をさせる一方、X のかかる負担により企業としての利益を継続的に得ていたものであるから、本件売買は、商品販売の量、代金額、それによって負担する X の債務額、さらには上記商品販売の継続期間によっては、著しく社会的相当性を欠くことになるというべきである。

そこで、検討すると、前記イによれば、X は、平成9年以降、Y_2 から着物等を購入し、平成11年に172万円余りを、平成12年に146万円余りを、平成13年にも156万円余りの立替金債務の支払を続けており、この額は、X の得た給与の額に匹敵する

額であったものと推認できるのであり、このような状態が3年間も続く間、Y_2は、かかる状態を認識しつつこれを放置し、総販売代金額が800万円に近づいた後も同様の対応を続けたのであるから（平成14年及び平成15年も同様にXの給与収入とほぼ同額あるいはその7割以上の立替金債務の支払を続けている。）、平成14年2月26日以降に締結された本件売買契約26ないし31は、著しく社会的相当性を逸脱するもので、公序良俗に反して無効であるというべきである」。

「以上の事実からすると、Y_4は、Y_2との強い提携関係の下で、Xが高齢者であり、Y_2の給与と遺族年金からしか収入がないことを認識しながら、Y_2が、継続的に従業員であるXに対して高額な自社商品である着物等を販売して、Xの過大な債務負担のもとで会社の利益を得ていたことを認識していたというべきである」。

(カ) **検討（事例②）**

本件では、①過量販売契約が公序良俗違反により無効となるか、②①が肯定される場合、その支払いのために締結された立替払契約も公序良俗違反により無効となるかの2点が問題となった。〔裁判例6-2〕は、上記①の問題について肯定し、②の問題について抗弁の接続にとどまらず、公序良俗違反による無効を肯定した（得津晶「判批」ジュリ1379号127頁、松尾善紀「判批」消費者法ニュース77号127頁、後藤巻則＝池本誠司『割賦販売法』238頁）。

まず、上記①について、〔裁判例6-2〕は、一般論として、商品販売の量、代金額、それによって負担する買主の債務額、商品販売の継続期間などを総合的に考慮して、過量販売は公序良俗違反となりうるとしている。本件の場合、総販売代金額は800万円、立替金債務が給与と同額、商品販売の継続期間は3年間となっており、さらに、買主の抑うつ状態、理解力の問題や販売業者の認識も事実認定において問題としている。すなわち、契約内容の不当性、契約締結過程の不当性から、過量販売契約の公序良俗違反による無効を導いていると考えられる（得津晶「判批」ジュリ1379号127頁、河上正二「契約の成否と同意の範囲についての序論的考察（4・完）」NBL472号41頁〜42頁、川島武宜＝平井宜雄編『新版注釈民法(3)』〔森田繕〕107頁〜108頁）。なお、〔裁判例6-2〕に対する批判的な見解の中には、優越的地位の利用や判断能力の低下の利用等の自己決定の不全などを、公序良俗違反判断の際の考慮事

由としてはあげていない点について、裁判所の判断はやや不明瞭であるとする見解がある（原田昌和「判批」法セ651号122頁、〔裁判例❻-1〕の判例評釈である、芦野訓和「判批」金商1336号156頁）。

次に、上記②について、割賦販売法では、一定の場合に、信販会社に対して、抗弁の接続を認めているが、本件で問題となった従業員への販売には適用がない（得津晶「判批」ジュリ1379号128頁）。〔裁判例❻-2〕では、社会的に著しく不当な過量販売をY_2が行っていたことをY_4が認識していること、また、Y_4とY_2との間には強い提携関係があったことなどの要素をもって立替払契約の無効を認めている。

また、〔裁判例❻-2〕を無効の伝播の範囲として理解することも可能であるとする見解がある（得津晶「判批」ジュリ1379号128頁、川地宏行「第三者与信型販売における抗弁の接続と与信業者に対する既払金返還請求」クレジット研究40号71頁）。ここでいう無効の伝播とは、公序良俗違反が明確となっている甲契約が、他の契約（乙契約）と一定の密接不可分の関係に立っている結果、甲契約の無効が乙契約に伝播し、後者の無効をもたらすタイプの無効とされる（川島武宜＝平井宜雄編『新版注釈民法(3)』〔森田修〕210頁）。

(キ) 小　括

〔裁判例❻-1〕〔裁判例❻-2〕では、不当な過量販売の場合、販売店と提携しているクレジット会社は販売の異常性について認識が可能であったことから、立替払契約も過剰与信により無効となると判断している。すなわち、クレジット会社が不当な過量販売について認識可能であったかを全体として考え、立替払契約の無効の判断をしている。

したがって、この場合には、「中間的アプローチ」が問題となっているといえる。

(6)　売買契約（デート商法）と立替払契約

売買契約（デート商法）と立替払契約によって構成された取引の裁判例には、〔裁判例❼-1〕津地伊勢支判平成20・7・18金商1378号24頁、〔裁判例

7-2〕名古屋高判平成21・2・19判時2047号122頁〔〔裁判例7-1〕の控訴審判決〕、〔裁判例7-3〕最三小判平成23・10・25金商1378号12頁〔〔裁判例7-2〕の上告審判決〕がある。

(ア) **事案の概要**

平成15年3月29日、XはA（宝飾品等の販売業者）から勧誘を受け、C（Aの女性販売員）とファミリーレストランで会い、宝石等の商品の説明を8時間ほど受けた。この間、Cの仲間が加わった。CはXの手を握ったり抱き寄せるような仕草をするなどした。

その後、Cの仲間が宝飾品の購入を勧誘したので、Xは拒絶した。Cの仲間がさらに威圧的に購入を迫ったので、Xは帰宅しようとした。しかしそれができず、結局、指輪等の宝飾品3点（以下、「本件宝飾品」という）を代金157万円5000円で購入する売買契約（以下、「本件売買契約」という）をXは締結した。

Cの仲間が準備していた売買契約書とB（割賦販売あっせん業者）との間の立替払契約（以下、「本件立替払契約」という）の申込書にXは署名押印した。本件立替払契約は、BがAに本件宝飾品の立替払いをし、XがBに代金額に分割払手数料を加えた218万9250円を平成15年5月から平成20年4月まで60回に分割して支払うという内容であった。

平成15年3月30日、Bの担当者は電話で意思・内容の確認をしたうえで、Xとの間で本件立替払契約を締結したが、その際、Xは、Bの担当者に対し、本件売買契約や本件立替払契約の異議を述べなかった。同年5月頃、Xは、Aから本件宝飾品の引渡しを受け、本件立替払契約に基づく割賦金として、平成17年9月までの間、106万0850円を支払った。

平成16年5月24日、Bは、個品割賦購入あっせん事業をYに譲渡し、同年6月28日頃に債権譲渡の通知書をXに送付した。その後、平成17年10月7日頃、Xは、Yに対して解約の希望を通知し、支払いを停止した。

平成18年4月頃、Xは本件宝飾品の査定を受けたところ、本件宝飾品はブランド品でなく、いずれも10万円程度であることが判明した。

Xは、Yに対し、本件立替払契約は公序良俗違反により無効である等と主張した。

(イ) 判　旨

〔裁判例7-1〕は、次のように判示した。

「Xは、本件売買契約の締結経緯及び締結後の事情を踏まえて、本件売買契約が公序良俗違反等であると主張するが、上記認定のとおり、確かに、本件売買契約の締結の際、Aから、詐欺ないし脅迫まがいの行為がなされたものと認められるが、そのことから、直ちに、Xの主張するように本件売買契約が公序良俗違反として無効となるものではない」。

「……仮に、Xが、消費者契約法5条に基づく取消権の行使が可能であったとしても、Xは、平成17年9月、本件クレジット契約に基づく支払を停止し、その頃、追認が可能な状態であったものであるから、その後、6ヶ月以内に上記取消権の行使をしていない以上は時効により消滅しているものと認められる（同法7条）」。

「……以上のとおり、Xの主張するような本件売買契約及び本件クレジット契約の無効性は何ら存在しないから、不法行為等も成立しない」。

一方、〔裁判例7-1〕の控訴審判決である、〔裁判例7-2〕は、次のように判示した。

「Aは、独身男性であるXに対し、若い女性の販売員をあてがい、同女との今後の交際等を匂わせるような思わせぶりな言動をとらせ、好意を抱かせて勧誘に乗ってしまいやすい状況を作出した上で宝飾品の購入を勧め、更に複数名の販売員とともに長時間にわたり購入を勧誘し続け、Xが購入をためらうと、威圧的な態度さえ示してその場から立ち去って帰宅することを困難にするとともに、Xの貴金属等に対する知識の乏しさに乗じて市場価格ではそれ程でもない宝飾品を高額な価格で購入させるために、その当日に売買契約及びクレジット契約の各申込書に署名押印させて、申し込みの意思表示をさせ、帰り際に前記女性販売員がXに頬を寄せるようにして写真を撮る等して、翻意をしないようにさせ、翌日にクレジット会社Bから契約意思の確認をさせ、これに同意するようにさせ、さらにその後も相当期間前記の女性販売員から電話やメールをさせ、契約の維持継続を強固にさせ（解消を抑制させ）たのであるから、これら一連の販売方法や契約内容（販売価格が本件宝飾品の市場価格に照らして不均衡である。）等に鑑みると、本件売買契約は、Xの軽率、窮迫、無知等につけ込んで契約させ、女性販売員との交際が実現するような錯覚を抱かせ、契約の存続を図るという著しく不公正な方法による取引であり、公序良俗

179

に反して無効であるというべきである」。

「これらの背景事実、制度の仕組等を総合すると、本件売買契約の公序良俗違反の無効により、売買代金返還債務が発生したところ、本件の事情の下では、本件クレジット契約は目的を失って失効し、Xは、不当利得返還請求権に基づき、既払金の返還をその支払の相手先である斡旋業者（Bを承継したY）に対して求めることができるというべきであり、これを斡旋業者側からいえば、斡旋業者は、この仕組みに具体的に一定程度関わりを持っていたのであるから、それにもかかわらず、売買契約の無効には無関係であるとか、本件クレジット契約は本件売買契約に原則として左右されない等として、既払金の返還請求を拒否することは本件の事情の下では理由のないことであるといわなければならない」。

他方、〔裁判例**7**-2〕の上告審判決である〔裁判例**7**-3〕は、次のように判示した。

「……個品割賦購入あっせんにおいて、購入者と販売業者との間の売買契約が公序良俗に反し無効とされる場合であっても、販売業者とあっせん業者との関係、販売業者の立替払契約締結手続への関与の内容および程度、販売業者の公序良俗に反する行為についてのあっせん業者の認識の有無および程度等に照らし、販売業者による公序良俗に反する行為の結果をあっせん業者に帰せしめ、売買契約と一体的に立替払契約についてもその効力を否定することを信義則上相当とする特段の事情があるときでない限り、売買契約と別個の契約である購入者とあっせん業者との間の立替払契約が無効となる余地はないと解するのが相当である」。

「これを本件についてみると、Aは、Bの加盟店の1つにすぎず、AとBとの間に、資本関係その他の密接な関係があることはうかがわれない。そして、Bは、本件立替払契約の締結の手続を全てAに委ねていたわけではなく、自らXに本件立替払契約の申込みの意思、内容等を確認して、本件立替払契約を締結している。また、Xが本件立替払契約に基づく割賦金の支払いにつき異議等を述べ出したのは、長期間にわたり約定どおり割賦金の支払いを続けた後になってからのことであり、Bは、本件立替払契約の締結前に、Aの販売行為につき、他の購入者から苦情の申出を受けたことや公的機関から問題とされたこともなかったというのである。これらの事情によれば、上記特段の事情があるということはできず、他に上記特段に当たるような事実もうかがわれない。したがって、本件売買契約が公序良俗に反し無効であることにより、本件立替払契約が無効になると解すべきものではなく、Xは、……本件立替払契約の無効を理由として、本件既払金の返還を求めることはできな

II 契約の終了

い」。

(ウ) 検 討

　本件では、①デート商法による売買契約が公序良俗違反により無効となるか、②①が肯定される場合、クレジット契約も無効となるかの2点が問題となった。上記①については、〔裁判例7-1〕ではデート商法による売買契約は無効とならないと判断され、〔裁判例7-2〕〔裁判例7-3〕では無効となると判断された。また、上記②については、〔裁判例7-2〕はクレジット契約は失効すると判断し、〔裁判例7-3〕は無効とはならないと判断した。

　デート商法には、多様なものが存在する。上記①については、「他人の窮迫・軽率・無経験などに乗じてはなはだしく不相当な財産的給付を約束させる行為」と解される暴利行為論の判例・学説が参考になるとされる（〔裁判例7-2〕の判例評釈である、中田邦博「判批」別冊ジュリ200号84頁～85頁）。暴利行為の認定には、㋐一方の当事者が自己の給付に比して相手方から過大な利益を得ること、㋑相手方の窮迫・無経験・判断能力の欠如に乗じることが総合的に考慮される（大村敦志『公序良俗と契約正義』361頁～367頁、同『消費者法〔第4版〕』109頁～110頁、四宮和夫＝能見善久『民法総則〔第八版〕』269頁、272頁～273頁）。上記㋑については、消費者保護の観点から緩和し、契約締結における勧誘行為の不当性と考える場合もある（〔裁判例7-2〕の判例評釈である、鹿野菜穂子「判批」金商1336号159頁）。

　本件では、売買契約の目的物が宝飾品であったため、その価格は需要と供給で決定され、かなりの幅のあるものであることから、契約内容の不均衡のみをもって、暴利行為を認定することは難しい事案であったとされている（〔裁判例7-2〕の判例評釈である、尾島茂樹「判批」判評614号10頁～11頁）。〔裁判例7-2〕は、契約内容の不均衡も考慮しつつ、契約締結過程の問題点を指摘し、公序良俗違反を総合的に判断したと解されている（〔裁判例7-2〕の判例評釈である、尾島茂樹「判批」判評614号10頁～12頁、中田邦博「判批」別冊ジュリ200号85頁）。

　また、上記②については、〔裁判例7-2〕と〔裁判例7-3〕では、判断

181

が異なる。〔裁判例７-２〕では、販売業者が不当な勧誘により販売をしている事実をクレジット会社が知っていた、あるいは、知りうべきであったという点は否定されているものの（〔裁判例７-２〕の判例評釈である、得津晶「判批」北大法学論集61巻２号134頁〜135頁）、クレジット契約が存在することが売買契約を支えるために必要なこと、クレジット契約締結の準備行為をＡが代行していることなどは認めている（〔裁判例７-２〕の判例評釈である、得津晶「判批」北大法学論集61巻２号134頁）。

従来は、既払金返還請求を認めない見解が多かったが（神作裕之「割賦購入あっせんにおける抗弁の接続と既払金の返還」クレジット研究23号79頁〜82頁、清水巌「クレジット契約と消費者の抗弁権」淡路剛久『現代契約法大系第４巻』275頁〜278頁）、〔裁判例７-２〕が、クレジット契約の失効により、既払金返還請求が認められると判断したことには意義がある。

〔裁判例７-２〕が、クレジット契約について、無効とはせずに失効となると判断した点について、学説では、十分な理由が示されていないとの批判もある（〔裁判例７-２〕の判例評釈である、尾島茂樹「判批」判評614号14頁、得津晶「判批」北大法学論集61巻２号132頁〜140頁）。しかし、必ずしも否定的ではない見解もあり（〔裁判例７-２〕の判例評釈である、鹿野菜穂子「判批」金商1336号158頁）、この見解は、「本件の事情の下では」という制限が付いているが、〔裁判例７-２〕は、「目的喪失」による契約の失効という新たな解決可能性を模索することを考えているとする（〔裁判例７-２〕の判例評釈である、鹿野菜穂子「判批」金商1336号161頁、都筑満雄『複合取引の法的構造』304頁〜306頁）。

〔裁判例７-３〕では、販売業者とあっせん業者との関係、販売業者の立替払契約締結手続への関与および程度、販売業者の公序良俗に反する行為についてのあっせん業者の認識の有無および程度等において特段の事情がある場合にのみ、立替払契約が公序良俗違反になるとしている。それぞれの視点の本件へのあてはめでは、販売業者とあっせん業者には、資本関係など密接な関係がない、あっせん業者は、自ら、購入者に立替払契約の申込みの意思、

内容等を確認し、立替払契約の締結前に、販売業者の行為の苦情を受けたことなどなかったとし、〔裁判例⑦-3〕は厳しく判断した。

また、本件は、消費者契約法5条が適用されうる場合であった（〔裁判例⑦-3〕の判例評釈である、鎌野邦樹「判批」金法1953号64頁）。しかし、〔裁判例⑦-1〕や〔裁判例⑦-3〕は、消滅時効（同法7条）によって立替払契約の取消しを認めなかった。

学説では、クレジット契約の効力が売買契約の影響を受けるには、動機の不法を必要とする見解がある（〔裁判例⑦-2〕の判例評釈である、尾島茂樹「判批」判評614号14頁）。動機の不法に依拠する見解は、売買契約が公序良俗違反である事実について、クレジット会社が「知っていた場合」あるいは「知りうべき場合」には、クレジット契約の公序良俗違反を導くとする（〔裁判例⑦-2〕の判例評釈である、尾島茂樹「判批」判評614号14頁、〔裁判例⑦-3〕の判例評釈である、堀天子「判批」金商1383号8頁、河津博史「判批」銀行法務21第740号68頁）。学説では、〔裁判例⑦-3〕の立替払契約の無効を認めない判断に対して、批判が多い（〔裁判例⑦-3〕の判例評釈である、島川勝「判批」消費者法ニュース92号130頁、同「判批」法時84巻9号105頁、平田元秀「判批」消費者法ニュース92号133頁～134頁）。

(エ) 小 括

本件では、デート商法による売買契約と立替払契約の公序良俗違反による無効が問題となっている。立替払契約の無効を考えるとき、〔裁判例⑦-3〕では、販売業者とあっせん業者との関係、販売業者の立替払契約締結手続への関与、販売業者による不当な販売についてのあっせん業者の認識を全体で検討したうえで、無効とはならないと判断している。

したがって、この場合には、「中間的アプローチ」が問題となっているといえる。

3 錯誤無効

契約の終了の場面において、錯誤無効が争われた裁判例として、売買契約

（アポイントメント商法）と立替払契約によって構成された取引（下記(1)）、不動産売買契約と金銭消費貸借契約によって構成された取引（下記(2)）、空リース・空クレジットと連帯保証契約によって構成された取引（下記(3)）、変額保険契約と金銭消費貸借契約によって構成された取引（下記(4)）がある。

これらの場合には、一方の契約の錯誤による無効を理由として、他方の契約も無効とすることができるかが問題となる。

(1) 売買契約（アポイントメント商法）と立替払契約

売買契約（アポイントメント商法）と立替払契約によって構成された取引の裁判例には、〔裁判例8-1〕名古屋地判昭和58・11・14判時1114号72頁がある。

⑺ 事案の概要

昭和56年9月20日、Yは、A（英語教材等の販売会社）のB（Aの従業員）から、「海外旅行に安く行きたくないか。会員になれば安く行ける」との電話勧誘を受け、Aに赴いた。Aは、Yを勧誘する際、海外旅行を中心に説明をし、会員になると英会話のカセットテープが月に2、3回付いてくるとの付加説明をした。

Yは、海外旅行に安く行ける会員となることを目的として、英語教材等を購入する契約（以下、「本件売買契約」という）を締結した。同時に、Yは、英語教材等の代金について、X（信販会社）を代行するAを通じて、Xとの間の立替払契約（以下、「本件立替払契約」という）の締結の申込みをした。

昭和56年9月25日、Xは、Aに対して、書籍の購入代金について、立替払いをしたが、YがXに立替金を支払わなかったため、XはYに対して立替金の支払いを請求した。Yは、Aが海外旅行に格安の費用で行ける会の会員となる旨の契約であると誤信させたことにより、本件売買契約を締結した、誤信がなければ本件立替払契約も締結しなかった、これらのことから、本件売買契約と本件立替払契約は錯誤により無効であると主張した。

⑷ 判　旨

〔裁判例8-1〕は、次のように判示した。

「以上によれば、Bは本件売買契約を結ぶについて、Yの動機の点に錯誤のあることを認識していたというべく、かつ、Yが本件売買が書籍・カセット等の販売を主眼とするものであって海外旅行は副次的なものにすぎないことを事前に知れば、右契約を締結しなかったであろうことは容易に推認できるところである。とすれば、本件売買契約はYの意思表示の重要部分に錯誤があって無効であると言わざるを得ない」。

「ところで、本件立替払契約が、本件売買契約の代金の立替払を内容とする契約であることは前記のとおりであるが、一般的に信販会社との立替払契約は消費者が特定の販売店から商品を購入した場合に信販会社が消費者に代って販売店に代金を一括して支払い、その後消費者から商品代金に手数料を加算した額を分割して受領する契約であるから、通常は有効な売買契約の存在を前提とするものであり、加えて、本件立替払契約においてはYからの申込の受領はすべてAをその代行者としてなされた他、……本件売買契約書には、この売買契約と本件立替払契約を一体として三者による契約であるとする旨の条項や右売買の目的物たる商品の所有権は、立替金の完済までXに留保される旨の条項が存する事実が認められる等二つの契約は経済的には緊密一体の関係にあるのみならず、法的にも密接に関連していることがうかがわれ、更に、この種の契約においては信販会社、消費者のいずれもがその前提となる売買契約が効力を生じない以上は、立替払契約を締結しないのが通常であって、後者の契約のみを存続させることは、少くとも消費者であるYにとっては全く無意味であることからすると、売買契約における前記のようなYの動機は、その支払手段である立替払契約においても同契約の要素となるものと解すべきである。

とすれば、本件売買契約におけるYの錯誤は本件立替払契約の要素にも錯誤があることに帰すると言うべく、従って本件立替払契約も無効である」。

(ウ) 検 討

本件では、①売買契約が錯誤によって無効となるか、②①が仮に認められる場合、立替払契約も無効となるかの2点が問題となった。〔裁判例8-1〕では、売買契約の錯誤無効が認められ、立替払契約も、一定の要件を満たすならば、無効となると判断された。

まず、上記①について、買主の売買契約締結の動機は、安く海外旅行をすることができる会員となることにあった。〔裁判例8-1〕は、売主は、買主の売買契約締結に至ったこの動機を認識していたとし、本件売買契約が英会話テープを販売することを主たる目的としていて、海外旅行は副次的なもの

にすぎないことを買主が知っていれば、買主が契約を締結することはなかったとした。以上の理由により、買主の意思表示の重要な部分に錯誤があるとし、無効であると判断した。

売買契約に要素の錯誤が認められると判断した点について、学説では、緩やかな判断であるとの評価がある（山本隆司「判批」法時57巻6号128頁、栗田哲男「判批」判評309号31頁、〔裁判例8-1〕の控訴審判決（名古屋高判昭和60・9・26判時1180号64頁）の判例評釈である、中田裕康「判批」別冊ジュリ200号41頁、大村敦志『消費者法〔第4版〕』81頁～82頁）。本件では、売主は英会話カセットテープが付くことを説明しており、海外旅行の割引も給付内容の一部に含まれていた。これらのことから、買主の錯誤は、英会話カセットテープの比重が思ったよりも重く海外旅行の割引がそれほどでもなかったという、給付の評価の錯誤にあった（日本弁護士連合会編『消費者法講義〔第4版〕』〔齋藤雅弘〕45頁）。

次に、上記②について、〔裁判例8-1〕は、売買契約における買主の動機は、その支払手段である立替払契約においても契約の要素となるので、立替払契約もその要素に錯誤があり無効であると判断した（栗田哲男「判批」判タ536号133頁）。その判断の根拠として、㋐立替払契約は有効な売買契約の存在を前提とすること、㋑売買契約および立替払契約には経済的・法的密接性があること、㋒売買契約が無効である以上、立替払契約のみを存続させておくことが消費者にとって無意味であることを指摘している。これらの根拠を分析する見解には、㋐㋑の理由は売買契約の無効が立替払契約の錯誤無効をもたらすと解すべき決定的な根拠とはならず、㋒の理由のほうが説得的であるが、いずれの理由も決定的な理由とはならないとする見解がある（栗田哲男「判批」判評309号32頁）。

本件では、立替払契約締結の手続は、販売会社が行っており、販売会社は、提携している信販会社から立替払契約の締結を委託されていたので、立替払契約と売買契約は同時に締結されている。このことから、買主の立替払契約締結過程における錯誤は、販売会社に対する意思表示の錯誤を考える必

要があり、安く海外旅行に行けるという買主の動機は、立替払契約の重要な内容にもなっていると〔裁判例8-1〕を分析する見解がある（山本隆司「判批」法時57巻6号126頁～127頁）。

〔裁判例8-1〕のほかに、売買契約とその代金返済のために締結された立替払契約がそれぞれ錯誤無効となった裁判例として、〔裁判例8-2〕高松高判昭和57・9・13判時1059号81頁がある。この事案では、自動車タイヤのクリーニング機械を買主が購入し、その代金について信販会社と立替払契約を締結したが、目的物には用途上の瑕疵があった場合について、それぞれの契約が錯誤により無効であると判断された（石川正美「割賦購入あっせん等に関する裁判例の検討(5)」NBL297号37頁～38頁）。この判決では、商品の品質に重大な欠陥があり契約の要素となっている場合には、立替払契約を締結しなかったとの買主の主張が認められた（島川勝＝金子武嗣「立替払契約と抗弁権の切断(上)」NBL271号20頁～21頁、片岡成弘＝平野鷹子「クレジット取引の現状と課題」NBL278号10頁～11頁、〔裁判例8-2〕の判例評釈である、島川勝「判批」判タ505号6頁）。この判決に対しては、①目的物の用途上の瑕疵の錯誤が立替払契約の要素の錯誤であるとした理由が不十分であるとする見解（〔裁判例8-2〕の判例評釈である、清水巖「判批」別冊ジュリ84号201頁）、②判決の見解は若干の論理の飛躍があるとし、瑕疵ある商品なら買わなかった、その結果、売買代金債務が存在しないのであるから立替払契約を締結しなかったと考えるべきであるとする見解（〔裁判例8-2〕の判例評釈である、執行秀幸「判批」法時55巻7号166頁～167頁）もある。

(エ) 小 括

本件では、立替払契約も錯誤無効となるかが問題となっている。〔裁判例8-1〕は、売買契約における買主の錯誤は立替払契約の要素の錯誤にも該当するとしている。しかし、海外旅行が主たる目的ではないことを知っていれば売買契約を締結しなかったという錯誤ではなく、売買契約が有効であるという錯誤が立替払契約の要素の錯誤になると考えられる。この場合、いかなる錯誤が立替払契約にあるかを全体において考えつつ、立替払契約の錯誤

無効を判断することになる。

したがって、この場合には、「中間的アプローチ」が問題となっているといえる。

(2) 不動産売買契約と金銭消費貸借契約

不動産売買契約と金銭消費貸借契約によって構成された取引の裁判例には、〔裁判例❾-1〕大阪地判平成2・10・29金法1284号26頁がある。

(ｱ) 事案の概要

昭和47年11月、Yは、A（不動産業者）から、造成途中の分譲地甲の区画（以下、「本件土地」という）を宅地として購入した（以下、「本件売買契約」という）。Aと提携関係にあるX（住宅ローン専門会社）は、AからX協力会員と表示して本件土地の購入者を募集することを認められていた。Xは、購入物件のみを担保として購入価格の70％まで購入資金を融資することにし、購入者からXへの融資申込手続をAに代行させていた。

昭和47年12月、Yは、Xから本件土地の購入資金を借り入れた（以下、「本件消費貸借契約」という）。ところが、後に、本件土地の宅地造成に瑕疵があり、建物建築が不可能なことが判明した。

昭和54年9月以降、Yは、Xからの借入金の分割返済を怠った。Xは、Yに対し、本件消費貸借契約に係る残元金と利息・損害金、計227万余円の支払いを請求した。これに対して、Yは、本件売買契約の目的物である土地は、崖崩れや擁壁倒壊の危険があって建築確認を受けることのできない土地であり、本件売買契約は要素の錯誤により無効であり、その目的達成のために締結された本件消費貸借契約も要素の錯誤により無効であるなどと主張した。

(ｲ) 判　旨

〔裁判例❾-1〕は、次のように判示した。

「本件売買契約においては、本件土地が宅地であるということは本件売買契約締結の動機ではあるが、当事者間においてこれが表示され、かつ売買の目的物の性状に関する事項として契約の重要な内容となっているので、この点につきX(ママ)に錯誤があ

り、かつX(ママ)に重大な過失のあったことの主張立証のない以上、本件売買契約は無効と言うべきである」。

「……本件土地が宅地であるということは、本件売買契約締結の動機（表示されて契約内容となっている。）であり、これに基づいて本件売買契約が締結された結果、その履行（代金の弁済）の必要性が生じ、それが本件消費貸借契約締結の動機となっているのであって、本件消費貸借契約との関係では、本件土地が宅地であることは、間接的な動機に過ぎない。すなわち、本件消費貸借契約の動機とはなり得ない。したがって、本件土地が宅地であることは、本件消費貸借契約において、XYともに当然の前提としていたことではあるが（すなわち、表示されていたが）、これによって本件消費貸借契約の動機が表示されたものとすることはできず、また、本件土地が宅地であることが本件消費貸借契約の内容になっていると言うこともできない。

もっとも、前示のように本件売買契約は錯誤により無効であるから、Yは本件土地購入代金の支払義務を負担していなかったことになり、Yには、本件消費貸借契約の直接の動機となった本件売買契約の履行の必要性に関して錯誤があったことになる。しかし、消費貸借契約においては、借主は貸主から借入金の交付を受けた時点で、約定どおりの経済的価値の移転を受け、契約目的を達成しており、他方、貸主は、借主に借入れの必要性があったかどうかとは関係なく、約定に従って借主から貸金の返済を受けることにより契約の目的を達成することができるのであるから、借入れの必要性に関する錯誤は、それが表示されていたとしても、消費貸借契約の要素の錯誤とはならない（仮に要素の錯誤に当たり契約が無効としても、Yは借入金の返還義務を免れうるものではない）」。

「したがって、本件消費貸借契約におけるYの意思表示に要素の錯誤があったとすることはできない」。

(ウ) 検 討

本件では、①売買契約が要素の錯誤により無効となるか、②売買契約が無効とされた場合、その代金支払いのための消費貸借契約も無効となるかの2点が問題となった。〔裁判例9-1〕は、売買契約の無効は認めるものの、消費貸借契約の無効は認めないと判断した。

まず、上記①について、買主は、宅地でない土地を宅地であると誤信し、意思表示の対象である物の性状について誤信している（四宮和夫＝能見善久

189

『民法総則〔第八版〕』217頁～219頁）。目的物の性状の錯誤は、売買契約締結において動機の錯誤にすぎないとされているが、〔裁判例9-1〕は、宅地であることが表示され、売買契約の重要な内容となっているとし、宅地であるという重要な契約内容の錯誤により、売買契約の無効を認めた。

　次に、上記②について、〔裁判例9-1〕は、借主がどのような錯誤に陥ったかについて、複数の方向から分析をしている。まず、目的物の性状が、表示によって消費貸借契約の重要な契約内容となり、その錯誤が消費貸借契約の無効を導くかが問題となる。〔裁判例9-1〕は、目的物の性状は、表示されても、消費貸借契約の重要な内容とはならないと判断した。消費貸借契約にとって、目的物の性状の錯誤は間接的な動機の錯誤にすぎないと判断した。次に、借り入れる必要性に借主の錯誤があり、消費貸借契約が錯誤無効となるかが問題となる。消費貸借契約は、売買契約の代金弁済のために、締結されている。売買契約が錯誤となり無効となった場合、借り入れる必要が借主にはなかったことになる。〔裁判例9-1〕は、借主には借り入れる必要性について錯誤があっても、消費貸借契約は無効とならないと判断した。この判断の理由は、売買契約の手段である消費貸借契約の目的は貸主から借主への借入金の交付にあり、すでに達成されていることにある。

　なお、本件と同様の判断内容をした、〔裁判例9-2〕大阪地判平成2・11・14金法1284号26頁〔提携住宅ローン〕においても、消費貸借契約の錯誤無効について、複数の方向から借主の錯誤を分析している（長尾治助「不動産売買と提携ローンノンバンクへの抗弁関係㈦」NBL506号31頁～32頁）。

　学説では、これらの錯誤は、消費貸借契約の外部に存在するものであり、消費貸借契約の要素の錯誤の判断に取り込むことがそもそも困難であるとする見解がある（橋本佳幸「判批」別冊ジュリ200号146頁、野村豊弘「意思表示の錯誤(6)――フランス法を参考にした要件論」法協93巻5号90頁～91頁）。

　しかし、この見解に対しては、批判もある。借入金の使途や借り入れる必要性は、動機にもならない間接的な理由であるといえるかは疑問とし、表示されていたり、意思表示の当然の前提とされている場合には、動機の錯誤を

認めてもよいのではないかとする見解がある（日本弁護士連合会編『消費者法講義〔第4版〕』〔齋藤雅弘〕51頁～52頁、長尾治助「不動産売買と提携ローンノンバンクへの抗弁関係㈢」NBL506号31頁）。間接的な理由と動機の区別のみならず、動機と内心的効果意思の区別も困難であり、要素の錯誤における要素を判断するとき、因果性と重要性が認められれば、他の動機の錯誤と別に扱うべきではないとする。

　また、他の観点からの批判もある。まず、売買契約上の問題から生じる損失の危険について、買主（借主）と貸主のどちらが負担するのかも考慮されるとし、〔裁判例❾-1〕では、買主が一方的に思い違いをしたのではなく、売主が不動産の性状について欺罔をしたため、買主が錯誤に陥ったと推測するとの見解がある（野村豊弘「判批」判タ765号68頁）。この見解は、悪質な売主による詐欺があったために買主が錯誤に陥った場合、売主と貸主との間に提携関係があれば、消費貸借契約の錯誤無効も認めてもよいとする（野村豊弘「判批」判タ765号68頁、本田純一「提携型の不動産ローンと抗弁の対抗等」高島平蔵先生古稀記念論文集『民法学の新たな展開』383頁～384頁、大阪地判平成2・8・6判時1382号107頁〔提携住宅ローン〕の判例評釈である、千葉恵美子「判批」判評397号24頁）。同様に、提携している金融機関から消費貸借契約の媒介を委託された者として販売業者が位置づけられ、不動産の性状に関する販売業者の欺罔行為・不実表示が金融機関のそれと同視できるとき、購入者は、消費貸借契約の詐欺取消し・誤認取消しができるとする見解がある（橋本佳幸「判批」別冊ジュリ200号147頁）。

　さらに、売買契約と消費貸借契約との密接な関係からの批判もある（野村豊弘「判批」判タ765号67頁～68頁）。この見解は、消費貸借契約はもっぱら売買代金の支払いのために締結されていて、貸金が貸主から売主に直接支払われることによって他の目的に流用できないような仕組みになっているとする（野村豊弘「判批」判タ765号68頁、長尾治助「不動産売買と提携ローンノンバンクへの抗弁関係㈢」NBL506号31頁～32頁）。

　本件に関連する規定としては、昭和59年の割賦販売法の改正（割賦販売法

の一部を改正する法律（昭和59年法律第49号）による改正。以下、「昭和59年改正」という）により新しく設けられた「抗弁の接続」の規定がある。割賦販売法の「個別信用購入あっせん」では、不動産販売が適用除外とされており（割賦販売法35条の3の60第2項6号）、不動産売買代金の返済のための貸付けは、抗弁の接続（同法35条の3の19）の対象外となっている。

　ここで、不動産売買の場合の特殊性について整理すると、①貸主から借主へ貸し付ける額は高額であり、長期にわたる（長尾治助「不動産売買と提携ローンノンバンクへの抗弁関係(下)」NBL507号40頁～41頁）、②借主への貸付けは、貸主が不動産の抵当権を取得し、その担保価値に基づく与信として行われる（橋本佳幸「判批」別冊ジュリ200号147頁、長尾治助「不動産売買と提携ローンノンバンクへの抗弁関係(下)」NBL507号40頁～41頁）、③販売信用（代金の繰延払い）ではなく、貸付信用（不動産担保融資）の性格が全面に出る（橋本佳幸「判批」別冊ジュリ200号147頁）などがあげられる。すなわち、抵当権を取得するため、現地でいかなる不動産であるかを調査することから、貸主は、売買契約の対象となる不動産の実態を把握していることになる（長尾治助「不動産売買と提携ローンノンバンクへの抗弁関係(中)」NBL506号32頁）。

　㈎　小　括
　本件では、売買契約と同様に消費貸借契約が錯誤無効となるかが問題となっている。第1に、売買契約の目的物の性質の錯誤が消費貸借契約の要素の錯誤になると考えるのは難しい。第2に、売買契約が無効であったならば消費貸借契約を締結しなかったという錯誤も、貸金の交付により消費貸借契約の目的が達成していることから、消費貸借契約の要素の錯誤に該当すると考えるには問題もある。消費貸借契約の無効は否定されたが、第2の場合、〔裁判例❾-1〕は、消費貸借契約において買主のいかなる錯誤が認められるかを全体で考えている。

　したがって、この場合には、「中間的アプローチ」が問題となっているといえる。

(3) 空リース・空クレジットと連帯保証契約

空リース・空クレジットと連帯保証契約によって構成された取引の裁判例には、〔裁判例⑩-1-1〕仙台地判平成8・2・28判時1614号118頁（事例①）、〔裁判例⑩-2〕最一小判平成14・7・11判タ1109号129頁（事例②）がある。

(ア) 事案の概要（事例①）

平成2年10月15日、X（リース業者）は、A（ユーザー、組合の経営者）との間で、AがB（サプライヤー）から購入した厨房用冷凍冷蔵庫一式（以下、「本件リース物件」という）についてリース契約（以下、「本件リース契約」という）を締結した。同日、Y_1およびY_2（それぞれAの従業員）は、AのXに対するリース料等支払債務につき連帯保証をした。

現実には、本件リース契約は、AとBの通謀による空リースであり、本件リース物件は、Aに引き渡されることはなかった。Aは、引渡しを受けた旨の確認書面（借受証）をXに郵送し、Xは、本件リース物件がBからAに引き渡されたものと信じてBに代金を支払った。Y_1らも連帯保証契約を締結した当時、本件リース契約が空リースであることを知らなかった。

平成4年1月支払い分以降、Aがリース料の支払いを怠ったため、XがY_1らに対し、連帯保証契約の履行請求権に基づき、残リース料等の支払いを求めた。これに対して、Yらは、本件リース物件がAに引き渡されることを契約締結の動機として表示して連帯保証したのであるから、本件リース契約が空リースで、本件リース物件がAに引き渡されなかった以上、Y_1らの連帯保証の意思表示は錯誤により無効であると主張した。

(イ) 判旨（事例①）

〔裁判例⑩-1-1〕は、次のように判示した。

「本件において、Yらが連帯保証人として署名捺印した契約書には、本件リース契約の内容が記載されており、これによれば、Yらが連帯保証する主たる債務を発生させる本件リース契約は、リース物件の引渡しが行われ、Aがリース料を支払うという態様のものであることが明らかであるから、主たる債務の発生原因が右のよう

なものであることは連帯保証契約の内容として契約上明確に表示されているものということができる」。

「したがって、Ｙらは、主たる債務について、リース物件の引渡しが行われ、組合がリース料を支払うという態様のものであると認識したのに、実際は、リース物件の引渡しはされないが、Ａが借受書を交付することによって、リース料の支払を拒絶し得ないものになるという態様のものであったものということができる」。

「正常なリース契約に基づき、特定の設備に投資し、それを使用収益しながら営業活動を行っていく場合と、空リースによってその場しのぎの金融の利益を得る場合とでは、主たる債務者による返済の確実性に相違があり、保証人の予測すべきリスクの範囲や質が違うことは明らかであって、リース契約の経済的実体が金融であるということから、その法形式が賃貸借であることや、右のような空リースの社会的実態を無視して、空リースについての保証を単なる金銭消費貸借契約の保証と同一視することは当を得ないものといわなければならない」。

「したがって、Ｙらの連帯保証の意思表示は、錯誤により無効であると認められる」。

(ｳ) 検討（事例①）

〔裁判例⑩-１-１〕では、空リースにおいて、ユーザーのリース料債務を連帯保証人らが善意で連帯保証をした場合、連帯保証人に要素の錯誤による連帯保証契約の無効の主張が認められるかが問題となった。

空リースとは、金融の便宜を受けること等を目的として、ユーザーがサプライヤーと通謀し、リース物件の引渡しがないにもかかわらず借受書をリース業者に交付し、リース業者からサプライヤーに支払われた代金の大部分からリース業者に対しリース料を支払うというものである（中野哲弘「リース契約・割賦販売契約と連帯保証人の錯誤」判タ642号18頁）。

錯誤無効を肯定した裁判例には、たとえば、〔裁判例⑩-１-２〕広島高判平成５・６・11判タ835号204頁がある（川島武宜＝平井宜雄編『新版注釈民法(3)』〔川井健〕449頁）。肯定する理由としては、①主たる債務がいかなる契約から生じるかは保証契約の内容となる（小久保孝雄「判批」判タ1005号37頁）、②正常なリース契約と空リースでは保証人の予測すべきリスクの範囲や質が異なり同視できない（中野哲弘「リース契約・割賦販売契約と連帯保証人の錯

誤」判タ642号20頁、〔裁判例⑩-1-3〕東京地判平成2・5・16判時1363号98頁の判例評釈である、神作裕之「判批」ジュリ1030号139頁）、③保証債務に付従性があるとしても保証人の意思表示と主たる債務者の意思表示は別である（庄政志「判批」判評471号31頁）などが考えられる。

一方、錯誤無効を否定した裁判例には、たとえば、〔裁判例⑩-1-3〕がある。否定する理由としては、①リース契約は実質的には金融であり保証人には融資について保証する意思はある（小久保孝雄「判批」判タ1005号37頁）、②主たる債務が空リースであるか否かの錯誤は動機の錯誤と位置づけられ表示されていない（庄政志「判批」判評471号31頁）、③保証債務には付従性がある（中野哲弘「リース契約・割賦販売契約と連帯保証人の錯誤」判タ642号23頁）などが考えられる。

〔裁判例⑩-1-1〕は、錯誤無効を肯定した。上記で示した錯誤無効を肯定する根拠をあげ、主債務の態様に関する錯誤は単なる動機の錯誤ではなく要素の錯誤であり、動機の表示の有無を問う必要はないと判断している（大西武士「判批」金商1052号59頁、小久保孝雄「判批」判タ1005号37頁、野村豊弘「連帯保証契約と要素の錯誤」金法1272号6頁～7頁）。

〔裁判例⑩-1-1〕に対しては、リース業者の善意・無過失を問わなかったが、リース業者が善意・無過失である場合には、錯誤無効は認めるべきではないと批判する見解もある（庄政志「判批」判評471号32頁）。

(エ) 事案の概要（事例②）

平成7年12月6日、A社は、営業資金を捻出するため、B社と共謀して空クレジットを計画した。A社は、実際には売買契約が存在しないのにB社から商品を購入する形をとって、X社（クレジット会社）との間でその代金の立替払契約（以下、「本件立替払契約」という）を締結した。同日、Y（A社の従業員）はX社との間で、本件立替払契約に基づいてA社がX社に対して負担する債務についての連帯保証契約（以下、「本件保証契約」という）を締結した。本件立替払契約と本件保証契約は、同一書面を用いて締結された。X社とYは、空クレジット契約であることを知らなかった。

A社は、平成8年2月27日までに支払うべき分割金の支払いを怠ったため、X社は、Yに対し、本件保証契約に基づき、立替金と手数料の残金等の支払いを請求した。これに対し、Yは、本件立替払契約がB社からA社への商品引渡しを伴わない空クレジットであることを知らずに本件保証契約を締結したことから、本件保証契約は要素の錯誤により無効であると主張した。

(オ) 判旨（事例②）

〔裁判例10-2〕は、次のように判示した。

「保証契約は、特定の主債務を保証する契約であるから、主債務がいかなるものであるかは、保証契約の重要な内容である。そして、主債務が、商品を購入する者がその代金の立替払を依頼しその立替金を分割して支払う立替払契約上の債務である場合には、商品の売買契約の成立が立替払契約の前提となるから、商品売買契約の成否は、原則として、保証契約の重要な内容であると解するのが相当である。

これを本件についてみると、……本件立替払契約はいわゆる空クレジット契約であって、本件機械の売買契約は存在せず、……Yは、本件保証契約を締結した際、そのことを知らなかった、というのであるから、本件保証契約におけるYの意思表示は法律行為の要素に錯誤があったものというべきである」。

「本件立替払契約のようなクレジット契約が、その経済的な実質は金融上の便宜を供与するにあるということは、原判決の指摘するとおりである。しかし、主たる債務が実体のある正規のクレジット契約によるものである場合と、空クレジットを利用することによって不正常な形で金融の便益を得るものである場合とで、主債務者の信用に実際上差があることは否定できず、保証人にとって、主債務がどちらの態様のものであるかにより、その負うべきリスクが異なってくるはずであり、看過し得ない重要な相違があるといわざるをえない。まして、前記のように、1通の本件契約書上に本件立替払契約と本件保証契約が併せ記載されている本件においては、連帯保証人であるYは、主債務者であるAが本件機械を買い受けてXに対し分割金を支払う態様の正規の立替払契約であることを当然の前提とし、これを本件保証契約の内容として意思表示をしたものであることは、一層明確である……」。

(カ) 検討（事例②）

本件では、真のクレジットと誤信し空のクレジットに基づく債務の保証契約を締結した場合、保証人には、保証契約が錯誤により無効であると主張で

きるかが問題となった。〔裁判例⑩-2〕は、要素の錯誤による保証契約の無効を認めた。

〔裁判例⑩-2〕は、まず、商品引渡しの誤信を主債務の態様の錯誤であるとしている（河津博史「判批」銀行法務21第630号60頁）。特定の主債務の保証という保証契約の特性を問題にしている（宮本健蔵「不正常な信用供与取引と保証契約の錯誤無効」小林一俊先生古稀記念論文集『財産法諸問題の考察』227頁〜229頁、宮本健蔵「判批」判評535号12頁）。

次に、〔裁判例⑩-2〕は、保証契約において主債務の態様は、定型的に意思表示の内容に取り込まれ、その錯誤は意思表示の内容の錯誤となるとしている（大中有信「判批」金商1168号61頁、大西武士「判批」判タ1123号59頁〜60頁）。保証人は金銭債務を保証するという意思をもってその表示を行っているので、動機の錯誤の問題であるとも考えられる（鹿野菜穂子「保証人の錯誤——動機錯誤における契約類型の意味」小林一俊先生古稀記念論文集『財産法諸問題の考察』146頁）。しかし、〔裁判例⑩-2〕は、動機が表示されるまでもなく、主債務の態様は重要な契約の内容となると判断した（香月裕爾「判批」NBL743号7頁、山本敬三『民法講義Ⅰ総則〔第3版〕』181頁〜182頁、四宮和夫＝能見善久『民法総則〔第八版〕』216頁、大村敦志『民法読解総則編』320頁）。

多くの学説は、〔裁判例⑩-2〕について、保証契約の種類や類型を考えると、主たる債務を保証することを目的とする保証契約においては、主たる債務がいかなるものであるかは、表示の必要もなく当然に、保証契約の重大な内容となるとしたと分析する（新堂明子「判批」別冊ジュリ200号49頁、野村豊弘「判批」リマ28号17頁、松本恒雄「判批」金法1684号48頁、同「判批」NBL757号71頁、森田宏樹「民法95条（動機の錯誤を中心として）」広中俊雄＝星野英一編『民法典の百年Ⅱ個別的観察⑴総則編・物権編』193頁〜197頁）。

また、本件については、取引の全体的構造から保証契約の錯誤による無効を考える見解がある（髙嶌英弘「判批」法教306号76頁）。まず、立替払契約と保証契約を一体として評価する必要があり、一方の契約の存立が他方の契約の存立に影響するとの考え方が有効であるとする見解がある（木村真生子

197

「判批」ジュリ1284号147頁)。そのほかに、保証委託関係に着目する見解もある(中舎寛樹「保証取引と錯誤」名大法政論集201号316頁～317頁、同「判批」法教270号115頁、山下純司「保証意思と錯誤の関係」学習院大学法学会雑誌36巻2号87頁～102頁)。この見解は、保証取引を構成する各契約間の牽連的な関係について、当事者の個別具体的な意思表示の効力とは区別された、保証取引の構造的な関係から考えるべきであるとする。保証委託関係は、立替払契約と保証契約を連結する機能を有し、保証委託の内容に事実との齟齬があった場合には、保証契約の効力は否定されるとする(髙嶌英弘「判批」法教306号76頁、中舎寛樹「保証取引と錯誤」名大法政論集201号314頁、318頁～319頁)。

(キ) 小 括

〔裁判例⑩-1-1〕〔裁判例⑩-2〕では、空リースや空クレジットが行われた場合、保証契約の錯誤が認められるかが問題となっている。保証人の錯誤は、主たる債務がいかなる契約から発生するかに関する錯誤である。保証契約の錯誤を考えるとき、リース契約・立替払契約との相互の関係からも考えられるとする立場(髙嶌英弘「判批」法教306号76頁など)があり、この立場に立つと、保証取引の構造を示す全体を介しつつ、保証契約の錯誤無効を判断することになりうる。

したがって、この場合には、「中間的アプローチ」によると考えられる。

(4) **変額保険契約と金銭消費貸借契約**

変額保険契約と金銭消費貸借契約によって構成された取引の裁判例には、〔裁判例⑪-1〕東京地判平成9・6・9金商1038号38頁(事例①)、〔裁判例⑪-2〕横浜地判平成16・6・25金商1197号14頁(事例②)がある。

(ア) **事案の概要(事例①)**

XおよびA(Xの妻)は、B(Xの病身の父)の健康状態に不安を感じ、Bが死亡した時の相続税対策を考えていた。平成2年11月頃、XおよびAは、Y_1(保険会社)とY_2(銀行)の担当者を紹介された。

平成2年11月27日、XおよびAは、Y_1とY_2の担当者から、変額保険の説明を受けた。Y_1の担当者は、変額保険は保険料を株などに運用し、その

運用実績で保険金額が上下する保険であり、運用実績は過去において常に9％ないし10％を超え、銀行金利を上回っているので、銀行から借り入れても大丈夫であると説明した。Y$_2$の担当者は、銀行から保険料を借り入れて変額保険に加入すれば、銀行借入れにより相続財産の評価が下がり相続税が下がる、銀行金利は今が一番高いが変動金利で平均6％ないし7％であり、変額保険の運用実績は9％ないし10％を超えているから、銀行借入金の元利金を控除しても差額が生じ、これを納税資金に充当すればよいなどと勧誘した。

Y$_1$の担当者とY$_2$の担当者は、当時、変額保険の運用実績がマイナスであることを知っていたが、過去の高率の運用を念頭におき、しばらくすれば10％台の運用実績となると信じていた。

平成2年12月初め、Y$_2$の担当者は、XおよびAに対し、運用実績が下がったときは銀行金利も下がり、大体3％運用実績のほうが上回っているから心配ないなどと積極的に勧誘した。

平成3年1月31日、Bは、Y$_2$との間で、当座貸越約定（以下、「本件当座貸越約定」という）を締結し、本件当座貸越約定に基づき、Y$_2$はBに対し、金員を貸し渡した（以下、「本件融資契約」という）。同時に、Xは、Y$_2$との間で、本件当座貸越約定に基づくBのY$_2$に対する債務を連帯保証した（以下、「本件保証契約」という）。本件当座貸越債務の担保のため、Y$_2$はXやBとの間で、それぞれが所有する不動産に根抵当権を設定した。

また、同日、XおよびAは、Y$_1$との間で、変額保険契約（被保険者＝X、保険契約者＝B、保険金額2億円、保険料7599万円）および養老保険契約（被保険者＝X、保険契約者＝B、保険金額1億円、保険料6863万4600円）を締結し（以下、「本件保険契約」という）、その一時払保険料を支払った。

その後、同年12月14日、Bが死亡したため、清算をしたところ、約750万円の節税となったが、解約返戻金と借入金との差額3000万円が残存債務として残る結果となった。

Xは、Y$_1$との本件保険契約とY$_2$との本件融資契約等について次のように主張した。Y$_1$の担当者は、過大な推定相続税額を告げ、本件保険契約の

加入が相続税対策のためには有効であると勧誘した。Y_2の担当者は、本件保険契約の締結がY_2の融資獲得に直結することから、本件融資契約の協力を約束しつつ、同様に、本件保険契約を積極的・主体的に勧誘した。Xは、このような主張に基づき、それぞれの契約等の錯誤無効等を主張した。

これに対し、Y_1は、本件保険契約の仕組みやリスクについて十分説明をし、XおよびAが錯誤に陥るはずがないなどと主張し、Y_2は、①借入金をある対象に投資し結果として損失が出たことによっては融資契約に要素の錯誤があったとはいえない、②本件融資契約の動機は、借入金を本件保険契約の保険料支払いに利用することであるが、その表示がなされていないなどと主張した。

(イ) 判旨（事例①）

〔裁判例❶-1〕は、次のように判示した。

「X及びAは、……Y_1及びY_2という超一流企業への信頼から、Y_2担当者の説明は間違いないと考え、Y_1の担当者も変額保険の運用実績が9％から10％であり、9％はまず下ることがないと説明したことから、本件消費貸借契約を締結して、本件変額保険及び本件養老保険に加入したのである。

ところが……本件変額保険契約当時、直近一年間の変額保険の運用実績はマイナスであり、かつ、運用実績の低迷傾向が顕著で、今後近年中に、9％台を維持して行き、平均して銀行金利を数％上回り、変額保険を解約し本件貸金債務を返済できる見通しが十分持てる運用状況ではなかった。

……確かに、変額保険の運用実績が今後、銀行金利をかなり上回り推移する可能性はないわけではなく、その場合、変額保険の解約返戻金や保険金が本件貸金債務を返済しうるかも知れず、その限りでは、Y_2の担当者は将来の見込みを説明したのであり、XやAに錯誤はないという一面はある。

しかしながら、XやAが、1億円以上の本件貸金債務を負担して、本件消費貸借契約を締結したのは（しかも、相続財産たる本件土地のみならずX所有の本件土地上の建物も本件貸金債務を被担保債務とする根抵当権を設定している）、抽象的な仕組みの問題ではなく、本件消費貸借契約を締結するか否かを決するための具体的、現実的な、蓋然性の高い相続税対策の利点という事実関係と見るべきである。

そうすると、XやAは、Bの代理人として（本件保証契約についてXは本人として）、相続税額と本件変額保険の運用実績の現実（前記の運用実態）について錯誤

があり、これは、本件債務の返済に直結していることからすれば、変額保険の運用実績の現実は要素の錯誤に当たると考えられる。

そして、これはY_1の担当者のみならず、前記のとおり、Y_2の担当者も、XやAの錯誤を認識していたものと認められる。

したがって、本件変額保険契約、本件養老保険契約、本件消費貸借契約、本件保証契約及び本件根抵当権設定契約は、いずれも右錯誤がなければそもそも契約しなかったのであり、無効であると考える。

……しかしながら、平成2年12月当時、変額保険の運用実績がマイナスであることを知り、特別勘定の運用を十分理解していたY_1の担当者さえも、過去の高率の運用を念頭におき、しばらくすれば10％台の運用実績となると信じ、XやAに対し、当時の運用実績を言わなかったのであるし、前記のY_2やY_1の担当者からの説得的な説明を受けたことからすると、XやAが錯誤につき重大な過失を有していたと言うことはできないと考える」。

⑺　検討（事例①）

本件では、①融資一体型変額保険契約の場合、保険契約が無効となるか、②保険契約のみならず、融資契約も無効となるかなどが問題となった。〔裁判例Ⅱ-1〕は、それぞれの契約が無効となると判断した。

変額保険とは、保険会社が払込保険料の相当部分を特別勘定として株式や債券などに投資し、その運用実績に応じて保険金や解約返戻金が変動する生命保険契約であり、銀行からの借入れと組み合わせて利用されることが多い（関沢正彦＝市原恭夫「変額保険訴訟の背景と論点」金法1465号7頁）。

まず、上記①について、保険契約の錯誤による無効が問題となるのは、錯誤者に、相続税対策になる点や借入金利返済可能である点に錯誤がある場合などである。保険契約の錯誤無効の構成については、契約締結の重要な動機の表示があり要素の錯誤による無効を認めた裁判例（東京地判平成8・3・25判タ920号208頁）、動機の錯誤の構成をとらずに要素の錯誤による無効を認めた裁判例（東京地判平成8・7・10判タ939号188頁）などがある（潮見佳男『契約法理の現代化』66頁〜68頁）。〔裁判例Ⅱ-1〕は、相続税額と本件変額保険の運用実績の現実について顧客には錯誤があるとし、この錯誤は保険契約の要素の錯誤となると判断した。錯誤者が錯誤に陥ったかの判断には、保険

会社が、保険商品の性格や基本的仕組みおよび危険性の説明を十分にしたか否かも問題となる（後藤巻則『消費者契約の法理論』97頁〜100頁、116頁〜120頁、潮見佳男『契約法理の現代化』88頁、森田宏樹「『合意の瑕疵』の構造とその拡張理論(1)」NBL482号28頁）。

　次に、上記②について、融資契約が保険契約と同様に無効となるかは、融資契約は保険契約とは切り離された別の契約であり、錯誤無効とはならないとも考えられる。学説では、㋐融資一体型変額保険を勧誘することが銀行と生命保険会社との共同事業の実体を有していたか、㋑融資一体型変額保険の加入について銀行が率先して勧誘にあたっていたか、㋒生命保険会社の担当者の説明が不十分であったときに、同席していた銀行側の担当者が沈黙していてよいか、㋓取引の仕組み・融資契約の意味について顧客がどれほどの理解能力をもっていたかなどの観点から問題に接近すると裁判例を分析する見解がある（潮見佳男『契約法理の現代化』136頁、石川正美「判批」NBL620号63頁、〔裁判例❶-2〕と〔裁判例❶-5〕の判例評釈である、石田剛「判批」判タ1166号101頁）。〔裁判例❶-1〕においては、㋐銀行借入れによる養老保険および変額保険の事業が、保険会社と銀行との間で、共同で行われていたこと、㋑融資一体型変額保険の加入の勧誘について、保険会社と銀行の担当者がいっしょに説明をし、さらには銀行の担当者が、説明を補充し積極的に勧誘にあたっていたこと、㋒顧客が運用実体について十分な理解をしていなかったことが認められている。これらの事実から、〔裁判例❶-1〕は、相続税額と本件変額保険の運用実績の現実について顧客には錯誤があるとし、この錯誤は融資契約の要素の錯誤に該当すると判断した。

　また、〔裁判例❶-1〕はそれぞれの契約の錯誤無効について、「動機の錯誤」を区別せず、相手方がその錯誤について認識があったか否かを問題としている（中島昇「判批」銀行法務21第551号70頁）。

　(エ)　**事案の概要（事例②）**

　A（当時92歳）は相続税対策を考え、Aを保険契約者兼保険金受取人とし、X_1（Aの長男であるBの妻）およびX_2〜X_4（X_1とB間の子）をそれぞれ被

保険者とする融資一体型の一時払終身型変額保険に加入することにした。

　平成元年12月から平成2年2月まで、AはY₁（銀行）との間で、銀行取引約定を締結し、Aは、Y₁から4回にわたり、合計2億7123万5300円の融資を受けた。AおよびB、X₁所有の不動産につき一番根抵当権変更登記がなされた。AはY₂（保険会社）との間で、Y₂を保険者とする4件の一時払終身型変額保険契約を締結し、Y₁から借り入れた保険料相当額が一時払いの保険料としてY₂に払い込まれた。なお、融資にあたって、Y₁とAとの間で交わされた銀行取引約定には、Aの相続開始により融資契約が当然に解約され、残元利金の弁済期が到来する旨の条項があり、かつその際の遅延損害金は年14％と定められていた。

　その後、平成7年12月、Aは死亡した。そこで、BおよびX₁、X₂は、変額保険が相続税対策としては効果がなくリスクが極めて高いものであるにもかかわらず、Y₁およびY₂の従業員が、勧誘の際、ハイリターンを強調するばかりでハイリスクについては何ら説明せず、その結果、リスクを十分理解しないまま本件各契約が締結されたとして、銀行取引約定に基づく融資契約および変額保険契約の錯誤無効などを主張した。

　(オ)　判旨（事例②）

　〔裁判例■-2〕は、次のように判示した。

　「B型〔編注：被保険者を推定相続人（一般には子）、保険金受取人を被相続人（一般には父母）とする型〕の融資一体型の一時払終身型変額保険である本件変額保険は、……Yらが主張する相続税対策としての効果を殆ど期待することができず、その本来の目的である本件各土地の確保さえ危うく、更には本件貸金の残債務を負担し続けざるを得ないハイリスクを本件変額保険のA（ひいて、本件銀行取引約定及び本件変更登記契約の連帯保証人、根抵当権設定者であるB・X₁）が専ら負担せざるを得ない危険性が極めて高いものであって、相続税対策商品としては、その適格性に疑問があるものといわざるを得ない。そうだとすれば、本件変額保険の加入当時のY₂変額保険の運用実績の推移及び本件変額保険に存する上記各問題点を正しく理解していたとしたならば、一般通常人であれば、特段の事情がない限り、本件変額保険に加入することを含めて多数存在するはずの相続税対策の中からあえて

本件変額保険に加入する方法を選択するものと認めることは到底困難である。
　……したがって、Ｂひいて Ａら３名には、本件変額保険契約を含む本件各契約を締結するにつき、その性状（本件変額保険がＢ型の融資一体型の終身型変額保険としてのその本来の機能である上記相続税対策効果を発揮するものとして有効性を具備していること）について、錯誤があることは明らかである」。

「……本件変額保険契約について、保険契約者であるＡには、本件変額保険がＡの相続税対策として有効であることについて、即ち、本件変額保険自体の性状に関する錯誤があり、これが法律行為の要素の錯誤に当たることは明らかである」。

「……本件銀行取引約定及び本件変更登記契約は、本件変額保険が相続税対策商品として適格性・有効性を具備することを前提として、その一時払保険料の融資目的ないしその担保目的で締結されたものであるから、Ｂ、したがって、Ａら３名において、本件変額保険に存する性状についての欠陥を正しく理解していたのであれば、本件銀行取引約定及び本件変更登記契約を締結することはなかったものとして、その動機に錯誤があり、そして、この動機は、上記の次第で表示されているから、本件銀行取引約定及び本件変更登記契約もまた、法律行為に錯誤があるものとして、無効と認めるのが相当である」。

(カ)　検討（事例②）

　変額保険とは、保険契約者から払い込まれる払込保険料のうち保険料積立金を「特別勘定」として分離し、主に株式や債券などの有価証券の取引において運用し、その運用実績に応じて保険金額や解約返戻金を変動させる仕組みの保険商品であり、銀行からの借入れとの組み合わせによることが多い（関沢正彦＝市原恭夫「変額保険訴訟の背景と論点」金法1465号７頁）。

　〔裁判例■-２〕では、被保険者を推定相続人、保険金受取人を被相続人とする「相続人被保険者」型の融資一体型変額保険の場合、融資契約と保険契約の双方につき、錯誤無効が認められた。従来、それぞれの契約が錯誤無効となるかの問題は、被保険者を被相続人、保険金受取人を推定相続人とする「保険契約者被保険者」型よりも「相続人被保険者」型においてより多く生じているとされる（川地宏行「融資一体型変額保険における損害賠償責任と錯誤無効」専修ロージャーナル１号190頁）。

　本件では、第１に、それぞれの契約を無効とする根拠は何かが問題となっ

た。根拠については、近時、「欠陥商品論」が唱えられている。この見解は、保険料の借入れを前提とする変額保険への加入は、将来にわたる不確定要因が多様であることから、そもそも、相続税対策としての適格性につき疑いのある欠陥商品ではないかとする（潮見佳男『契約法理の現代化』138頁〜139頁、山崎健一＝道尻豊＝宮田陸男「最近の裁判例にみる変額保険訴訟の到達点(1)」NBL779号31頁〜34頁、後藤巻則「金融取引と説明義務」判タ1178号43頁〜44頁、〔裁判例❶-3〕東京高判平成14・4・23金商1142号7頁の判例評釈である、坂勇一郎「判批」判タ1178号79頁、〔裁判例❶-4〕大阪高判平成15・3・26金商1183号42頁の判例評釈である、山崎健一「判批」判タ1178号82頁、後掲〔裁判例❶-2〕の判例評釈である、後藤巻則「判批」リマ30号65頁）。この見解によると、別個独立した保険契約と融資契約は組み合わされることによって何らかの効果を生み出す全体として1つの商品であるととらえられることになるし（松岡久和「変額保険の勧誘と銀行の法的責任」金法1465号23頁）、投資リスクと融資リスクも一体的に評価されることになる（潮見佳男『契約法理の現代化』136頁〜141頁）。

　この「欠陥商品論」に沿って判断したと評価される裁判例として、〔裁判例❶-3〕〔裁判例❶-4〕のほか、〔裁判例❶-5〕東京高判平成16・2・25金商1197号45頁、〔裁判例❶-6〕東京高判平成17・3・31金商1218号35頁がある。このうち、〔裁判例❶-4〕〔裁判例❶-5〕〔裁判例❶-6〕は、「相続人被保険者」型である（川地宏行「融資一体型変額保険における損害賠償責任と錯誤無効」専修ロージャーナル1号190頁〜192頁）。〔裁判例❶-3〕は、錯誤無効の主張を認めなかった。さらに、理論上は相続税対策となりうるものであると認めつつも、投機的な危険性を孕み、予測が極めて困難な保険料の借入れを前提とする変額保険は、場合によっては、相続税対策商品としての適格性を欠くことにもなりうるとした。一方、〔裁判例❶-4〕〔裁判例❶-5〕〔裁判例❶-6〕は、錯誤無効の主張を認めた。保険契約と融資契約を組み合わせた方法による融資一体型変額保険は、相続税対策商品として適格性に疑問があると判断し、相続税対策として融資一体型変額保険が有効・安全であ

ると契約者が誤信したことを、動機の錯誤と位置づけ、それぞれの契約の動機の錯誤による無効を認めた。

〔裁判例❶-2〕に対しては、上記の裁判例と同様に、「欠陥商品論」に沿って判断したとする見解がある（石田剛「判批」判タ1166号101頁～102頁）。〔裁判例❶-2〕は、銀行取引約定中に被相続人死亡による残元利金の弁済期到来条項があるため、変額保険の運用実績が好転するまで保険契約の解約を顧客は見合わせることが事実上できないという契約内容面での特色がある（川地宏行「融資一体型変額保険における損害賠償責任と錯誤無効」専修ロージャーナル1号191頁）。〔裁判例❶-2〕を「欠陥商品論」に沿った判断であるとする見解は、この事情においては、リターンとリスクを勘案した顧客側の自由な選択余地が封じられ、相続税対策の仕組みがまったく機能せず、相続税対策商品としての欠陥があったと分析する（石田剛「判批」判タ1166号101頁～102頁）。

次に、「欠陥商品論」が問題となっているとしても、商品として適格性を欠くことを動機の錯誤と構成し、動機が表示されることにより法律行為の内容とされてはじめて、要素の錯誤の対象となると構成してよいかが問題となる。〔裁判例❶-4〕〔裁判例❶-5〕〔裁判例❶-6〕では、保険契約と融資契約についての顧客の意思表示には、動機の錯誤があったとし、動機は銀行や保険会社らの説明により生じたものである以上、表示されていると判断している（石田剛「判批」判タ1166号101頁～103頁）。〔裁判例❶-2〕では、保険契約を性状の錯誤、融資契約を動機の錯誤の問題と位置づけ、融資契約については、動機は銀行や保険会社らの説明によるものとされ、表示が認められるとしている。

この問題について、学説では、一定の場合を除いて、意思形成をするための基盤となる情報が相手方の領域に属しているために、意思形成の過程における瑕疵に関するリスクを表意者に負担させるのが相当ではない場合には、動機の表示は要求しないとする見解がある（潮見佳男『契約法理の現代化』126頁～128頁、松岡久和「変額保険の勧誘と銀行の法的責任」金法1465号24頁

〜25頁、川地宏行「融資一体型変額保険における損害賠償責任と錯誤無効」専修ロージャーナル１号192頁)。この見解に依拠すると、〔裁判例⓫-２〕の場合、保険会社や銀行の不当勧誘により錯誤が惹起されたのであるから、動機の表示は不要と解することになる（石田剛「判批」判タ1166号103頁、後掲〔裁判例⓰〕の判例評釈である、川地宏行「判批」金商1336号39頁)。

(キ) 小 括

〔裁判例⓫-１〕〔裁判例⓫-２〕では、変額保険契約と同様に融資契約も錯誤無効となるかが問題になっている。〔裁判例⓫-１〕は、相続税額・運用実績の現実についての錯誤、〔裁判例⓫-２〕は、変額保険の相続税対策効果についての錯誤に該当し無効となっている。また、前述した「欠陥商品論」（潮見佳男『契約法理の現代化』138頁〜139頁など）によると、相続税対策の有効性・安全性に対する錯誤により、全体として１つの融資一体型変額保険契約が無効となり、それぞれの契約が錯誤無効となると考えることが可能である。

したがって、この場合には、「全体アプローチ」によると考えられる。

4 解 除

契約の終了の場面において、解除が争われた裁判例として、リース契約と売買契約によって構成された取引（下記(1)）、売買契約とライフケア契約とケアホテル会員契約によって構成された取引（下記(2)）、マネジメント契約と専属実演家契約によって構成された取引（下記(3)）がある。

これらの場合には、一方の契約の債務不履行を理由として、別の契約も解除することができるかなどが問題となる。

(1) リース契約と売買契約

リース契約と売買契約によって構成された取引の裁判例には、〔裁判例⓬〕東京地判平成４・８・31判時1468号102頁がある。

(ア) 事案の概要

平成元年12月25日、Ｙ（サプライヤー）は、Ｘ（提携リース会社）に対し、

貸主を X、借主を A_1（ユーザー）とする、OA 機器（以下、「本件物件」という）に関するリース契約（以下、「本件リース契約」という）締結の可否について与信審査を依頼した。翌26日、X は、A_1 および A_2（保証人）の信用を調査し、信用不安がないことを確認して、与信調査を可決した。

平成2年1月25日頃、Y は、A_1 を代行し、X に対し、本件リース契約の申込みをした。同月下旬頃、Y は、C から本件物件を購入し、B（自称 A_1 の代理人）の指定する事務所に納入した。

同月30日、X は、A_1 の事務所に電話をし、電話に出た B に本件物件の納入の有無と本件リース契約の内容の確認を行った。X は、Y から本件リース契約の担当は B であり、B に電話確認をしてほしいとの要請を受けていたことから、A_1 と A_2 には確認をしなかった。翌31日、X は、この電話確認により、Y からの本件リース契約の申込みを承諾した。

同年2月5日、X は、Y との間で、本件物件を代金479万8000円で買い受ける売買契約（以下、「本件売買契約」という）を結んだ。本件売買契約には、「A_1 が本件物件についてのリース契約の締結または実行をしない場合、X は無条件で本件売買契約を解除することができる」という特約（以下、「本件解除特約」という）があった。

同月13日、X は、売買代金479万8000円を Y に支払ったが、同月28日、X は、第1回目のリース料の支払いを受けることができなかった。

同年5月18日、X が、A_1 と A_2 に内容証明郵便でリース料の請求をしたところ、A_1 と A_2 が本件リース契約には全く関与していないこと、B に対して名前や印鑑の使用を許したこともないことが判明した。X は、B に対し、リース料の支払いを請求したが、B はそのうち行方不明となった。

X は Y に対し、本件リース契約不成立を理由に、本件解除特約に基づき、平成3年4月13日に本件売買契約を解除し、売買代金479万8000円の返還を求めて訴えを提起した。

(イ) 判　旨

〔裁判例⑫〕は、次のように判示した。

「したがって、Yとしては、XによるA₁に関する与信審査が合格した時点で、A₁に対し商品を納入することになるのであって、その後、何らかの理由でXとA₁との間でリース契約が締結されなくなった結果、Xとの間でリース物件にかかる売買契約を締結されないことになるリスクをすべて負う立場にあるものといえる。そして、そうであるならば、本件リース契約の申込みが無権代理人によってなされ、A₁の意思に基づかずになされたのに、これを看過して自称代理人との間で本件リース契約が締結されたが、後日右のことが判明し、結局有効にリース契約が締結されなかったことになった場合であっても、右のような契約上のリスクはすべてYが負うと解すべきである」。

「本件において、顧客であるA₁が本件リース契約を締結した事実がないとしてリース料の支払を拒む以上、Yにおいて右リース契約がA₁とXとの間で有効に締結されたことを証明した場合を除き、本件売買契約を解除することができるというべきであり、右解除権の行使は何ら権利の濫用とはいえないというべきである」。

(ウ) 検討

本件では、リース会社とユーザーの自称代理人がリース契約を締結したため、ユーザーがリース料の支払いを拒絶した場合、リース会社は、解除特約に基づき売買契約を解除できるかなどが問題となった。〔裁判例⑫〕は、リース契約は自称代理人によってなされ、締結されなかった場合に該当し、売買契約は解除特約により解除されると判断した。

本件では、サプライヤーとリース会社が提携している場合が問題となっている。サプライヤーがユーザーを探知し、ユーザーとの間で、リース物件の選定・納入、リース期間・月額リース料等、リース契約の内容の協議を行っている（潮見佳男『契約各論Ⅰ』378頁）。

リース会社にとっては、リース契約が有効に成立し実行されなければ、リース物件を購入しても本来の目的を達することはできない（菊池和彦「判批」ジュリ1108号112頁）。なぜならば、リース会社は、ユーザーの購入資金の貸付けを目的としてリース契約を締結したにすぎないからであり、売買契約のみが存続しても、無意味である（庄政志「判批」金商943号46頁）。経済的には、リース会社とサプライヤー間の売買契約は、融資手段であり、リース会

社とユーザー間のリース契約は、融資元本と利息の回収手段である（庄政志「判批」金商943号46頁）。実質的にみる限り、売買契約とリース契約は、成立上の牽連関係にあるので（庄政志「判批」金商943号46頁）、売買契約の締結は、リース契約の成立・実行が停止条件となっていると考えられる（菊池和彦「判批」ジュリ1108号112頁）。

　ユーザーがリース契約の締結または実行をしない間は、リース会社のサプライヤーに対する物件の売買代金を支払う義務は発生しないが、サプライヤーが物件の引渡義務を履行している以上、リース会社はサプライヤーに債務不履行があるとして、サプライヤーとの間の売買契約を解除することはできない。そこで、売買契約における解除特約が設けられたのである（野口恵三「判批」NBL535号37頁～38頁）。解除特約は、判例・学説において、原則としては、有効であると考えられている（野口恵三「判批」NBL535号37頁～38頁）。

　そのほか、リース取引構造について、各契約上の債務間に相互依存効があると分析する見解がある（千葉恵美子「『多数当事者の取引関係』をみる視点」椿寿夫先生古稀記念論文集『現代取引法の基礎的課題』192頁）。この見解は、売買契約とリース契約は相互に独立した主体間の契約として評価されるが、両契約には共通した債務負担の実質的理由があるとする。すなわち、サプライヤーのユーザーへの物件の交付によって、リース会社はサプライヤーに売買代金債務を負担し、また、ユーザーはリース会社にリース料債務を負担しているという関係があるとする。このことから、両契約は契約内容としていわゆる結合要素を取り込み、この結合要素が各契約上の債務間の相互依存効をもたらしているとする。

　㈣　小　括

　本件では、リース契約が締結されなかった場合、売買契約に定められた解除特約により売買契約は解除されるかが問題となった。〔裁判例⓬〕は、解除特約の有効性を認め、解除をリース会社が主張できるとした。売買契約独自に解除事由があるかを考えることなく、特約により売買契約は当然に解除

されている。

したがって、この場合には、純粋な「契約アプローチ」が問題となっているといえる。

(2) 売買契約とライフケア契約とケアホテル会員契約

売買契約とライフケア契約とケアホテル会員契約によって構成された取引の裁判例には、〔裁判例⓭〕東京高判平成10・7・29判タ1042号160頁がある。

(ア) 事案の概要

平成2年10月31日、X_1、X_2の夫婦は、Y社からいわゆる高齢者用ケア付きマンション（以下、「本件マンション」という）を購入した。本件マンションの購入に伴い、X_1らは、A社との間でライフケアサービス契約を締結し、B社との間でケアホテル会員契約を締結した。なお、Y社、A社、B社は、形式上それぞれの会社の名義は異なるが、実態は1つの会社である。

Y社との間の売買契約書には、本件マンションはライフケアを目的として分譲されるものであり、ライフケア契約と土地付き区分所有建物の売買契約を一体化した契約書とするとの記載があった。その条項の中には、ライフケアメンバー以外の第三者を居住させるときはあらかじめY社の書面による承諾が必要である（売買契約書2条）、本件マンションの引渡日までにA社との間でライフケアサービス契約等を締結しなくてはならない（売買契約書20条）、売買契約の解除事由が生じたときはライフケアサービス契約の締結も当然消滅する（売買契約書23条）、本件マンションの所有権を第三者に譲渡するときには、あらかじめA社に書面による届出をし、その譲受人がライフケアメンバーとなってからでないと譲渡契約ができない（売買契約書24条）との記載があった。B社との間のケアホテル会員契約は、本件マンションの売買契約の条件ではなかった。本件マンションの購入の勧誘においては、ケアホテル会員となることが勧められていた。

A社によるライフケアサービスは、本件マンション内施設の運営・食事・保健衛生・介護等のサービスを提供し、本件マンション入居者がこれに

対して費用を支払うことを内容とする契約であった。

B社との間のケアホテル会員契約は、介護が必要となったときに、B社が経営するケアホテルを優先的に使用できるとする契約であった。

平成4年5月6日、X_2 が胃癌の手術を終えてマンションに戻った際、X_2 はケアホテルへの入所を必要としたが、B社からホテルへの入所を拒否され、さらに、A社から介護サービス、特別食の配膳を受けることができなかった。X_1 は、X_2 の介護のためにC（X_1 の息子）が居住することについて、Cのメンバー資格取得をY社に相談したが、明確な回答を得ることができなかった。

Xらは、ライフケアサービス契約上の債務不履行などを原因として、本件マンション売買契約、ライフケアサービス契約、ケアホテル会員契約を同時に解除する意思表示をした。

(イ) 判 旨

〔裁判例13〕は、次のように判示した。

「形式上は契約の当事者も異なる別個の契約となっているが、上記のような契約内容から明らかなように、本件マンションの購入者はA社との間でライフケアサービス契約を締結してライフケアメンバーとなることが売買契約上必須の内容となっており（転売する場合においても転売先の第三者がライフケアサービス契約をA社との間に締結してライフケアメンバーとなる必要がある。）、本件マンションの区分所有権の得喪とライフケアサービス契約のメンバーとなることは密接に関連付けられ、Yは両者がその帰属を異にすることを予定していないのみならず、およそライフケアサービスの内容とされる物的施設及び食事を含む各種サービスの提供、利用関係を抜きにしては、居住の用に供すべき本件マンションの所有権取得の目的を達することができない関係にあるというべきである。その意味で、本件マンションの売買契約とライフケアサービス契約とは相互に密接な関連を有し、前者の解除が契約条項上当然に後者の契約の消滅事由とされている（23条）にとどまらず、後者について債務の本旨にしたがった履行がないと認められる場合には、本件マンション売買契約を締結した目的が達成できなくなるものというべきであり、ライフケアサービス契約について債務不履行を原因とする解除事由がある場合には、X_1 らとしては右ライフケアサービス契約の債務不履行を理由として右ライフケアサービス契約と併せ

て本件マンション売買契約についても法定解除権を行使し得るというべきである」。

「本件マンション購入後の利用がYのいう高齢者向けのいわゆるケアサービスを受けての居住に限定されるという特約があることを勘案しても、ケアホテルの特別会員となることは、本件マンションにおいてケアサービスを受けつつ居住することとは別個の利益を付与するものであって、本件マンション売買契約とホテル会員契約はかなり性格が異なり（しかもYにおいて、本件マンションの販売に当たり、本件ホテル会員契約となることを本件マンション購入の条件としたり、本件マンション売買契約とホテル会員契約を事実上一体のものとして扱っていたという事情も認められない。)、社会通念上ホテル会員契約についての無効原因や債務不履行があった場合には本件マンションの購入の目的までが全体として達成されないという関係にあったとまではいえないというべきであるから、他に特段の事情の認められない本件においては、X_1らとしては、仮に、ホテル会員契約について無効または債務不履行に基づく解除原因がある場合でも直ちにこれと併せて本件マンション売買契約の無効を主張または法定解除権を行使するということはできないというべきである」。

(ウ) 検 討

本件では、①一般的に、ライフケアサービス契約が債務不履行により解除された場合、マンション売買契約も解除されるか、②ケアホテル会員契約が債務不履行により解除された場合、マンション売買契約も解除されるかの2点が問題となった。これらの問題について、本判決は、上記①については肯定し、②については否定した。しかし、本件事案においては、①について、そもそもA社によるライフケアサービス契約の債務の不履行は認められないと判断した。

〔裁判例13〕は、上記①について、それぞれの契約の内容には密接関連性があり、それぞれの契約は相互に密接な関連を有しているとしている。これらの理由により、ライフケアサービス契約の債務の本旨に従った履行がない場合には、マンション売買契約を締結した目的が達成できなくなることから、各契約が解除されると判断している。一方で、契約条項上（売買契約書23条)、マンション売買契約の解除は当然にライフケアサービス契約を消滅させるとしているが、他方で、ライフケアサービス契約の解除によりマンション売買契約についての解除権行使ができるとするにとどまっている。ま

た、上記②について、ホテル会員契約の債務に不履行があったとしても、マンションの購入の目的までが全体として達成されないとはいえないと述べている。ホテル会員契約により会員になることはマンション売買契約の条件ではない、それぞれの契約を一体のものとして扱ったこともないとも判断している。

〔裁判例⓭〕において、判旨においては明確にされていないが、Y社、A社、B社は、社会的・経済的に実質的同一性があることが前提になっていると考えられている（中野妙子「判批」ジュリ1182号103頁〜104頁）。

利用権型有料ホーム契約の構造については、二重構造を考える見解がある（河上正二「ホーム契約と約款の諸問題」下森定編『有料老人ホーム契約』170頁〜171頁、同「債権の発生原因と目的（対象・内容）(5)――複合的給付と複合的債権関係」法セ695号79頁）。この見解は、まず、当事者の意図は、単なる居室の利用に向けられているわけではなく、同等あるいはそれ以上に、これに結びつけられたサービス（とりわけ老後の身の回りの世話や介護）への期待にも向けられていること、しかも対価（とくに入居一時金）が厳密に個々の給付と対応関係に立っているのではないことからすると、まずもって「ホームが終生にわたって入居者の生活の場を提供し、世話をし、支援する」という抽象的かつ包括的な債務を目的とした大きな「枠契約（Rahmenvertrag）」を考える。続けて、居室の提供や個々のサービス提供を、この抽象的債務を具体化するための支分的債務と考える。

(エ) 小 括

本件では、ライフケアサービス契約やケアホテル会員契約に債務不履行がある場合、マンション売買契約も解除されるかが問題となった。〔裁判例⓭〕は、一般論として、ライフケアサービス契約に債務不履行がある場合、売買契約は締結した目的を達成することができないため解除されると判断している。また、ケアホテル会員契約に債務不履行がある場合、締結目的が全体として達成されないという関係にはないため売買契約は解除されないと判断している。すなわち、それぞれの場合、全体として何に対するいかなる対価を

当事者が予定していたのかを考え、売買契約独自の解除事由が認められるかを判断している。

したがって、この場合には、「中間的アプローチ」が問題となっているといえる。

(3) マネジメント契約と専属実演家契約

マネジメント契約と専属実演家契約によって構成された取引の裁判例には、〔裁判例⑭〕東京地判平成15・3・28判時1836号89頁がある。

(ア) 事案の概要

X（歌手）は、A（所属事務所）との間でマネジメント契約（以下、「本件マネジメント契約」という）を締結し、AおよびY$_1$（レコード製造販売会社であり、後にY$_1$の契約上の地位をY$_2$が承継した）との間で専属契約（以下、「本件専属契約」という）を締結し、アーティスト活動を行っていた。

本件マネジメント契約によれば、Xは、AとAの指定する者のために実演等のアーティスト活動を行い、Aは、Xのあらゆるアーティスト活動に伴う報酬と対価を受け取るが、Xに月額20万円の給与およびレコード等1枚につき、〔（税込価格－消費税－ジャケット代）×0.4％〕の割合による印税報酬を支払うとされていた。

本件専属契約によれば、Xは、Y$_1$の専属実演家として実演を提供する債務を負い、かつ、実演家としてY$_1$に対して実演の録音および録画を許諾し、Y$_1$は、Aにレコード等1枚につき、〔（税込価格－消費税－ジャケット代）×1％〕の割合による実演家印税を支払う債務を負うとされていた。

その後、Aおよびその代表者Bは法人税法違反の容疑で告発され、それぞれ有罪判決を受けた。

XはAに対し、本件マネジメント契約について解除を通知し、終了確認等を求めて訴訟を提起した。これに対し、東京地方裁判所は、XとAの信頼関係は完全に破壊され、Xの解除は有効であり、本件マネジメント契約は終了したと判断した（東京地判平成13・7・18判時1788号64頁）。

Xは、さらに、本件マネジメント契約の終了による本件専属契約の失効

を主張したが、これに対し、Yらは、本件マネジメント契約の終了により、本件専属契約は、X、A、Y₁間の3者契約からX、Y₁（またはY₂）間の2者契約に変容して存続すると主張した。

(イ) 判　旨

〔裁判例⓮〕は、次のように判示した。

「本件専属契約において、XのY₁に対する実演提供が何らの対価を伴わない債務として定められているのは、Xが、Y₁から実演家印税を受け取るAから本件マネジメント契約に基づき報酬を受領することが予定されているからであるということができる。言い換えれば、本件専属契約は、この本件マネジメント契約と合わせ考えることによって、初めて契約の本質たる各当事者間の双務性と有償性を確保しているということが認められるのであって、この意味において、本件専属契約は、その契約の構造上ないし性質上、本件マネジメント契約を前提としている契約であるということができる」。

「本件マネジメント契約の存在によって、本件専属契約における3当事者間の双務性と有償性が確保されているということからすれば、本件マネジメント契約が何らかの理由により終了した場合には、契約の前提を欠くことになり、本件マネジメント契約の存在により確保されていた3当事者間の双務性・有償性は失われてしまい、本件専属契約の本質が破壊されるとともに、Xに著しい不利益を課すことになるから、3者契約としての本件専属契約自体も、原則として失効すると解すべきである」。

(ウ) 検　討

本件では、マネジメント契約が終了した場合、専属契約は影響を受けるかが問題となった。〔裁判例⓮〕は、専属契約は、マネジメント契約とあわせ考えることによって、初めて契約の本質たる各当事者間の双務性と有償性を確保していると認められ、専属契約はマネジメント契約を前提としているため、マネジメント契約の終了は、専属契約を失効させると判断した。

本件取引においては、2個の契約の存在によって、3者間の対価関係が維持されている（新堂明子「判批」判評545号26頁）。

学説においては、別個独立した複数の契約の相互依存関係を考えるには、

当事者間の対価関係の分析が重要であるとする見解がある（新堂明子「判批」判評545号26頁、金山直樹『現代における契約と給付』149頁、奥田昌道編『新版注釈民法(10) I 』〔金山直樹〕55頁～58頁、道垣内弘人「一部の追認・一部の取消」星野英一先生古稀記念論文集『日本民法学の形成と課題(上)』326頁～327頁）。

〔裁判例⓮〕は、専属契約について、解除ではなく失効されると判断した。この点については、学説では肯定的な見解がある（都筑満雄『複合取引の法的構造』304頁～306頁）。

(エ) 小 括

本件では、マネジメント契約と同様に専属契約も終了するかが問題となっている。〔裁判例⓮〕は、両契約を合わせることによって契約の本質である当事者間の双務性・有償性が認められるとしている。全体において何に対していかなる対価が予定されていたのかを考え、専属契約の失効を認めている。

したがって、この場合には、「中間的アプローチ」が問題となっているといえる。

III　抗弁の接続

1　概　説

　抗弁の接続が争われたものとして、ここでは、立替払契約と売買契約の裁判例・学説の分析・検討をする。

2　立替払契約と売買契約

　抗弁の接続について争われた裁判例には、〔裁判例⓯〕最三小判平成2・2・20判時1354号76頁がある。

(1)　事案の概要

　昭和57年8月25日、Y_1 はA（販売業者）から呉服一式を購入するため、X（あっせん業者）と立替払契約を締結した。立替払契約に基づく Y_1 の債務について、Y_2 は連帯保証をした。Aは加盟店として、立替払契約の締結の際、Xから代金の立替払いを受けた。しかし、Aが呉服の引渡しを履行しなかったため、Aと Y_1 は売買契約を合意解除した。解除に伴う処理はAが責任をもって処理するとの合意もなされ書面が作成された。Xは、Y_1、Y_2 に、立替払契約および連帯保証契約に基づく支払請求をした。

(2)　判　旨

　〔裁判例⓯〕は、次のとおり判示した。

　「個品割賦購入あっせんは、法的には、別個の契約関係である購入者・あっせん業者間の立替払契約と購入者・販売業者間の売買契約を前提とするものであるから、両契約が経済的、実質的に密接な関係にあることは否定し得ないとしても、購入者が売買契約上生じている事由をもって当然にあっせん業者に対抗できないというべきであり、昭和59年法律第49号（以下「改正法」という。）による改正後の割賦販売法30条の4第1項の規定は、法が、購入者保護の観点から、購入者において売買契約上生じている事由をあっせん業者に対抗し得ることを新たに認めたものにほかならない。したがって、右改正前においては、購入者と販売業者との間の売買契約が

販売業者の商品引渡債務の不履行を原因として合意解除された場合であっても、購入者とあっせん業者との間の立替払契約において、かかる場合には購入者が右業者の履行請求を拒み得る旨の特別の合意があるとき、又はあっせん業者において販売業者の右不履行に至るべき事情を知り若しくは知り得べきでありながら立替払を実行したなど右不履行の結果をあっせん業者に帰せしめるのを信義則上相当とする特段の事情があるときでない限り、購入者が右合意解除をもってあっせん業者の履行請求を拒むことはできないものとするのが相当である」。

(3) 検　討

本件では、個品割賦購入あっせんを利用して商品を販売業者から購入したが、商品の引渡しの履行がなかった場合、買主は、売買契約を合意解除したことをもってあっせん業者からの立替払金の支払請求を拒めるかが問題となっている。昭和59年改正によって設けられた割賦販売法30条の4の施行前の場合が問題となっている。

〔裁判例⓯〕は、原則として、買主は、売買契約の合意解除を理由として、あっせん業者からの立替払金の支払請求を拒絶できないとの見解を示した。ただし、信義則上特段の事情が認められる場合、抗弁の接続を認めるとしている。

従来の裁判例では、「抗弁の接続」について、肯定する裁判例（高松高判昭和57・9・13判時1018号114頁）と否定する裁判例（東京高判昭和57・6・29金商658号17頁）がある（山下友信「判批」ジュリ1038号155頁、千葉恵美子「判批」民商103巻6号126頁〜127頁）。肯定する裁判例では、①売買契約と立替払契約が密接不可分な関係にあること（植木哲ほか「特別座談会・消費者信用取引における抗弁権対抗の法律構成と射程距離」金法1041号46頁〜47頁（木村発言））、②売主とあっせん業者が実質上同視しうること（島川勝＝金子武嗣「立替払契約と抗弁権の切断(下)」NBL274号41頁）、③信義則（島田禮介「購入商品の瑕疵とクレジット会社に対する買主の抗弁権」判タ513号73頁〜74頁）などがその根拠となっている（篠原勝美「判批」ジュリ964号76頁〜77頁、執行秀幸「判批」リマ3号74頁）。一方、否定する裁判例では、それぞれの契約が異なる当事者による別個の契約であることなどがその根拠となっている（篠原勝美

「判批」ジュリ964号77頁、執行秀幸「判批」リマ3号74頁）。

　学説では、「抗弁の接続」を肯定する見解が多いが、その根拠は多様である。①立替払契約は、契約の構造・当事者の合理的意思から、売買契約の不成立・無効・解除を解除条件とする契約であるとする見解（北川善太郎「立替払契約について」国民生活13巻4号12頁）、②売買契約と立替払契約は、それぞれ一方の契約を他方の契約に関連づける要素を契約内容として取り込んでいるために、両契約から生じる目的物引渡等債務と立替金債務との間にも発生上、履行上、存続上の牽連関係を認める見解（千葉恵美子「割賦販売法上の抗弁接続規定と民法」谷口知平＝山木戸克己編集代表『特別法からみた民法（民商法雑誌創刊50周年記念論集II）』291頁～293頁、同「『多数当事者の取引関係』をみる視点」椿寿夫先生古稀記念論文集『現代取引法の基礎的課題』174頁～178頁）、③売買契約と立替払契約は、複数の契約関係によって1つの目的を実現しようとする取引全体のシステムを構成する契約であるとする見解（長尾治助「判批」ジュリ973号48頁～49頁、執行秀幸「判批」リマ3号77頁、大村敦志『消費者法〔第4版〕』221頁）などがある。

　現在の割賦販売法には、「抗弁の接続」の規定がある（河上正二「債権の発生原因と目的（対象・内容）(5)——複合的給付と複合的債権関係」法セ695号76頁～77頁）。昭和59年改正では、指定商品について、売買契約上の抗弁を割賦購入あっせん業者に対抗できる規定が新設された（昭和59年改正によって設けられた割賦販売法30条の4。宮川博史「判批」判タ762号83頁）。平成11年改正では、指定商品に加えて指定役務も「抗弁の接続」の対象となり、また、ローン提携販売でも「抗弁の接続」が認められるようになった。さらに、平成20年改正では、指定商品・指定役務の制度が廃止され、原則、すべての商品や役務が「抗弁の接続」の対象とされることになった（吉川栄一「判批」別冊ジュリ194号147頁）。包括信用購入あっせん（割賦販売法30条の4）および個別信用購入あっせん（割賦販売法35条の3の19）などにおいてである（後藤巻則＝池本誠司『割賦販売法』199頁～205頁、369頁～371頁）。また、一定の場合、過量販売の場合や重要事項の不実告知または故意の不告知の場合には、与信

契約も取り消しうることになった（割賦販売法35条の3の12～35条の3の16）。

(4) 小　括

〔裁判例⓯〕によると、売買契約が合意解除された場合、立替払いをしたあっせん業者からの履行請求を買主が拒むには、信義則上相当とする特段の事情が必要となる。特段の事情の有無を判断するには、全体としていかなる取引が当事者によってなされたのかを考える必要がある。

したがって、この場合には、「中間的なアプローチ」が問題となるといえる。

IV 行為義務違反

ここでは、複数の契約が締結された場合、一方の契約の当事者のみならず他方の契約の当事者も何らかの行為義務を負うかが問題となる。

以下では、具体的に行為義務違反の問題が生じる場合として、変額保険契約と金銭消費貸借契約によって構成された取引（下記1）、不動産売買契約と融資契約によって構成された取引（下記2）の裁判例・学説の分析・検討をする。

1 変額保険契約と金銭消費貸借契約

変額保険契約と金銭消費貸借契約によって構成された取引の裁判例には、〔裁判例16〕東京地判平成17・10・31判時1954号84頁がある。

(1) 事案の概要

平成2年9月頃、Y_1（生命保険会社）の担当者およびY_6（融資銀行）の担当者は、XとB（85歳、Xの母）に対して相続税対策として融資一体型変額保険を勧誘した。

同年10月頃、Bは、Y_1のみならず、Y_2〜Y_5（生命保険会社）との間で、1社あたりの保険金額約3億円（保険金総額約15億円）、保険料総額約5億5800万円、被保険者をC（Xの妻）、保険契約者をBとする変額保険契約（以下、「本件各変額保険契約」という）の申込みをした（相続人被保険者型）。

同年11月16日、Bは、本件各変額保険の一時払保険料を調達するため、Y_6から、借入金使途は保険料支払資金と約定された6億円を借りた（年利＝8.5％）。同時に、Y_6との間で、年利は9.4％である当座貸越契約を締結し、1億5600万円を借り入れた（以下、両者をあわせて「本件融資契約」という）。

同日、Bは、本件融資契約に基づく貸金債務について、Y_7（信用保証会社）との間で、保証委託契約を締結した。同時に、BおよびXは、Y_7との

間で、複数の不動産に根抵当権を設定した。

　XおよびCは、本件各変額保険契約の運用状況が悪化していることに不安を覚え、本件各変額保険契約を解約することとした。Bは、Y_1らからそれぞれ、解約返戻金を受け取ったところ、いずれも、一時払保険料を下回るものであった。

　Bの死亡後、Bの権利義務を承継したXらは、変額保険に加入すれば確実に相続税対策になると信じて、Y_6から金員を借り入れたうえ、これを一時払いの保険料等の支払いに充てて本件各変額保険に加入したものであって、Y_1〜Y_6に対して、変額保険を勧誘するにあたってその説明義務を尽くさなかった点は違法であるなどと主張した。

(2) 判　旨

〔裁判例⓰〕は、次のように判示した。

　「……このようなリスクの高い変額保険を売り出す保険会社ないしその担当者が、一般顧客に対し、変額保険の加入を勧誘するに当たっては、当該顧客が変額保険加入の可否について適切な判断ができるようにするため、抽象的一般的に変額保険の仕組みやその危険性等を説明するだけでは足りず、上記利害得失や変額保険の構造及び性質に加え、その解約返戻金等が株価や証券等の変動により左右されるものであり、相続税対策として効果があるのは典型的には上記のとおり限られた場合に限られるものであること及びそのゆえん等を具体的に説明すべき信義則上の義務があるというべきである」。

　「いわゆる融資一体型変額保険における融資契約と変額保険契約の関係は、それぞれ前者が後者の手段、後者が前者の目的となるべきものではあるが、とりわけ、相続税対策を目的とする融資一体型変額保険においては、それにとどまらず、前記のとおり、利息を含む融資金額と一時払保険料の額との差額に減税効果を見いだすことを目的とするものである。したがって、融資契約の締結は、このような相続税対策のスキームの中に取り込まれ、それ自体自己目的化しており、その経済的な機能は、変額保険契約と一体不可分のものであって、融資をする側もこれに重大なかかわりを持っているというべきである。したがって、金融機関の担当者が、顧客に対し、顧客に融資する前提で、相続税対策として融資一体型変額保険を紹介し、また、その加入を勧誘するような場合には、生命保険会社の担当者と同様、顧客が融資一体型変額保険の仕組みやその危険性等について十分に理解することができるように

するため、その利害得失や変額保険の構造及び性質に加え、変額保険の解約返戻金等が株価や証券の価格の変動等により左右されるものであり、相続税対策として効果があるのはごく限られた場合にとどまるものであること及びそのゆえん等を具体的に自ら説明し、又は生命保険会社の担当者に説明させるべき義務があり、漫然と変額保険の有効性のみを強調する保険会社の担当者の説明を容認し、又はその説明するとおりに任せるなどして、一般の顧客において変額保険の加入の可否について適切な判断ができないまま契約締結に至らせた場合には、上記紹介や勧誘は違法というべきである」。

(3) 検 討

本件では、保険会社や銀行の担当者が融資一体型変額保険の勧誘をいっしょに行ったときは、それぞれに説明責任が認められるかが問題となった。〔裁判例16〕は、保険会社のみならず銀行の担当者にも説明責任が認められると判断した。

変額保険とは、保険会社が、保険契約者から払い込まれる保険料の一部を「特別勘定」として管理し、主に株式や債券などの有価証券の取引に投資し、その運用実績に応じて保険金や解約返戻金が変動する仕組みの生命保険契約である（関沢正彦＝市原恭夫「変額保険訴訟の背景と論点」金法1465号7頁）。変額保険の場合、保険契約者が投資リスクを負うことになる（川地宏行「判批」金商1336号37頁～38頁）。

変額保険では、不動産所有者が、不動産を担保に銀行などから融資を受け、その借入金を保険料として変額保険に加入するという、融資一体型変額保険契約の仕組みのものが多くあり（山田純「判批」金商1240号2頁）、その問題点は、運用益（運用利回り）が借入利息（借入利率）を恒常的に上回り続けなければ、相続税対策として機能しないという点にあった（川地宏行「融資一体型変額保険における損害賠償責任と錯誤無効」専修ロージャーナル1号182頁）。

また、融資一体型変額保険契約の種類としては、「保険契約者被保険者」型と「相続人被保険者」型がある（川地宏行「判批」金商1336号38頁）。前者は、被保険者を被相続人とし、保険金受取人を推定相続人とする類型であ

り、後者は、被保険者を推定相続人とし、保険金受取人を被相続人とする類型である（前掲〔裁判例⓫-2〕と前掲〔裁判例⓫-5〕の判例評釈である、石田剛「判批」判タ1166号100頁〜101頁）。「相続人被保険者」型では、死亡保険金より少額であり、最低保証額が設定されていない解約返戻金を、借入元利金の返済と相続税の納付のために用いることにしていること自体に問題があった（川地宏行「融資一体型変額保険における損害賠償責任と錯誤無効」専修ロージャーナル1号183頁、関沢正彦＝市原恭夫「変額保険訴訟の背景と論点」金法1465号9頁〜10頁）。

〔裁判例⓰〕は、保険会社の説明義務を肯定している。この点、信義則を媒介として、業法や自主規制規則の諸規定から説明義務を認める見解、信義則のみから説明義務を認める見解がある（川地宏行「融資一体型変額保険における損害賠償責任と錯誤無効」専修ロージャーナル1号183頁）。

従来は、変額保険それ自体についての基本的仕組みおよび抽象的・一般的なリスクの説明で足りるとする裁判例があったが（山田純「判批」金商1240号3頁）、その背景には、変額保険契約と融資契約とは別個の契約であるという理解があるとされる（山崎健一＝道尻豊＝宮田隆男「最近の裁判例にみる変額保険訴訟の到達点(1)」NBL779号35頁）。しかし、その後、変額保険それ自体の抽象的なリスクについての説明だけでは足りず、変額保険と保険料融資との組合せによって生じるリスクその他さまざまな事情についても具体的に説明しなくてはならないという裁判例が出るようになった（山崎健一＝道尻豊＝宮田隆男「最近の裁判例にみる変額保険訴訟の到達点(1)」NBL779号35頁〜36頁）。〔裁判例⓰〕も、融資一体型変額保険の一般的な仕組みやその危険性等を説明したにすぎない保険会社に対して、相続税の支払原資、変額保険の過去の運用実績、変額保険の運用の将来の推移、特別勘定の運用益に対する所得税や住民税、運用利率が9％以下の場合の説明、特別勘定に組み入れられない金額の説明、借入金およびその利息の支払原資などの説明をしなければならないとした（山田純「判批」金商1240号3頁）。

また、従来は、銀行の説明義務についても否定する裁判例が多かった。否

定する理由としては、①変額保険から切り離して融資契約のみをとらえ、融資契約自体が特別の融資リスクを伴う性質のものではなく、内容面で不当性が認められない、②旧保険募集の取締に関する法律9条が、保険契約の締結の代理または媒介を行うことのできる者を生命保険の募集人の資格のある者に限っているところ、銀行員はこれに該当しないなどがあげられていた（本田純一「判批」銀行法務21第664号84頁）。一方では、肯定する裁判例もあり、かつては、保険会社の担当者により、顧客が誤解していることを銀行の担当者が認識している場合、銀行担当者が主導的な立場で勧誘行為に関与していた場合、など「特段の事情」が認められる場合に限り、銀行の説明義務を認めることがあった（山田純「判批」金商1240号4頁）。

しかし、最近では、「特段の事情」を介さずに、銀行に説明義務を認める裁判例もある。たとえば、前掲〔裁判例⓫-5〕は、変額保険契約と融資契約の一体性を強調し、銀行に説明義務を認めた。銀行が融資一体型変額保険を積極的に勧誘した場合、保険会社と銀行との間の密接な協力関係が認められる場合などでは、銀行に説明義務が認められると判断した（川地宏行「判批」金商1336号38頁）。〔裁判例⓰〕においても、前掲〔裁判例⓫-5〕と同様に、銀行の担当者が、相続税対策として融資一体型変額保険を紹介し、その加入を勧誘していることから、銀行の説明義務を肯定している。その根拠として、融資契約の経済的な機能は、変額保険契約と一体不可分のものであって、融資をする側もこれに重大なかかわりをもっているという点もあげている。

学説においても、①それぞれの契約がセット商品として密接不可分な関係にある点（松岡久和「変額保険の勧誘と銀行の法的責任」金法1465号23頁）、②銀行の貸金債権は保険契約者の不動産に設定された抵当権により担保される一方、保険会社による保険料の運用リスクは保険契約者が負うことから、リスクが銀行から保険契約者に転嫁される点（川地宏行「融資一体型変額保険における損害賠償責任と錯誤無効」専修ロージャーナル1号185頁）などから銀行の説明義務を認める見解がある。

銀行の説明義務を肯定するとしても、かつては、説明義務の内容は消極的なものであったが（山田純「判批」金商1240号4頁、関沢正彦＝市原恭夫「変額保険訴訟の背景と論点」金法1465号16頁）、保険会社の担当者と同様の内容の説明義務を負う場合も考えられる（山崎健一＝道尻豊＝宮田隆男「最近の裁判例にみる変額保険訴訟の到達点（3・完）」NBL784号61頁〜62頁、後藤巻則「変額保険の勧誘と保険会社・銀行の説明義務」ジュリ1087号145頁）。〔裁判例16〕においても、変額保険の解約返戻金等が株価や証券の価格の変動等により左右され、相続税対策として効果がある場合はごく限られることなどを具体的に銀行の担当者が説明しなければならないとしている。また、保険会社の担当者が主として説明をした場合でもそれを補足して是正する義務を銀行の担当者が負うことになるとしている（本田純一「判批」銀行法務21第664号84頁）。

2　不動産売買契約と融資契約

不動産売買契約と融資契約によって構成された取引の裁判例には、〔裁判例17-1〕最一小判平成18・6・12判時1941号94頁がある。

(1)　事案の概要

平成元年頃、Xは、各土地（以下、「本件各土地」という）を所有していたところ、Y_1（銀行）の担当者から、土地の有効利用についてノウハウを有するY_2（建築会社）を紹介された。

平成2年1月頃、Y_2の担当者は、Xの自己資金にY_1からの借入金を加えた資金で、本件各土地上にある建物を取り壊したうえで、建物（以下、「本件建物」という）を新たに建築し、本件建物の賃貸部分からの賃料収入を借入金の返済等に充てる計画を立案し、経営企画書（以下、「本件経営企画書」という）を作成した。一方、Y_1の担当者は、本件経営企画書を実施するための資金計画を内容とする投資プラン（以下、「本件投資プラン」という）を作成した。Y_1の担当者とY_2の担当者は、Xの自己資金が、本件建物建築後、本件各土地の一部である北側に位置する土地（以下、「本件北側土地」という）を売却することによって捻出されると考えていた。

Y_1の担当者とY_2の担当者は、Xに対して、本件経営計画書と本件投資プランを提示し、その内容を説明した。Y_1の担当者とY_2の担当者の説明を受け、Xは、自己資金の捻出が可能であると考え、Y_1から融資を受けて本件建物を建築することにした。

　平成2年6月、Xは、Y_2との間で、請負代金を3億9500万円とする本件建物の建築請負契約を締結した。平成3年10月、Y_2は、本件建物を完成させてこれをXに引き渡した。

　本件建物は、本件北側土地を含む本件各土地全体を敷地として建築確認がされたものであり、その敷地に係る容積率の制限の上限に近いものであった。本件建物は、本件北側土地が売却されると、その余の敷地部分のみでは容積率の制限を超える違法な建築物となるという問題があった。本件北側土地の買主が、それを敷地として建物を建築する際には、異なる建築物について同一の土地を二重に敷地として使用することとなるため、建築確認を直ちには受けられない可能性があった（以下、「本件敷地問題」という）。

　Y_1担当者は、本件敷地問題が生ずることを知らなかった。Xは、本件建物が建築された後、予定どおり本件北側土地を売却することができず、返済資金の確保ができなかったため、借入債務の支払いを遅滞した。

　Xは、Y_1担当者、Y_2担当者が本件敷地問題を説明しなかったために、本件北側土地を売却して返済資金を調達することができず、損害を被ったなどと主張した。本件における問題は多岐にわたるが、以下では、Y_1担当者の説明義務違反を中心に検討していく。

　(2) 判　旨

　〔裁判例**17**-1〕は、次のように判示した。

　「一般に消費貸借契約を締結するに当たり、返済計画の具体的な実現可能性は借受人において検討すべき事柄であり、本件においても、Y_1担当者には、返済計画の内容である本件北側土地の売却の可能性について調査した上でXに説明すべき義務が当然にあるわけではない。

　しかし、前記事実関係によれば、Y_1担当者は、Xに対し、本件各土地の有効利用を図ることを提案してY_2を紹介しただけではなく、本件北側土地の売却によりY_1

に対する返済資金をねん出することを前提とする本件経営企画書を基に本件投資プランを作成し、これらに基づき、Y_2担当者と共にその内容を説明し、Xは、上記説明により、本件貸付けの返済計画が実現可能であると考え、本件貸付けを受けて本件建物を建築したというのである。

そして、Xは、Y_1担当者が上記説明をした際、本件北側土地の売却についてY_1も取引先に働き掛けてでも確実に実現させる旨述べるなど特段の事情があったと主張しているところ、これらの特段の事情が認められるのであれば、Y_1担当者についても、本件敷地問題を含め本件北側土地の売却可能性を調査し、これをXに説明すべき信義則上の義務を肯認する余地があるというべきである」。

(3) 検 討

本件では、銀行融資と建物建築とが一体となった計画が提案された場合、返済計画の内容である本件北側土地が売却可能であるかを調査し、顧客に説明すべき義務が銀行にあるかが問題となった。〔裁判例⑰-1〕は、銀行の説明義務違反を否定した原判決（大阪高判平成16・3・16金商1245号23頁）を破棄し、例外的に「特段の事情」がある場合には、銀行の説明義務違反が認められる余地があるとして、原審に差し戻した（大阪高判平成19・9・27金商1283号42頁）。

このような事案の場合、建築会社の説明義務については、問題なく肯定されるが（加藤新太郎「判批」判タ1245号39頁、長谷川貞之「判批」金商1336号18頁）、金融機関に説明義務が認められるかは難しいであろう。その理由は、融資契約の締結にあたって、返済計画が具体的に実現可能であるかは、顧客が検討すべき事柄であるからである。〔裁判例⑰-1〕は、①金融機関が、土地の有効利用を図ることを提案して、建築会社を紹介したこと、②建築会社が作成した経営企画書を基に、金融機関が投資プランを作成したこと、③金融機関が建築会社とともにその内容を説明したこと、④顧客が上記③の説明によって返済計画が実現可能であると判断したことに加えて、「特段の事情」がある場合、信義則上、金融機関にも説明すべき義務がありうるとしている（潮見佳男「判批」金商1251号1頁、山田剛志「判批」銀行法務21第663号18頁〜19頁、水野信次「判批」銀行法務21第668号57頁、吉岡伸一「判批」銀行法務21第

671号14頁、水野信次「判批」銀行法務21第672号25頁、内海順太「判批」金法1781号1頁）。

〔裁判例⓱-1〕が列挙した上記①〜④の要素の中で、どの要素が重要であるかは、学説では、①②よりも、③④が重要であるとする見解がある（山田誠一「判批」金法1812号21頁、階猛「判批」NBL 843号37頁）。

本件に関連する裁判例としては、〔裁判例⓱-2〕最二小判平成15・11・7判時1845号58頁がある。〔裁判例⓱-2〕では、金融機関の従業員が顧客に対して融資を受けて宅地を購入するように積極的に勧誘した結果、顧客が建築基準法43条1項の接道要件を満たしていない宅地を購入した場合が問題となった。金融機関の従業員は、建築基準法上の問題がある宅地であることは、知らなかった。この場合について、〔裁判例⓱-2〕は、金融機関の従業員は、信義則上、顧客に対する説明を認める根拠となりうる「特段の事情」がない限り、接道要件を具備していないことについての説明義務を負わないとした。「特段の事情」には、①金融機関の従業員が接道要件を具備していないことを認識していながら、これをことさらに知らせなかったり、または知らせることを怠ったりしたこと、②金融機関が売主や販売業者と業務提携をし、金融機関の従業員が売主等の販売活動に深く関与し、勧誘行為もその一環であったことなどがあげられる（階猛「判批」NBL843号36頁〜37頁、同「判批」別冊ジュリ192号35頁、渡邊博己「判批」金法1798号48頁、〔裁判例⓱-2〕の判例評釈である、片岡宏一郎「判批」民商130巻4・5号315頁、香月裕爾「判批」金商1179号4頁）。

〔裁判例⓱-1〕と〔裁判例⓱-2〕の違いは、①建築基準法上の問題が治癒可能なものであったか、②建築基準法上の問題が借入金の返済可能性に影響を及ぼすものであったか、③金融機関の担当者が積極的に勧誘したかなどにあるとされる（階猛「判批」別冊ジュリ192号35頁、吉岡伸一「判批」リマ35号41頁、原田昌和「判批」判タ1226号37頁）。

また、金融機関の説明義務を肯定する場合、どのように根拠づけるかが問題となる。この問題について、学説では、第1に、金融機関と売主や販売業

者との業務提携などからではなく、融資契約から金融機関の説明義務を導き出す見解がある（階猛「判批」NBL843号37頁）。この見解は、金融機関に顧客に対する説明義務を負わせうる理由として、①金融機関による建築会社の紹介、②金融機関と建築会社の共同の説明、③上記②による金融機関の貸付け、④金融機関による本件北側土地の売却の確実な実現についての発言などを〔裁判例⓱-1〕があげていることを理由に、金融機関と顧客の関係の依存性を重視すべきであると考える（階猛「判批」別冊ジュリ192号35頁）。この見解は、金融機関と顧客の間に強い依存性が認められるほど、金融機関の説明義務が認められやすくなるとする（階猛「判批」別冊ジュリ192号35頁）。

　第2に、売買契約と融資契約を1つの商品と把握し、そこから金融機関が説明義務を負うことを導く見解もある（〔裁判例⓱-2〕の判例評釈である、後藤巻則「判批」リマ30号65頁）。この見解は、不動産取引と融資について、両者を1個の商品のようにとらえて、契約目的適合性を調査・説明すべき義務を金融機関が負う場合があるとする（〔裁判例⓱-2〕の判例評釈である、後藤巻則「判批」リマ30号65頁）。そして、本件においても不動産取引と融資を一体的にとらえた目的適合性を考えうるとする（後藤巻則「判批」別冊ジュリ200号145頁）。この見解は、融資一体型変額保険契約では、相続税対策としてみたときに、金融機関からの借入金による変額保険への加入自体が「商品として適格性」を欠くとする見解を参照している（後藤巻則「金融取引と説明義務」判タ1178号43頁〜44頁、馬場圭太「判批」民商135巻4・5号234頁）。これに対しては、目的適合性の考えが及ぶ範囲が明らかではないため、その適用には慎重になるべきであるとの指摘もある（渡邊博己「判批」金法1798号43頁、〔裁判例⓱-2〕の判例評釈である、牧佐智代「判批」六甲台論集52巻2号95頁〜96頁）。

3　小　括

　〔裁判例⓰〕は、相続税対策としての融資一体型変額保険契約の勧誘にかかわった銀行にも説明義務を認め、〔裁判例⓱-1〕は、銀行融資と建物建築

とが一体となった計画にかかわった銀行にも、特段の事情が認められる場合には、返済計画の実現可能性の調査と説明義務を認めうるとした。全体としていかなる取引の実現を予定しているのかを考えたうえで、融資契約上の当事者である銀行にも説明義務が認められるかを検討している。

　したがって、この場合には、「全体アプローチ」が問題となっているといえる。

V 契約の解釈

ここでは、複数の契約が締結され、そのうちの1つの契約を解釈する場合、他の契約の存在の影響を受けるかが問題となる。

以下では、契約の解釈の問題が生じた場合として、リース契約と請負契約によって構成された取引（下記1）、元請負契約と下請負契約によって構成された取引（下記2）、情報提供契約と通信契約（ダイヤルQ^2）によって構成された取引（下記3）の裁判例・学説の分析・検討をする。

1 リース契約と請負契約

リース契約と請負契約によって構成された取引の裁判例には、〔裁判例18〕最三小判平成22・7・20集民234号323頁がある。

(1) 事実の概要

平成17年頃、Aは、建設予定の温泉施設「甲」に熱電供給システム（以下、「本件システム」という）を導入することを検討していた。Aは、Bに相談をし、Bは、Xに本件工事を施工させることを考え、Xとの交渉を始めた。

平成17年9月頃、AはBに対し、本件システムを発注した。その当時、AとBとの間では、本件システムについて、BがCに売却したうえで、AがCとの間でリース契約（以下、「本件リース契約」という）を締結することが予定されていた。

同月頃、XはBから、本件工事の請負を打診されたが、請負代金の支払いを確保するために、Bと直接に契約を締結するのではなく、信用のある会社を注文者として介在させることを求めた。

平成18年3月、YはBから依頼を受け、Xとの間で、本件工事の請負契約（以下、「本件請負契約」という）を締結するとともに、本件システムをBに売り渡す旨の売買契約を締結した。本件請負契約が締結されたとき、Y

233

がXに交付した注文書には、「支払いについて、ユーザー（甲）がリース会社と契約完了し入金後払いといたします。手形は、リース会社からの廻し手形とします」との記載（以下、「本件記載」という）があった。

同年4月、Xは、本件工事を完成させ、本件システムをAに引き渡した。同年5月頃、AとCとの間では、本件リース契約が締結されないことになった。AからBへの本件システムの代金の支払いも行われなかった。

Xは、Yに対して、請負代金の支払いを求めて訴えを提起した。Yは、本件請負契約は、本件リース契約の成立を停止条件としたものであると主張した。

(2) 判 旨

〔裁判例18〕は、次のように判示した。

「AがCとの間で締結することを予定していたリース契約は、いわゆるファイナンス・リース契約であって、Aに本件システムの代金支払につき金融の便宜を付与することを目的とするものであったことは明らかである。そうすると、たとえ上記リース契約が成立せず、Aが金融の便宜を得ることができなくても、Aは、Bに対する代金支払義務を免れることはないというのが当事者の合理的意思に沿うものというべきである。加えて、Xは、本件工事の請負代金の支払確保のため、あえて信用のある会社を本件システムに係る取引に介在させることを求め、その結果、Yを注文者として本件請負契約が締結されたことをも考慮すると、XとYとの間においては、AとCとの間でリース契約が締結され、Cが振り出す手形によって請負代金が支払われることが予定されていたとしても、上記リース契約が締結されないことになった場合には、Yから請負代金が支払われることが当然予定されていたというべきであって、本件請負契約に基づき本件工事を完成させ、その引渡しを完了したにもかかわらず、この場合には、請負代金を受領できなくなることをXが了解していたとは、到底解し難い。

したがって、本件請負契約の締結に当たり、YがXに交付した注文書に前記記載があったとしても、本件請負契約は、AとCとの間で本件システムのリース契約が締結されることを停止条件とするものとはいえず、上記リース契約が締結されないことになった時点で、本件請負契約に基づく請負代金の支払期限が到来すると解するのが相当である」。

(3) 検　討

　本件で問題となった取引は、目的物をYがBに、BがCに売却し、CがAにリースをするという取引であり、目的物は完成後、XからAに引き渡された。XとY間の請負契約には、請負代金の支払いはユーザーがリース会社と契約完了し、入金後払いとすると記載されていた。〔裁判例⓲〕では、この記載について、リース契約が締結されることを停止条件とするものか、リース契約が締結されない場合には請負代金の支払期限が到来するとするものかが問題となった。〔裁判例⓲〕は、後者と判断したものである。

　〔裁判例⓲〕は、ファイナンス・リース契約が不成立となっても、AはBに対する代金支払義務を免れることはないこと、Xは請負代金の支払確保のため、信用力のあるYを取引に介在させて注文者としていることを考慮している。請負契約に記載された文言の解釈をするときには、複数の契約の中の1つの契約として請負契約をとらえている（浅井弘章「判批」銀行法務21第720号52頁、同「判批」銀行法務21第728号92頁、織田博子「判批」民商144巻2号112頁～113頁、笠井修「判批」速報判例解説9号67頁、伊藤進「判批」法時84巻10号115頁～116頁）。

2　元請負契約と下請負契約

　元請負契約と下請負契約によって構成された取引の裁判例には、〔裁判例⓳〕最一小判平成22・10・14判タ1336号46頁がある。

(1) 事案の概要

　平成16年7月、A（元請会社）は、一部事務組合から浄水場内の監視設備工事を請け負った。平成17年3月、監視設備機器（以下、「本件機器」という）の製造等については、AからB、C、D、Yと順次発注され、それぞれにおいて請負契約が締結された。

　Cは、Yに対し、受注先からの入金がなければ発注先に請負代金の支払いはしない旨の入金リンク特約を付することから、Yにはリスクはないとの説明をした。

同月、YとXとの間で、支払条件の中に「入金リンク」とするという入金リンク特約（以下、「本件入金リンク条項」という）の記載がある注文書と請書が取り交わされ、請負契約（以下、「本件請負契約」という）が締結された。

　翌4月、Xは、機器の製造を完成させ、本件請負契約の定めるとおり、機器をAに引き渡した。請負代金は、AからB、BからCにそれぞれ支払われた。その後、平成18年4月、Cは破産手続開始の決定を受けた。

　XはYに対して、請負代金3億1500万円の支払請求をした。Yは、本件入金リンク条項はDからの支払いがあればXに支払いをするという停止条件を定めたものであり、Dから支払いを受けていない以上、条件は成就していないため、Xへの支払いを拒絶できると主張した。Xは、本件入金リンク条項は上位者からの入金後、直ちに支払いをするという期限を定めたものであり、上位者であるCの倒産により期限が到来したといえるから、Xへの支払いを拒めないと主張した。

(2) 判　旨

　〔裁判例⑲〕は、次のように判示した。

　「本件請負契約が有償双務契約であることは明らかであるところ、一般に、下請負人が、自らは現実に仕事を完成させ、引渡しを完了したにもかかわらず、自らに対する注文者である請負人が注文者から請負代金の支払が受けられない場合には、自らも請負代金が受けられないなどという合意をすることは、通常は想定し難いものというほかない」。

　「XとYとの間においては、同工事の請負人であるAから同工事の一部をなす本件機器の製造等を順次請け負った各下請負人に対する請負代金の支払も順次確実に行われることを予定して、本件請負契約が締結されたものとみるのが相当であって、Xが、自らの契約上の債務を履行したにもかかわらず、Yにおいて上記請負代金の支払を受けられない場合には、自らもまた本件代金を受領できなくなることを承諾していたとは到底解し難い。

　したがって、XとYとが、本件請負契約の締結に際して、本件入金リンク条項のある注文書と請書とを取り交わし、Yが本件機器の製造等に係る請負代金の支払を受けた後にXに対して本件代金を支払う旨を合意したとしても、有償双務契約であ

る本件請負契約の性質に即して、当事者の意思を合理的に解釈すれば、本件代金の支払につき、Ｙが上記支払を受けることを停止条件とする旨を定めたものとはいえず、本件請負契約においては、Ｙが上記請負代金の支払を受けたときは、その時点で本件代金の支払期限が到来すること、また、Ｙが上記支払を受ける見込みがなくなったときは、その時点で本件代金の支払期限が到来することが合意されたものと解するのが相当である。Ｙが、本件入金リンク条項につき、本件機器の製造等に係る請負代金の支払を受けなければ、Ｘに対して本件代金の支払をしなくてもよいという趣旨のものととらえていたことは、上記判断を左右するものではない」。

(3) 検 討

本件では、浄水場内の監視設備工事のために締結された複数の契約のうちの１つに含まれていた条項が、条件と期限のどちらを意味するのかが問題となった。この問題を考えるには、当事者の意思を解釈する必要がある（山本敬三『民法講義Ⅰ総則〔第３版〕』295頁、四宮和夫＝能見善久『民法総則〔第八版〕』341頁）。〔裁判例⓳〕は、契約の本質的な性質との整合性・一貫性を重視し、合理的解釈をする必要があるとしている（奈良輝久「判批」金商1365号15頁、吉永一行「判批」法セ673号116頁、宗宮英俊「判批」NBL951号40頁、新堂明子「判批」判評633号5頁、山本豊「判批」リマ44号16頁～17頁）。

本件は、１つの目的のために複数の関与者が一体的な関係をつくり出している（芦野訓和「判批」速報判例解説９号４頁、芦野訓和「下請負と多角的法律関係」椿寿夫＝中舎寛樹編『多角的法律関係の研究』306頁～308頁）。そこで、解釈する際は、請負契約のみを取り出すのではなく、複数の契約の中で解釈する必要がある（滝沢昌彦「判批」ジュリ1420号95頁、新堂明子「判批」判評633号５頁、伊藤進「判批」法時84巻10号113頁～114頁）。入金リンク条項は、問題となった契約の前にある契約を基礎とする特約であり（芦野訓和「判批」速報判例解説９号４頁）、複数の契約が連鎖する中で代金支払いがなされない場合に誰がリスクを負担するかを決める特約である（笠井修「判批」民商144巻３号66頁）。

3　情報提供契約と通信契約（ダイヤルQ²）

情報提供契約と通信契約（ダイヤルQ²）によって構成された取引の裁判例には、〔裁判例⑳〕最三小判平成13・3・27判時1760号19頁がある。

(1)　事案の概要

Y（加入電話契約者）は、X（電気通信事業者）との間で、自宅に設置された電話（以下、「本件加入電話」という）について、加入電話契約を締結していた。

平成3年1月から同年2月初めに、A（Yの子、当時中学3年生）は、本件加入電話を使って、Yの承諾なしに、B（情報提供サービス業者）によって提供される、ダイヤルQ²サービス（以下、「本件サービス」という）を利用した。本件サービスを利用すると、利用者には通話料と情報料が発生することになっていた。

ところで、Xは、Bとの間で代行回収契約を締結していた。代行回収契約によれば、Xは、加入電話契約者に対して、加入電話通話料と一体として、Bに代わって情報料を請求し、回収した情報料から所定の手数料を控除した残額をBに支払うことになっていた。

Xは、Yに対してAが本件サービスを利用したことによる情報料と通話料の支払いを請求した。Yは、直ちに本件サービスの利用規制をし、情報料と通話料の支払いを拒絶した。

当時の電話サービス約款（以下、「本件約款」という）118条によると、加入電話からの通話に関しては、加入電話契約者以外の者による場合であっても、加入電話契約者が通話料支払義務を負うと規定されていた。Xは、本件約款に基づき、本件サービスの利用に係る通話料の支払いを求めて訴えを提起した。

(2)　判　旨

〔裁判例⑳〕は、次のように判示した。

「しかし、加入電話契約は、いわゆる普通契約約款によって契約内容が規律される

ものとはいえ、……民法上の双務契約であるから、契約一般の法理に服することに変わりはなく、その契約上の権利及び義務の内容については、信義誠実の原則に照らして考察すべきである。そして、当該契約のよって立つ事実関係が変化し、そのために契約当事者の当初の予想と著しく異なる結果を招来することになるときは、その程度に応じて、契約当事者の権利及び義務の内容、範囲にいかなる影響を及ぼすかについて、慎重に検討する必要がある……」。

「サービスは、日常生活上の意思伝達手段という従来の通話とは異なり、その利用に係る通話料の高額化に容易に結び付く危険を内包していたものであったから、公益的事業者であるXとしては、一般家庭に広く普及していた加入電話から一般的に利用可能な形でダイヤルQ^2事業を開始するに当たっては、同サービスの内容やその危険性等につき具体的かつ十分な周知を図るとともに、その危険の現実化をできる限り防止するために可能な対策を講じておくべき責務があったというべきである。本件についてこれを見ると、……この事態は、Xが上記責務を十分に果たさなかったことによって生じたものということができる。こうした点にかんがみれば、Yが料金高額化の事実及びその原因を認識してこれに対する措置を講ずることが可能となるまでの間に発生した通話料についてまで、本件約款118条1項の規定が存在することの一事をもってYにその全部を負担させるべきものとすることは、信義則ないし衡平の観念に照らして直ちに是認し難いというべきである。そして、その限度は、加入電話の使用とその管理については加入電話契約者においてこれを決し得る立場にあることなどの事情に加え、前記の事実関係を考慮するとき、本件通話料の金額の5割をもって相当とし、Xがそれを超える部分につきYに対してその支払を請求することは許されないと解するのが相当である」。

(3) 検 討

ダイヤルQ^2サービス利用契約は、情報提供サービス業者と現実に電話を利用する者との間に成立する。したがって、現実にダイヤルQ^2サービスを利用した者が情報料を負担すべきであって、原則として、加入電話契約者は、自己以外の者の利用によって生じた情報料を負担しない（河上正二「電話を設置する――情報通信社会と民法」法教208号72頁、伊藤進「判批」リマ25号7頁)。このような状況で、本件では、本件約款により、加入電話契約者が、自己以外の者によるダイヤルQ^2サービスの利用によって生じた通話料を支払わなければならないかなどが問題となった。

〔裁判例⑳〕は、加入電話契約者が負担すべき通話料は、他人によるダイヤル Q^2 サービスの利用によって生じた通話料のうちの5割であるとし、中間的な判断を示した（谷口知平＝石田喜久夫編『新版注釈民法(1)〔改訂版〕』〔安永正昭〕138頁）。信義則が理由である。

従来の裁判例では、中間的な判断ではなく、加入電話契約者の通話料支払義務を全面的に肯定する裁判例、否定する裁判例がある。肯定する裁判例には、他人による利用の可能性・料金高額化の危険性は加入電話契約者の管理の問題であるとする例、ダイヤル Q^2 サービス利用契約と加入電話契約の一体性は事実上のものにすぎないとする例がある（山本哲生「判批」別冊ジュリ194号220頁〜221頁、新美育文「判批」ジュリ1224号62頁）。一方、否定する裁判例の中には、約款の適用を否定する例、約款の効力を否定する例などがある（大澤彩「判批」別冊ジュリ200号228頁）。否定する理由としては、他人による利用の可能性、料金高額化の危険性、ダイヤル Q^2 サービスの周知徹底の不十分さ、情報料と通話料の不可分一体性などがあげられる（山本哲生「判批」別冊ジュリ194号220頁〜221頁、新美育文「判批」ジュリ1224号62頁、沢野直紀「判批」別冊ジュリ164号223頁、尾島茂樹「判批」法教252号150頁）。

学説でも、加入電話契約者の通話料支払義務について、肯定する見解（山田卓生「ダイヤル Q^2 の利用料金の支払義務をめぐって」判タ870号9頁〜10頁）と否定する見解（河上正二「ダイヤル Q^2 の利用料金請求に関する三つの判決」ジュリ1036号104頁、松本恒雄「ダイヤル Q^2 ——何が問題か」法セ450号28頁）がある。

学説の中では、ダイヤル Q^2 サービス利用契約の情報料債務と加入電話契約の通話料債務の密接な関係に着目する見解がある（金山直樹「契約に名を借りた不法・搾取(2)新たなビジネスモデルとの対決（ダイヤル Q^2 判決）——日本を変える10の最高裁判決(4)」民研635号45頁〜47頁）。この見解は、給付レベルでいえば、ダイヤル Q^2 による情報の提供を受けるときには、通話と情報の両方の給付を受けるしかないのであって、片方の給付だけを受けるということはありえず、それぞれの給付を組み合わせたうえで、1つの商品を提供し

ているとする。続けて、このような場合には、一方の給付は他方の給付を前提ないし原因としているので、一方の契約（情報提供契約）の取消しは他方の契約（個別の通信契約）にも有因的に影響すると解することはできないだろうかとする（金山直樹「契約に名を借りた不法・搾取(2)新たなビジネスモデルとの対決（ダイヤルQ^2判決）——日本を変える10の最高裁判決(4)」民研635号45頁〜47頁、河上正二「電話を設置する——情報通信社会と民法」法教208号71頁〜72頁、前掲〔裁判例❼-3〕の判例評釈である、河上正二「判批」判評470号18頁、同「債権の発生原因と目的（対象・内容）(5)——複合的給付と複合的債権関係」法セ695号76頁〜77頁）。

4　小　括

〔裁判例⓲〕〔裁判例⓳〕では、最高裁判所は、複数の契約から構成される取引がいかなる実現を予定した取引であるかを全体で考え、そのうちの1つの契約における条項の解釈をしている。

したがって、この場合には、「全体アプローチ」が問題となっているといえる。

また、〔裁判例⓴〕では、自己以外の者によるダイヤルQ^2の使用によって生じた通話料を加入電話契約者が負担しなければならないかが問題となっている。最高裁判所は、全体においていかなる取引の実現を予定したのかを考え、電話サービス約款の解釈をしている。

したがって、この場合にも、「全体アプローチ」が問題となっているといえる。

第2章 3者間以上の複数契約における実務

はじめに

　3当事者間以上において複数の契約が締結されている場合においても、2当事者間の場合と同様に、そもそも1つの取引が複数の契約によって構成されるとみることができるのか、また、それぞれの契約が相互に依存関係にあるのかといった点は、さまざまな場合が想定される。

　そこで、本章においては、2当事者間の場合と同様に、実務的な観点から、3当事者間以上において、ある特定の契約（以下、「主契約」という）と一定の関係にある他の契約（以下、「他契約」という）の双方を締結した場合において、他契約に関する事項が主契約にいかなる影響を与えるのか、といった点を踏まえて、代表的な各類型を想定し、留意点や対応策を述べていくこととする。

I　売買契約に対する他の契約の影響（主契約が売買契約である場合）

　主契約である売買契約の一般的な書式例については、【書式1】（283頁）を参照されたい。

Ⅰ　売買契約に対する他の契約の影響

1　売買契約と会員権契約
　　（主契約が売買契約、他契約が会員権契約である場合）

(1)　総　論

　2当事者間の場合と同様に、3当事者間において、売買契約と会員権契約という2つの契約を締結する類型として、リゾートマンション等の区分所有権または共有持分権の購入のための売買契約を締結するとともに、当該リゾートマンションまたはその付属施設等を利用するための会員権契約を締結する類型が想定される（〔図1〕参照）。

　2当事者間の場合と異なるのはリゾートマンション等の売買契約の売主と、リゾートマンションまたはその付属施設等の利用のための会員権契約におけるサービス等の提供者が異なるところである。たとえば、高齢者のためのマンション等の売買契約と、高齢者のための介護サービスの提供にかかる契約が締結される場合などには、売買契約の売主と介護サービスを提供する契約当事者とは異なる場合が多いと判断される。なお、会員権契約は複数となることも考えられる。

〔図1〕　売買契約と会員権契約

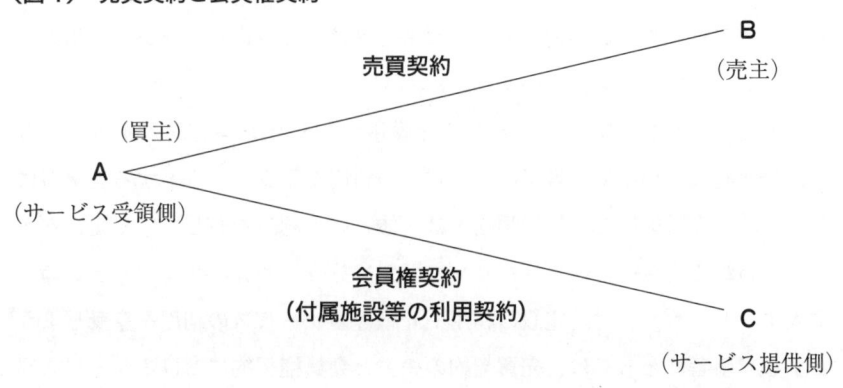

```
                        売買契約              B
                                            （売主）
         （買主）
           A
（サービス受領側）
                    　会員権契約
                （付属施設等の利用契約）     C
                                          （サービス提供側）
```

　このような類型の裁判例として、〔裁判例13〕東京高判平成10・7・29が

243

ある（詳細は、第1章II4(2)参照）。〔裁判例⓭〕の事案は、売主からマンションを購入した者が、同時に、売主とは別の当事者との間で同マンション内の食事・保健衛生・介護等のサービスを目的とするライフケア契約を締結し、さらに別の当事者との間で介護が必要な場合に同当事者が経営するホテルを優先的に使用できるとするケアホテル会員契約を締結した場合において、マンション購入者が、ライフケア契約およびケアホテル会員契約の債務不履行を理由として、マンション売買契約を解除して支払い済みの売買代金の返還を求めたという事案である。複数契約に関する論点としては、ライフケア契約およびケアホテル会員契約の債務不履行（解除事由の発生）が、主たる契約である売買契約に対していかなる影響を与えるかが問題となった事案であるといえよう。

(2) 契約に関する当事者の認識

　ケアサービス契約やケアホテル会員契約といった会員権契約を、マンションの購入という売買契約とは別個の契約であるとした場合には、これらの契約は介護等のサービスというマンション自体とは別個の経済的価値を有する役務の提供を受ける契約であると評価されることになる。しかし、マンションの購入と同時に、ケアサービス契約およびケアホテル会員契約といった会員権契約を締結しようとする当事者の認識としてみれば、ケアサービス契約およびケアホテル会員契約上のサービスを受けることは、マンション購入の前提となっていると考えていよう。

　このため、リゾートマンションや介護用マンション等を購入するとともに、付随施設の利用や介護等のサービスの利用を享受しようとする当事者においては、売買契約と会員権契約とは一体という認識を有している場合も多いと思われる。さらにいえば、リゾートマンションや介護用マンション等を購入するとともに、付随施設の利用や介護等のサービスの利用を享受しようとする当事者にとっては、売買契約の売主と会員権契約におけるサービス提供者とが、異なる法人格となっているか否かについてすら、明確な認識を有していない場合も考えられよう。

したがって、契約当事者としては、マンションの購入と介護等のサービスの利用に関する事項に関して、いかなる内容の合意を行っているのか、そしてその合意内容が契約書等で明確化されているのかという点に留意すべきであるといえよう。もっとも、2当事者の間で複数の契約が締結されている場合と異なり、3当事者以上の間の複数の契約関係については、それぞれの契約における当事者が異なることから、それぞれの当事者の立場等を踏まえて、それぞれの契約の解釈がなされるものであることに留意すべきである。

(3) 会員権契約（他契約）が無効である場合

それでは、ある当事者と相手方との間の会員権契約（他契約）が無効である場合に、別の相手方との間の売買契約にいかなる影響を及ぼすのだろうか。この点、〔裁判例⓭〕は、ケアホテル会員契約に債務不履行が生じた場合に、その債務不履行に基づきケアホテル会員契約とあわせて売買契約を解除することができるかが問題となった事案であったが、その判決文の中で、この裁判例における事実関係を前提とすれば、ケアホテル会員契約の無効原因がある場合であっても、直ちにこれとあわせてマンション売買契約の無効を主張することはできない、との判断も示している。もっとも、〔裁判例⓭〕は特殊な事案であり、一般化できるものとはいいがたい。

そのため、実務上は、無用な紛争を未然に防止するため、会員権契約（他契約）が無効であることが売買契約にいかなる影響を生じさせるのかについて、売買契約書上で明確に規定しておくことが望ましい。

(ア) 主契約に影響を及ぼさせる条項例

考えられる条項としては、会員権契約（他契約）が無効である場合には、売買契約も無効となる旨を定める条項である。

たとえば、

> 第○条
> 　売主および買主は、本売買契約は、買主と■■■との間の平成●年●月●日付けライフケア契約と一体となるものであり、理由のいかんを問

> わず、同ライフケア契約が無効である場合には、本売買契約も効力を有さないものとすることを確認する。

といった条項を設けておくことが考えられる。

(イ) 主契約に影響を及ぼさせない条項例

もう1つの方向性として考えられる条項としては、会員権契約が何らかの事由により無効とされる場合であっても、売買契約に何らの影響も生じさせないことを明示する条項を設けることが考えられる。

たとえば、

> 第○条
>   売主および買主は、本売買契約は、買主と■間の平成●年●月●日付けライフケア契約とは別個の契約であり、同ライフケア契約の有効・無効は本売買契約に何らの影響も及ぼさないものであることを確認する。

といった条項を規定しておくことが考えられる。もっとも、〔裁判例13〕は特殊な事案であり、一般的には、ある相手方との間の会員権契約が無効である場合に、別の相手方との売買契約が効力を有さないものと解釈されることは稀であろう。このため、上記条項は、確認的な意味（当事者、特にリゾートマンション等を購入する当事者において、両契約が無関係であることを確認してもらう意味）をもたせるところに主たる意味があるものと思われる。

(4) 会員権契約（他契約）に解除事由が発生した場合

(ア) 概　要

会員権契約（他契約）に解除事由が発生した場合において、売買契約（主契約）にいかなる影響を生じさせるのかという点について、〔裁判例13〕は事例判例として、売買契約と関連するライフケア契約とケアホテル会員契約という2つの契約のそれぞれについて、

① ライフケア契約の債務不履行（解除事由）を理由として、売買契約を解除することができる

② 他方で、ケアホテル会員契約の債務不履行（解除事由）を理由として
　　は、売買契約を解除することができない
という判断を示している。

　〔裁判例13〕の事案では、売買契約書の冒頭において、マンションはライフケアを目的として分譲されるものであり、ライフケア契約とマンションの売買契約を一体化した契約書とする旨が記載されているうえに、この売買契約書の条項の中には、たとえば、マンションの引渡日までに（売主とは別業者のライフケアサービス業者との間で）ライフケア契約の締結等をしなければならない（20条）、売買契約の解除事由が生じたときはライフケア契約の締結も当然に消滅する（23条）等の条項が存在していた。他方で、ケアホテル会員契約については、（ライフケア契約とは異なり）マンションの売買契約の中でその締結が条件とされてはいないばかりか、マンション売買契約書上にケアホテル会員契約に触れた条項はなく、マンション購入の勧誘にあたり、その締結が勧められていたにすぎなかった（詳細は、第1章Ⅱ4(2)参照）。

　このような事情を踏まえて、〔裁判例13〕は、

　⑦　マンション売買契約とライフケア契約とは、相互に密接な関連を有し、前者の解除が契約条項上当然に後者の契約の消滅事由とされている（23条）にとどまらず、後者について債務の本旨に従った履行がないと認められる場合には、マンション売買契約を締結した目的が達成できなくなるものというべきであり、ライフケア契約について債務不履行を原因とする解除事由がある場合には、マンション購入者としては、ライフケア契約の債務不履行を理由としてライフケア契約とあわせてマンション売買契約についても法定解除権を行使しうる。

　⑦　ケアホテル会員契約を締結してそのサービスを受けることは、マンションにおいてケアサービスを受けつつ居住することとは別個の利益を付与するものであって、マンション売買契約とケアホテル会員契約はかなり性格が異なり、社会通念上ケアホテル会員契約についての無効原因や債務不履行があった場合にはマンション購入の目的までが全体として達

成されないという関係にあったとまではいえない。そのため、仮に、ケアホテル会員契約について無効または債務不履行に基づく解除原因がある場合でも直ちにこれとあわせてマンション売買契約の無効を主張しまたは法定解除権を行使することはできない。

と判示して、上記①②のような結論を導いたものである。なお、〔裁判例⓭〕の事案は、売買契約の解除が当然にライフケア契約の消滅事由となる旨の条項は存在したものの、ライフケア契約の債務不履行を理由として売買契約を解除しうる旨の条項、およびケアホテル会員契約の債務不履行を理由として売買契約を解除しうる旨の条項については、ともに存在していなかった。

　上記判旨から明らかなとおり、〔裁判例⓭〕は、「売買契約と会員権契約」（第2部第2章Ⅰ1参照）で引用した〔裁判例❼-3〕最三小判平成8・11・12（詳細は、第2部第1章Ⅰ4(2)参照）における判断枠組みに則って結論を下している。すなわち、〔裁判例❼-3〕は、ある契約上の債務不履行が他の契約の解除事由となるための要件として、

　ⅰ　同一当事者間の契約であること
　ⅱ　契約の目的が密接に関連づけられていること
　ⅲ　契約の目的達成に社会通念上の相互補完性が認められること

を要求しているところ（中野妙子「判批」ジュリ1182号103頁参照）、〔裁判例⓭〕の判旨をみるに、上記ⅱおよびⅲの要件該当性の判断を行っているからである。

　ところで、〔裁判例❼-3〕が示した枠組み（第2部第2章Ⅰ1参照）が適用される場合には、ある契約上の債務不履行が他の契約の解除事由となりうるが、〔裁判例⓭〕では、3つの契約の各相手方がそれぞれ異なっており、〔裁判例❼-3〕が示した要件のうち、上記ⅰを具備していない。このような場合の一般論として、（仮にⅱおよびⅲの要件を具備したとしても）当該枠組みが常に適用されて解除が認められると考えることは疑問がある。

　むしろ、〔裁判例⓭〕の事案では、その名称から推測するに、3者に社会的・経済的同一性が認められ、3者の実質的な同一性を認定することができ

るという特殊性があったため、形式的には①の要件を満たさない場合でも、実質的には①の要件を満たしていることから、〔裁判例⓭〕は、ライフケア契約の債務不履行を理由として売買契約を解除することが許されると判示したものと理解されている（中野妙子「判批」ジュリ1182号103頁参照）。

この点、〔裁判例❼-3〕の事例は同一当事者間で複数の契約が締結されていた事例であったことから、複数の契約の当事者が一致しない場合にどのように考えるべきかは残された問題とされていたため（〔裁判例❼-3〕の調査官解説964頁〜965頁）、〔裁判例⓭〕は、〔裁判例❼-3〕後に残された問題について判断した1つの事例といえよう。

〔裁判例⓭〕を踏まえると、会員権契約（他契約）に解除事由が発生した場合において、売買契約（主契約）にいかなる影響を生じさせるのかという点について何ら定めがない場合であっても、〔裁判例❼-3〕が示した枠組みに則って売買契約を解除できると判断される場合もありうるだろう（そして、たとえば、当事者の一部分が一体であるとみなされているような場合には、それらの当事者と相手方の契約は「同一当事者間の契約」であるとして、当該枠組みが適用される可能性が増すことになるだろう）。

しかし、〔裁判例⓭〕の事案の特殊性を踏まえると、常にそのように判断されるとは解しにくい。いかなる事案においてそのように判断されるのかをあらかじめ明確に判断することは当事者にとって非常に難解であるため、契約実務上は、売買契約（主契約）にいかなる影響を生じさせるのかという点について、当事者間で明確に合意しておくことが望ましいことはいうまでもない。

(イ)　主契約に影響を及ぼさせる条項例

考えられる条項としては、会員権契約が解除された場合には、リゾートマンション等の売買契約も当然に解除されるという条項である。

たとえば、

249

> 第○条
>
> 　売主および買主は、本売買契約は、買主と■■■との間の平成●年●月●日付けライフケア契約と一体となるものであり、理由のいかんを問わず、同ライフケア契約が解除された場合には、本売買契約も解除されるものであることを確認する。

といった条項を設けることが考えられる。

　(ウ)　**主契約に影響を及ぼさせない条項例**

　もう１つの方向性として考えられる条項としては、会員権契約が解除された場合であっても、売買契約には影響が及ばない旨を定める条項である。

　たとえば、

> 第○条
>
> 　売主および買主は、本売買契約は、買主と■■■との間の平成●年●月●日付けライフケア契約とは別個の契約であり、理由のいかんを問わず、同ライフケア契約が効力を失ったとしても、本売買契約には何らの影響も及ぼさないものであることを確認する。

といった条項を設けておくことが考えられよう。

　なお、これらについては、「売買契約と会員権契約」（第２部第２章Ⅰ１参照）の解説も参照されたい。

　(エ)　**民法（債権関係）改正の影響**

　「民法（債権関係）の改正に関する中間試案」において、（同一当事者間の複数契約については、〔裁判例❼-３〕の「定式を踏襲した明文規定を設ける」とされている一方で）本章のような３者間以上の複数契約の類型で問題となる、一定の当事者間の契約における事由に基づき、当該当事者間以外の契約を含めた複数契約全体が解除できるかという点については、「いまだ学説の議論が成熟して」いないことなどから同中間試案では取り上げられていない。引き続き当該判例の枠組みを手がかりとした解釈に委ねることとされ、具体的

な規定案すら示されていない。

(5) その他の事由により会員権契約（他契約）が効力を失った場合

公序良俗等により無効である場合や債務不履行その他の解除事由が発生したことによって効力を失う場合のほか、期間満了などにより会員権契約（他契約）が効力を失う場合が存在する。

上記のような場合には、仮に条項を設けるとすれば、他契約が効力を失ったことが主契約に影響を及ぼさないことについて明らかにしておくことも考えられる（ただし、実務上あまり多くはないであろう）。

たとえば、

第○条
　　第△条に定める場合を除き、売主および買主は、本売買契約は、買主と■■■との間の平成●年●月●日付けライフケア契約とは別個の契約であり、理由のいかんを問わず、同ライフケア契約が効力を失ったとしても、本売買契約には何らの影響も及ぼさないものであることを確認する。

といった条項を設けておくことが考えられる。

(6) 会員権契約（他契約）に債務不履行等が発生した場合の影響（前記(4)を除く）

会員権契約（他契約）に債務不履行が発生した場合に、売買契約を解除することができるかまたは効力を失わせるか（前記(4)参照）とは別に、売買契約において何らかの影響が生じるのか。

会員権契約（他契約）に債務不履行が発生した場合に売買契約（主契約）に何らかの影響を生じさせる必要性が高い場面は、実務上それほど多いとはいえない。しかし、売買契約（主契約）に対する影響をあらかじめ明確にしておくため、何らかの条項を規定しておくことも考えられる。

実務的には、

① 売買契約に定める債務の履行と、会員権契約（利用契約）に定める債

務の履行とを、同時履行の関係に立たせる

② 会員権契約（利用契約）に定める債務の履行を、売買契約に定める債務の履行に係る条件とする

といった条項が考えられる。

(ア) 主契約・他契約の債務を同時履行の関係に立たせる条項例

たとえば、会員権契約に定める債務のうち、入会金や保証金の支払いなどの債務と、売買契約に定める目的物の引渡しなどの債務とを同時履行の関係とする条項を検討することが考えられる。リゾートマンション等の売買契約の売主と、会員権契約における施設利用等のサービス提供者との間に資本関係等の何らかの関係がある場合には、このような条項の検討の意味がある。

具体的には、

> 第○条
>   売主は、第△条に定める売買代金の支払いがなされること、および、買主と■■■との間の平成●年●月●日付けライフケア契約第□条に定める入会金を買主が■■■に対して支払うのと引き換えに、マンションを引き渡すとともに、マンションについて所有権移転登記手続を行うために必要ないっさいの書類を買主に交付する。なお、所有権移転登記手続に要する登録免許税その他必要な費用は、すべて買主の負担とする。

といった条項が考えられよう。

(イ) 他契約の債務の履行を前提条件に主契約の債務を履行させる条項例

一方、買主側は、会員権契約に基づくサービスの提供を受けることが可能な状態になっていない限り、売買契約に基づく売買代金の支払いをしたくないと考えることもありうる。

このため、たとえば、

> 第○条
>   買主は、売主に対し、第△条に定める売買代金の残金を、平成●年●

> 月●日または買主と■■■との間の平成●年●月●日付けライフケア契約に基づくサービスの提供が開始された日から1週間後の日のいずれか遅い日までに、売主の指定する銀行口座あてに振り込む方法により支払う。

といった条項を設けておくことが考えられる。

2　売買契約と賃貸借契約
　　（主契約が売買契約、他契約が賃貸借契約である場合）

(1)　総　論

　3者の当事者間において、売買契約の締結と同時に、売買契約の対象物について賃貸借契約を締結するという場面の代表的な事例としては、ある者が不動産を購入すると同時に、第三者に賃貸するという類型が考えられよう（〔図2〕参照）。

　このような場合において、2つの契約はどのような関係にあるのか。同一の2当事者間において売買契約と賃貸借契約が締結される場合の代表的な類型である（広義の）リースバックとは異なり、上記のような場合、売買契約と賃貸借契約はそれぞれ異なる相手方との間において締結されている以上、一方の契約（他契約）に生じた事由がもう一方の契約（主契約）に対して影響を及ぼすことはないものと考えるのが、基本的な考え方であろう。

　もっとも、AB間の売買契約、BC間の賃貸借契約が一連の流れとして締結されているような類型においては、別の考慮を要する。すなわち、たとえば、リース会社がサプライヤーからリース物件を購入して、当該リース物件をユーザーに対してリースするという、売買契約および賃貸借契約が一連の流れとして締結されている類型の場合には、リース契約に生じた事由が売買契約に対して何らかの影響を及ぼすのではないかという点が裁判例において争われている。

〔図2〕 売買契約と賃貸借契約

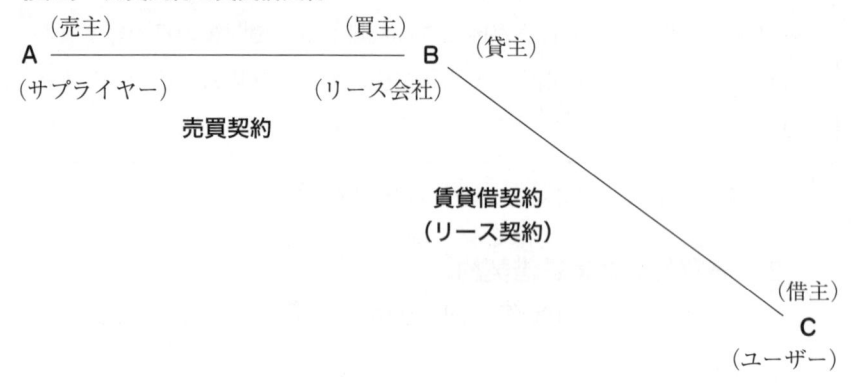

```
    (売主)              (買主)       (貸主)
  A ─────────────────── B
  (サプライヤー)        (リース会社)
           売買契約

                      賃貸借契約
                     (リース契約)

                                        (借主)
                                      C
                                   (ユーザー)
```

　このような類型の裁判例として、〔裁判例⓬〕東京地判平成4・8・31がある（詳細は、第1章Ⅱ4(1)参照）。〔裁判例⓬〕の事案は、「ユーザーがリース契約を締結しない場合には、リース会社は無条件でサプライヤーとの間のリース物件購入にかかる売買契約を解除することができる」旨の特約がある場合において、ユーザーとの間のリース契約が無権代理人との間で締結されていたためリース契約が有効に成立しなかったことから、リース会社が、同特約に基づいて売買契約を解除し、サプライヤーに対して支払済みの売買代金の返還を求めたという事案であり、（〔裁判例⓬〕においては、「リース契約が不成立の場合には売買契約を解除することができる」旨の特約があったものの）リース契約が無効（不成立）の場合に売買契約にいかなる影響が及ぶかが問題となった事案といえよう。

　(2)　契約に関する当事者の認識

　前記(1)のような類型において、リース会社がユーザーとの間で締結するリース契約は、実質的にはユーザーに対する金融にすぎない。すなわち、形式的には、リース会社がサプライヤーから物件を買い受け、これをユーザーに対してリースする形をとっているが、経済的（実質的）には、ユーザーがサプライヤーから物件を買い受けるための資金をリース会社がユーザーに融資しているのと等しいものである。

254

そうだとすると、リース会社にとっては、サプライヤーから物件を購入したうえで、ユーザーに対して物件をリースすることによって、初めてその目的が達成できるものであり、リース契約が有効に成立かつ存続しなければリース物件を購入しても目的が達成できないし、リース物件の売買契約だけが成立かつ存続していても全く意味がないといえよう。〔裁判例**12**〕も、「(リース物件の) 売買契約は、リース会社と特定のユーザーとのリース契約に基づき、特定のリース物件の引渡義務を履行するためにのみ締結されるのであって、リース契約と無関係になされることを予定しているものではない」と述べて、両契約の関係性について言及している。

　このように考えていくと、契約当事者の認識としては、リース物件の売買契約はリース契約の有効な成立および存続が前提となっている関係にあるといえ、リース契約が無効（不成立）または消滅した場合には、このような両契約の密接な関係性に鑑み、当然にリース物件の売買契約に影響を与えることを認識しているはずと考えることもできる。

　他方で、形式的には、リース物件の売買契約とリース契約とは別個の契約であり、しかも、それぞれ契約相手が異なる契約である。〔裁判例**12**〕も、「リース契約においては、リース会社とサプライヤーとの間におけるリース物件の売買契約と、リース会社とユーザーとの間の右物件にかかるリース契約とが法律上は独立して併存しているものといってよい」と述べて、形式的には別個であることに言及している。そのような観点を重視すれば、契約当事者の認識においてもリース契約が無効（不成立）または消滅した場合でも、リース物件の売買契約には影響がないと認識しているはずと考えることもできる。

　このような状況を踏まえれば、リース契約が無効（不成立）または消滅した場合に、リース物件の売買契約にいかなる影響を与えるかについては、一概に明確とはいえない。実務上は、リース契約が無効（不成立）または消滅した場合に、リース物件の売買契約にいかなる影響を及ぼすのかまたは及ぼさないのか、について規定しておく必要性は高い。

(3) リース契約（他契約）が無効等である場合

〔裁判例⓬〕の事案においては、リース契約（他契約）が無効等（不成立を含む）の場合に、無条件で解除することができる旨の特約が売買契約の中にあったため、同特約に基づきリース物件の売買契約を解除することが認められているにすぎない。そのため、〔裁判例⓬〕は、リース契約（他契約）が無効等の場合に、リース物件の売買契約にいかなる影響を及ぼすのかまたは及ぼさないのかについて、明示的に判断を行っているものではない。

このため、実務上は、その影響について、契約上明確に規定しておくことが重要である。

(ｱ) 主契約に影響を及ぼさせる条項例

そこで、１つめの考え方であるが、売買契約においてリース契約（他契約）が無効等である場合には、売買契約も無効とする旨を規定する考え方である。もちろん、〔裁判例⓬〕の事案のように解除することができる旨を規定したり、当然に終了する（解除される）旨を規定したりすることも考えられる。

たとえば、

第○条

　　売主および買主は、本売買契約は、買主と■■■との間の平成●年●月●日付けリース契約と一体となるものであり、理由のいかんを問わず、同リース契約が無効または不成立である場合には、<u>本売買契約も効力を有さないものとすることを確認する</u>。

　　※　下線部は、「本売買契約を無条件に解除することができる」または「本売買契約は当然に解除される」などとすることも考えられる。

といった条項を設けておくことが考えられる。

さらに、売買契約締結後いつまで経ってもリース契約（他契約）が締結されない場合に備えて、たとえば、

> 第○条
>
> 　売主および買主は、本売買契約は、平成●年●月●日までに買主と■■■との間において本売買目的物を対象とするリース契約が有効に成立することが前提となっており、理由のいかんを問わず、平成●年●月●日までに同リース契約が有効に成立しない場合には、<u>本売買契約も効力を有さないものとすることを確認する</u>。
>
> 　※　下線部は、「本売買契約を無条件に解除することができる」または「本売買契約は当然に解除される」などとすることも考えられる。

として、いつまでにリース契約（他契約）が有効に成立しなければならないかを明確にしておくことも考えられる。

(イ)　主契約に影響を及ぼさせない条項例

他方で考えられるのは、売買契約においてリース契約（他契約）が無効等である場合であっても、売買契約には何らの影響を生じさせない旨を規定しておく考え方である。前述の〔裁判例⓬〕も述べるように、形式的には両契約が別個の契約であることを踏まえ、そのような条項を設けることも十分考えられよう。

たとえば、

> 第○条
>
> 　売主および買主は、本売買契約は、買主と■間における平成●年●月●日付けリース契約とは別個の契約であり、同リース契約の有効・無効は本売買契約に何らの影響も及ぼさないものであることを確認する。

といった条項を設けておくことが考えられる。

(4)　リース契約（他契約）に解除事由が発生した場合

リース契約（他契約）に解除事由が発生した場合に、売買契約にいかなる影響を及ぼすのか。このような類型の裁判例として、東京地判平成3・8・6判時1410号86頁があるが、この裁判例は、ユーザーのリース会社に対する

257

リース契約上のリース料不払いを理由として、リース会社とサプライヤーとの間の売買契約の解除を認めているが、当該売買契約の解除は、同売買契約中に「リース料の支払い等のリース契約条件の履行をしないときは、リース会社が無条件で売買契約を解除することができる」旨の解除特約が存在したため、当該解除特約に基づきなされたものにすぎない。

仮に解除特約等が規定されていない場合には、前記1(4)のように、〔裁判例❼-3〕最三小判平成8・11・12の枠組みが3当事者の間の契約である本類型に適用されるのかが検討されることになると思われるが、(サプライヤー、リース会社、さらにユーザーに至る商流となる)典型的なリースにおいて、ユーザーとサプライヤーが実質的に一体であると解釈される可能性は低いと思われることから、適用は困難であると考えられる。

このため、実務上は、その影響について、契約上明確に規定しておくことが重要である。

(ア) **主契約に影響を及ぼさせる条項例**

1つめの考え方としては、前掲東京地判平成3・8・6の事案にならって、リース契約が解除された場合には売買契約も当然に解除されるという条項を設けておくことが考えられる。

たとえば、

第○条

売主および買主は、本売買契約は買主と■■■との間の平成●年●月●日付けリース契約と一体となるものであり、理由のいかんを問わず、同リース契約が解除された場合には、本売買契約も解除されるものであることを確認する。

といった条項を設けることが考えられる。

(イ) **主契約に影響を及ぼさせない条項例**

他方、リース契約(他契約)が解除された場合であっても、売買契約それ自体の効力を失わせることが適当でない場合には、たとえば、

Ⅰ　売買契約に対する他の契約の影響

> 第○条
> 　売主および買主は、本売買契約は、買主と■■■との間の平成●年●月●日付けリース契約とは別個の契約であり、理由のいかんを問わず、同リース契約が効力を失ったとしても、本売買契約には何らの影響も及ぼさないものであることを確認する。

といった条項を設けることが考えられる。

　(5)　その他の事由によりリース契約（他契約）が効力を失った場合
　公序良俗等により無効である場合や債務不履行その他の解除事由が発生したことによって効力を失う場合のほか、期間満了などによりリース契約（他契約）が効力を失う場合が存在する。
　このような場合について、実務上は、あらかじめリース契約（他契約）が効力を失ったことが売買契約（主契約）にいかなる影響を及ぼすのか（及ぼさないのか）について明らかにしておく必要性はそれほど高くはないものと思われる。
　たとえば、リース契約（他契約）が合意解除等により期間満了を待たずして極めて早期に終了した場合には売買契約（主契約）の効力を失わせることも考えられないわけではないが、リース契約（他契約）が期間満了により終了した場合にまで売買契約（主契約）の効力を失わせることは一般的には想定しにくいと思われる。このため、たとえば、確認的に、

> 第○条
> 　第△条に定める場合を除き、売主および買主は、本売買契約は、買主と■■■との間に別途締結される●●のリース契約とは別個の契約であり、理由のいかんを問わず、同リース契約が効力を失ったとしても、本売買契約には何らの影響も及ぼさないものであることを確認する。

といった条項を設けておくことが考えられよう。

(6) リース契約（他契約）に債務不履行等が発生した場合の影響（前記(4)を除く）

　想定される類型において、リース契約（他契約）に債務不履行が発生した場合に、売買契約を解除することができるかまたは効力を失わせるかとは別に、売買契約において何らかの影響を生じさせることがあるか。

　想定される類型において、リース契約（他契約）に債務不履行が発生した場合に売買契約（主契約）に何らかの影響を生じさせる必要性が高い場面は、実務上それほど多いとはいえない。

　もっとも、リース会社としては、リース契約（他契約）上のリース料をユーザーが支払わない場合には、当該不払いを理由に、サプライヤーとの間の売買契約（主契約）に基づく売買代金の支払いを拒めるようにしておくことができれば望ましい。

　その場合には、たとえば、

第○条

　買主は、理由のいかんを問わず買主と■■■との間の平成●年●月●日付リース契約上のリース料の不払い等、■■■によるリース契約上の債務不履行があったときは、売主に対し、売買代金の支払い等本売買契約上の債務の履行を拒むことができる。

といった条項を設けることができれば望ましいであろう。

II 消費貸借契約に対する他の契約の影響
　　（主契約が消費貸借契約である場合）

　主契約である消費貸借契約の一般的な書式例については、【書式4】（298頁）を参照されたい。

1　消費貸借契約と変額保険契約
　　（主契約が消費貸借契約、他契約が変額保険契約である場合）

(1)　総　論
　3当事者が、消費貸借契約と変額保険契約という2つの契約を締結する場面としては、保険加入者が、金融機関等との間で金銭消費貸借契約を締結して資金を借り入れたうえで、保険会社との間で変額保険契約を締結して保険に加入するという類型が考えられよう（〔図3〕参照）。

〔図3〕　金銭消費貸借契約と変額保険契約

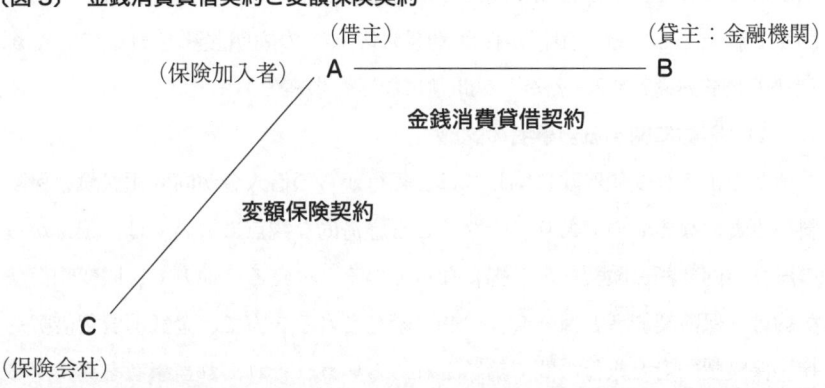

```
　　　　　　　　　　　（借主）　　　　　　　　　　（貸主：金融機関）
　　　（保険加入者）　A ─────────────── B
　　　　　　　　　　　　　　金銭消費貸借契約

　　　　　　　　　　変額保険契約

　　　　　　　　C
（保険会社）
```

　このような類型の裁判例のうち、まず、①契約の有効性に関する裁判例として、〔裁判例❶-1〕東京地判平成9・6・9および〔裁判例❶-2〕横浜

261

地判平成16・6・25がある（詳細は、第1章Ⅱ3(4)参照）。これらの裁判例は、変額保険（第1章Ⅱ3(4)のとおり、保険会社が、保険契約者から払い込まれる保険料の一部を「特別勘定」として管理し、主に株式や債券などの有価証券の取引に投資し、その運用実績に応じて保険金や解約返戻金が変動する仕組みの生命保険契約）と、当該保険料に充てられる借入金についての銀行と同変額保険契約者の間の融資契約（金銭消費貸借契約）が一体となった、いわゆる融資一体型変額保険などに関して、保険契約者が、保険会社や銀行から受けた説明により保険加入するなどしたところ、同契約者の保証人が、各契約の締結における錯誤があるとして、同変額保険契約および金銭消費貸借契約等は無効であると主張したもので、複数契約に関する論点としては、とりわけ（保険契約のみならず）金銭消費貸借契約も無効となるかが問題となった事案である。

　また、②上記のような融資一体型変額保険における行為義務に関する裁判例としては、〔裁判例16〕東京地判平成17・10・31がある（詳細は、第1章Ⅳ1参照）。この裁判例は、上記のような保険契約者（の相続人）が、保険会社や銀行には、同変額保険を勧誘するにあたって説明義務を尽くさなかった違法があるとして、不法行為に基づく損害賠償を請求したもので、複数契約に関する論点としては、銀行が保険勧誘に際しての説明義務を負っていたか（さらに同義務違反があったか）が問題になった事案である。

(2) 契約に関する当事者の認識

　前記のような変額保険に関しては、銀行からの借入金が同変額保険の保険料の原資になるものであり、少なくとも経済的な観点においては、銀行からの融資が同変額保険契約の前提になっているといえる。他方で、同変額保険契約は、保険契約者と保険会社の間で締結される一方で、金銭消費貸借契約は、保険契約者と銀行の間で締結されるという、それぞれ当事者を異にする別個の独立した契約である。

　このような各事情はあるとしても、（複数契約に関する論点としては、特に、保険契約に関する事情が金銭消費貸借契約にいかなる影響を及ぼすのかという点

が問題になるところ）主に、保険契約と金銭消費貸借契約の関連性について各当事者の認識としては、まず、保険契約者側は、前記のように、融資を受けたうえで保険に加入し、その後、保険金等の支払いを受けたうえで借入れの返済を行うことを前提としていることなどから、両契約の関連性について積極的に考える傾向になるであろう。他方、銀行側は、保険の動向に影響されず融資を安定的に回収する観点から、両契約の関連性について消極的に、つまり保険契約に関する事情は金銭消費貸借契約に影響を及ぼさないと考えるのが通常であろう（なお、保険会社側は、保険契約のみならず金銭消費貸借契約が無効となるかという点では両契約の関連性に強い利害はないようにも思えるが、場合によっては保険契約者に対する共同不法行為が問題になりうるという立場にあるため、消極的に考える傾向があるだろう）。このように、両契約がいかなる関連性を有するかについての当事者の認識を、一義的に決することは困難であると考えられる。

第1章II 3(4)のように、学説上は、
① 同変額保険を勧誘することが保険会社と銀行の共同事業の実体を有していたか
② 同変額保険の加入について銀行が主導権をもっていたか
③ 保険会社の担当者の説明が不十分であったときに同席していた銀行の担当者が沈黙していてよいか（消極的説明義務）
④ 取引の仕組み・融資契約の意味について顧客がどれほどの理解能力をもっていたか

といった観点から消費貸借契約の有効性や銀行の損害賠償責任を分析する見解があり（潮見佳男『契約法理の現代化』136頁）、〔裁判例■-1〕も、前記の観点を踏まえ、保険契約者には、各契約を締結するにあたって（相続税額と変額保険の運用実績の現実（運用実態）についての）錯誤があり、この錯誤は金銭消費貸借契約の要素の錯誤に該当するとして、同契約は無効であると判断している。契約当事者の認識に対しても、前記のような諸事情が影響を及ぼすことがあり得よう。

すなわち、すでに述べたとおり、各契約当事者の認識としては、一般的には前記のように、保険加入者側としては両契約間の関連性を積極的にとらえ、他方、銀行側としては、両契約間の関連性を消極的にとらえる傾向があると思えるが、前記のような銀行の行為態様等により（極端な例をあげれば、保険の勧誘に関してほとんど銀行の関与が認められないような場合も一応考えられる）、各当事者における認識は、ケース・バイ・ケースとならざるを得ない。

(3) 保険契約（他契約）が無効である場合

前記のような事案において、保険契約が無効である場合に、金銭消費貸借契約にいかなる影響を生じさせるのかという点について、〔裁判例Ⅱ-1〕は、保険契約および金銭消費貸借契約等のいずれの契約についても錯誤により無効と判断した。もっとも、〔裁判例Ⅱ-1〕においては、保険契約が無効であることから金銭消費貸借契約の無効が導かれたのではなく（論理的な先後関係があるものではない）、保険の勧誘に際しての銀行に関する諸事情から金銭消費貸借契約が無効であるとの判断がなされているという点に留意が必要である。すなわち、保険契約が無効となる場合であっても、（論理的には、保険契約の効力とは別個に）諸事情を勘案して金銭消費貸借契約の効力を判断することとなり、契約当事者の予測可能性が確保されないといわざるを得ない。

(ア) 主契約に影響を及ぼさせる条項例

1つめの考え方としては、金銭消費貸借契約において、保険契約が無効となる場合には、金銭消費貸借契約も無効となる旨を規定しておく考え方である。このような規定を設けておくことで、保険契約が無効となる場合における金銭消費貸借契約の効力の有無を明らかにしておくことが可能になる。

たとえば、

第○条

　貸主および借主は、本金銭消費貸借契約は、借主と●●保険会社間に

>　おいて別途締結済みの平成●年●月●日付けの「●●保険契約」と一体となるものであり、理由のいかんを問わず、同保険契約が無効である場合には、本金銭消費貸借契約も効力を有さないものとすることを確認する。

といった条項を設けておくことが考えられる。

(ｲ)　**主契約に影響を及ぼさせない条項例**

もう１つの方向性として考えられる条項としては、保険契約の有効・無効は、金銭消費貸借契約に何らの影響も生じさせない旨を定めておく条項が考えられる。たとえば、「保険契約の有効・無効は本金銭消費貸借契約に何らの影響も及ぼさないものであることを確認する」といった規定を設けることが考えられる。なお、このような条項は、保険契約の有効・無効自体が金銭消費貸借契約に影響を及ぼさないようにする手当てとして一定の効果は認められよう。しかし、〔裁判例❶-１〕のように、(保険契約が無効であるということからではなく) 保険の勧誘に際しての銀行に関する諸事情から金銭消費貸借契約が無効であるとの判断がなされていることに鑑みれば、(上記のような条項に加えて) 当該諸事情により金銭消費貸借契約が無効となることを回避する条項を設けることも必要になる場合もあろう。

そこで、たとえば、

>　第○条
>　　貸主および借主は、本金銭消費貸借契約は、借主と●●保険会社間において別途締結済みの平成●年●月●日付けの「●●保険契約」とは別個の契約であり、同保険契約の有効・無効や同保険契約の勧誘に至る経緯・事情は、本金銭消費貸借契約に何らの影響も及ぼさないことを確認する。

といった条項を設けておくことが考えられる。

(4)　**保険契約（他契約）に解除事由が発生した場合**

保険契約（他契約）に解除事由が発生した場合に、金銭消費貸借契約にい

かなる影響を及ぼすのだろう。

　前記(4)のように、〔裁判例❼-3〕最三小判平成8・11・12の枠組みの適用が検討されることになると思われるが、前記(2)のとおり、銀行の行為態様等により、銀行と保険会社の一体性の判断が影響を受けると考えられ、当該一体性が認められるかについてはケース・バイ・ケースになるものと思われる。

　このような場合には、(2当事者間の場合に準じて) 他契約の解除が主契約にいかなる影響を及ぼすのか（及ぼさないのか）について明らかにしておくことが必要である。

　(ｱ)　**主契約に影響を及ぼさせる条項例**

　まず、保険契約（他契約）が解除された場合には、金銭消費貸借契約においても当然に解除されるという条項を設けておくことが考えられる。

　たとえば、

第○条
　　貸主および借主は、本金銭消費貸借契約は、借主と●●保険会社間において別途締結済みの平成●年●月●日付けの「●●保険契約」と一体となるものであり、理由のいかんを問わず、同保険契約が解除された場合には、本金銭消費貸借契約も解除されるものであることを確認する。

といった条項を設けることになる。

　(ｲ)　**主契約に影響を及ぼさせない条項例**

　他方、保険契約（他契約）が解除された場合であっても、金銭消費貸借契約それ自体の効力を失わせることが適当でない場合には、

第○条
　　貸主および借主は、本金銭消費貸借契約は、借主と●●保険会社間において別途締結済みの平成●年●月●日付けの「●●保険契約」とは別個の契約であり、理由のいかんを問わず、同保険契約が効力を失ったと

> しても、本金銭消費貸借契約には何らの影響も及ぼさないものであることを確認する。

といった条項を設けることになる。

(5) その他の事由により保険契約（他契約）が効力を失った場合

公序良俗等により無効である場合や債務不履行その他の解除事由が発生したことによって効力を失う場合のほか、合意解除等により保険契約（他契約）が効力を失う場合が存在する。

上記のような場合にも、他契約が効力を失ったことが主契約にいかなる影響を及ぼすのか（及ぼさないのか）について明らかにしておくことが必要であるため、前記(4)と同様の規定を設けておくことが必要になろう。

(6) 保険契約（他契約）に債務不履行等が発生した場合の影響（前記(4)を除く）

保険契約（他契約）に債務不履行が発生した場合に、金銭消費貸借契約の効力を失わせるか否かとは別に、金銭消費貸借契約において何らかの影響を生じさせるのか。

〔裁判例⓰〕は、保険加入者側が、同変額保険の勧誘に関して保険会社および銀行の「不法行為ないし債務不履行責任」を主張したのに対し、債務不履行責任については明確に判断せず、保険会社および銀行の説明義務違反について共同不法行為の成立を認めた。

すなわち、〔裁判例⓰〕では、保険契約（他契約）における「債務不履行責任」について判断されたものではなく、銀行自身の行為態様等に基づき銀行の不法行為責任が認められたものである点に留意が必要である。ちなみに、保険契約に関する事由について責任を遮断するための規定としては、たとえば、

> 第○条
> 　借主は、貸主に対し、借主と●●保険会社間において別途締結済みの平成●年●月●日付けの「●●保険契約」に関する事情をもって、何ら

の請求を行うことはしない。

といった条項を設けることが考えられる。

2 消費貸借契約と売買契約
（主契約が消費貸借契約、他契約が売買契約である場合）

(1) 総 論

3当事者が、消費貸借契約と売買契約という2つの契約を締結する代表的な類型としては、不動産の買主が、金融機関等との間で金銭消費貸借契約を締結して資金を借り入れたうえで、不動産の売主との間で不動産売買契約を締結して不動産を購入するという類型が考えられよう（〔図4〕参照）。

〔図4〕 金銭消費貸借契約と（不動産）売買契約

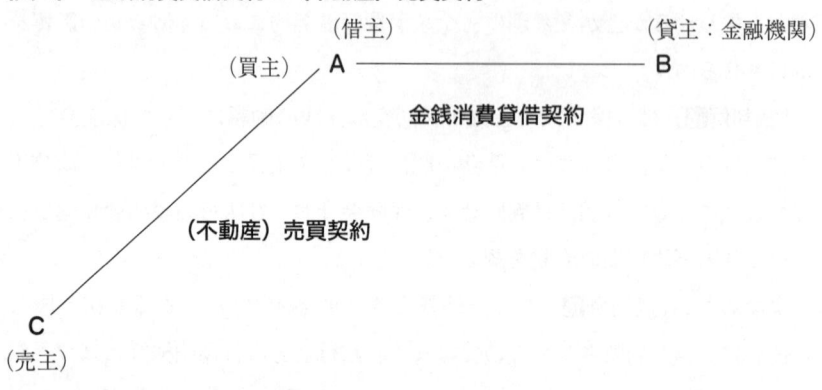

```
            （借主）              （貸主：金融機関）
  （買主）  A ─────────────── B
           │        金銭消費貸借契約
           │
           │
           │ （不動産）売買契約
           │
           │
        C
     （売主）
```

このような類型の裁判例のうち、まず、①契約の有効性に関する裁判例として、〔裁判例9-1〕大阪地判平成2・10・29がある（詳細は、第1章Ⅱ3(2)参照）。この裁判例は、不動産業者から土地を購入するものが、（当該業者と提携関係にある）住宅ローン専門会社から金銭の貸付けを受けて土地を購入したが、同土地は建築確認を受けることができない土地であるなどとし

Ⅱ 消費貸借契約に対する他の契約の影響

て、不動産の売買契約は錯誤により無効であると主張し、さらに金銭消費貸借契約についても錯誤による無効を主張したもので、複数契約に関する論点としては、とりわけ（不動産売買契約のみならず）金銭消費貸借契約も無効となるかが問題となった事案である。なお、本事案において、借入人は、金銭消費貸借契約の無効とあわせて、ローン会社の貸金返還請求は信義則違反や権利濫用などにあたるとも主張して返還義務について争っていた。

一方、②不動産の売買契約に関する銀行の行為義務についての裁判例としては、〔裁判例17-1〕最一小判平成18・6・12がある（詳細は、第1章Ⅳ2参照）。この裁判例は、銀行融資を受けたうえで建物を建築後、建物敷地の一部を売却して当該融資の返済を計画していたものが、当該建築後に当該売却を行おうとしたが、当該計画には建築基準法違反があったために、当該売却を行うことができず、当該建築を請け負った建築会社や銀行には、同法に関する問題があることについて説明義務違反があるとして、不法行為または債務不履行に基づき損害賠償を請求したもので、複数契約に関する論点としては、銀行が上記のような説明義務を負っていたか（さらに同義務違反があったか）が問題になった事案である。

上記の各裁判例のうち、①は不動産の買主と銀行との間の金銭消費貸借契約の有効性が問題になり、②は不動産を開発のうえ売却を行おうとしたものと金銭消費貸借契約を締結した銀行の説明義務が問題になったものであり、その契約類型には差異があるが、不動産の買主ないし開発者が銀行から融資を受けたうえで不動産の取得等を行い当該不動産を活用して返済を行うことは頻繁に行われることであり、かかる類型は実務上多くみられるものといえよう。

(2) 契約に関する当事者の認識

主に、不動産売買契約と金銭消費貸借契約の関連性について各当事者の認識を検討するに、まず、前記のような不動産の取得ないし開発に関しては、多額の資金が必要になる場合が多く、そのため銀行等からの融資が行われることが必須であり、そのような不動産の売買契約等においては銀行等からの

融資が行われることが契約の効力発生条件とされることは少なくない。また、当該融資の返済に際しては、当該不動産を活用して得られる収入が充てられることも少なくない。さらに、〔裁判例9-1〕の事案のように、銀行と不動産売買契約の一方当事者が提携関係等の密接な関係にあるような場合もある。このため、借入人側としては、このような事情を重視し、両契約は当然に密接な関係にあると認識することが多いであろう。

しかし、不動産売買契約と、銀行との間の金銭消費貸借契約は、あくまで、それぞれ当事者を異にする別個の独立した契約である。また、銀行としては、不動産売買契約の動向に影響されず融資を安定的に回収する観点から、両契約の関連性について消極的に、つまり不動産売買契約に関する事情は金銭消費貸借契約に影響を及ぼさないと考えるのが通常であろう。

この点、〔裁判例9-1〕において、(不動産売買契約において錯誤といった事情があるとしても)売買の目的不動産の性状は金銭消費貸借契約の間接的な動機にすぎず(つまり、金銭消費貸借契約の「動機」とはなり得ない)、また(不動産売買契約が無効ならば「買主」は売買代金支払義務を負担していなかったのだから)借入れの必要性に関する錯誤があったといえるが貸付けが実施されたことで契約目的は達成(ないし達成することが)でき当該錯誤は金銭消費貸借契約の要素の錯誤とはならないと判断されたことを踏まえると、不動産売買契約と金銭消費貸借契約の間に強度の関連性を認めることは容易でないようにも思える。

もっとも、たとえば、不動産売買契約の一方当事者(借入人の相手方当事者)が銀行と密接な関係を有するものであるとか、借入人の相手方当事者に対する欺罔行為や不実表示があってそれが銀行の行為と同視できるといった事情がある場合には、両契約の関連性も強くなる傾向にあるといえよう。そのため、本類型のような場合、金銭消費貸借契約において、不動産売買契約に関する事由が金銭消費貸借契約に対していかなる影響を及ぼすのか(また及ぼさないのか)について規定しておく必要性もある程度肯定できよう。

(3) 不動産売買契約（他契約）が無効である場合

　上記のような事案において、不動産売買契約が無効である場合に、金銭消費貸借契約にいかなる影響を生じさせるのかという点について、〔裁判例❾-1〕は、不動産売買契約は錯誤により無効になるとする一方で、金銭消費貸借契約を無効とすることはできないと判断した。もっとも、〔裁判例❾-1〕における前記判断等に対しては、借入金の使途や借り入れる必要性は金銭消費貸借契約の動機にもならない間接的な理由であるといえるかは疑問である等の批判もなされており（第1章Ⅱ3(2)(ウ)参照）、金銭消費貸借契約への影響については契約上明確に規定しておくことが考えられる。

(ア) 主契約に影響を及ぼさせる条項例

　そこで、1つめの考え方としては、金銭消費貸借契約において、不動産売買契約が無効となる場合には、金銭消費貸借契約も無効となる旨を規定しておく考え方である。

　たとえば、

> 第○条
> 　貸主および借主は、本金銭消費貸借契約は、借主と●●間において別途締結済みの平成●年●月●日付けの「●●売買契約」と一体となるものであり、理由のいかんを問わず、同売買契約が無効である場合には、本金銭消費貸借契約も効力を有さないものとすることを確認する。

といった条項を設けておくことが考えられる。

　もっとも、前記のように金銭消費貸借契約が無効である旨を確認する規定を設けたとしても、金銭消費貸借契約に基づく金銭の交付がなされている以上、当該金銭の返還義務が問題となる（具体的には、金融機関側からの不当利得返還請求が考えられる）。そして、〔裁判例❾-1〕において、借入人側は、（金銭消費貸借契約が無効である旨とあわせて）金融機関側の貸金返還請求について信義則違反や権利濫用等を主張したが、当該主張は排斥された。

　このように、単に金銭消費貸借契約を無効としても、なお借入人側の金銭

返還義務が問題になる点には留意が必要である（もっとも、金利の支払いを行わなくてよいという点にメリットがあるとも考えられよう）。

(イ)　主契約に影響を及ぼさせない条項例

もう1つの方向性として考えられる条項としては、不動産売買契約の有効・無効は、金銭消費貸借契約に何らの影響も生じさせない旨を定めておく条項である。たとえば、「不動産売買契約の有効・無効は本金銭消費貸借契約に何らの影響も及ぼさないものであることを確認する」といった規定を設けることが考えられ、確かに、このような条項は、保険契約の有効・無効自体が金銭消費貸借契約に影響を及ぼさないようにする手当てとして一定の効果は認められよう。しかし、〔裁判例❾-1〕においては、(不動産売買契約が無効であるということのみからではなく) 不動産の性状等に関する諸事情から金銭消費貸借契約が無効となるかを検討していることに鑑みれば、(上記のような規定に加えて) 当該諸事情により金銭消費貸借契約が無効となることを回避する規定を設けることが必要になることもあろう。

たとえば、

第○条

　貸主および借主は、本金銭消費貸借契約は、借主と■■■との間において別途締結済みの平成●年●月●日付けの「●●売買契約」とは別個の契約であり、同保険契約の有効・無効や同売買契約の内容・締結に至る経緯・事情等は、本金銭消費貸借契約に何らの影響も及ぼさないことを確認する。

といった条項を設けておくことが考えられる。

(4)　不動産売買契約（他契約）に解除事由が発生した場合

不動産売買契約（他契約）に解除事由が発生した場合に、金銭消費貸借契約にいかなる影響を及ぼすのだろうか。

想定される類型においても、前記1(4)のように、〔裁判例❼-3〕最三小判平成8・11・12の枠組みの適用が検討されることになると思われるが、前記

(2)のとおり、不動産会社の行為態様等や銀行と不動産会社の提携関係等により、銀行と不動産会社の一体性の判断が影響を受けると考えられ、当該一体性が認められるかについてはケース・バイ・ケースになるものと思われる。

このような場合には、(2当事者間の場合に準じて)他契約の解除が主契約にいかなる影響を及ぼすのか(及ぼさないのか)について明らかにしておくことが必要である。

(ア) 主契約に影響を及ぼさせる条項例

まず、不動産売買契約(他契約)が解除された場合には、金銭消費貸借契約においても当然に解除されるという条項を設けておくことが考えられる。

たとえば、

> 第○条
>   貸主および借主は、本金銭消費貸借契約は、借主と■■■との間において別途締結済みの平成●年●月●日付けの「●●売買契約」と一体となるものであり、理由のいかんを問わず、同売買契約が解除された場合には、本金銭消費貸借契約も解除されるものであることを確認する。

といった条項を設けることになる。

もっとも、前記(3)(ア)と同様に、単に金銭消費貸借契約を効力を失わせても、なお借入人側の金銭返還義務の問題は残ることになる。

(イ) 主契約に影響を及ぼさせない条項例

他方、不動産売買契約(他契約)が解除された場合であっても、金銭消費貸借契約それ自体の効力を失わせることが適当でない場合には、

> 第○条
>   貸主および借主は、本金銭消費貸借契約は、借主と■■■との間において別途締結済みの平成●年●月●日付けの「●●売買契約」とは別個の契約であり、理由のいかんを問わず、同売買契約が効力を失ったとしても、本金銭消費貸借契約には何らの影響も及ぼさないものであること

を確認する。

といった条項を設けることになる。

(5) その他の事由により不動産売買契約（他契約）が効力を失った場合

公序良俗違反（民法90条）等により無効である場合や債務不履行その他の解除事由が発生したことによって効力を失う場合のほか、合意解除等により不動産売買契約（他契約）が効力を失う場合が存在する。

上記のような場合にも、他契約が効力を失ったことが主契約にいかなる影響を及ぼすのか（及ぼさないのか）について明らかにしておくことが必要であるため、前記(4)と同様の規定を設けておくことが必要になろう。

(6) 不動産売買契約（他契約）に債務不履行等が発生した場合の影響（前記(4)を除く）

不動産売買契約（他契約）に債務不履行が発生した場合に、金銭消費貸借契約の効力を失わせるか否か（前記(4)参照）とは別に、金銭消費貸借契約において何らかの影響を生じさせるのだろうか。

〔裁判例17-1〕は、不動産売却等の計画実施者が、同売却等の計画を提案・説明した建築会社および銀行に対して「不法行為または債務不履行に基づき」損害賠償を請求したところ、（銀行が、不動産売却を確実に実現させる旨述べたという特段の事情があれば）同不動産に関する問題を上記計画実施者に対して説明すべき信義則上の義務を認める余地があると判断した。

当該判断は不動産売買契約における「債務不履行責任」について判断されたものではなく、銀行自身の行為態様等に基づく信義則上の説明義務を肯定する余地が認められた（そのうえで原審に差戻しがなされた）ものである点に留意が必要である。ちなみに、不動産売買契約等に関する事由について責任を遮断するための規定としては、たとえば、

第○条

借主は、貸主に対し、借主と■間において別途締結済みの平成●年●月●日付けの「●●売買契約」および同売買契約における売買目的不動

> 産に関する事情をもって何らの請求を行うことはしない。

といった条項を設けることが考えられる。

III　請負契約に対する他の契約の影響
　　（主契約が請負契約である場合）

　主契約である請負契約の一般的な書式例については、【書式5】(301頁)を参照されたい。

　3当事者間の複数の契約を前提とした場合において、当事者の認識において他契約が請負契約に影響を与えるものと認識する可能性がある契約類型として、ここでは後記の2つの事例を紹介する。

　この点、主契約が請負契約である3当事者間以上の複数契約において、主契約である請負契約が他契約による影響を受けるか否かが問題となった事例では、請負代金の支払義務の有無が問題となっている。すなわち、後記1および2で述べるとおり、〔X―Y―第三者―……〕という契約関係において、X―Y間の請負契約（主契約）に請負代金の支払いに関する特約が存在する場合にその特約を解釈するうえで、Y―第三者以降の当事者間の契約（他契約）がいかなる影響を与えているか否かが問題となっている。

　通常は、主契約と他契約の各契約当事者が異なるため、他契約が主契約に対して影響を与えることはないと考えるはずである。しかし、〔X―Y―第三者―……〕という一連の契約関係が成立することを前提として、X―Y間の請負契約（主契約）上の特約の解釈において、Y―第三者以降の当事者間の契約（他契約）が影響を与えているということができる事例である（換言すれば、〔X―Y―第三者―……〕という契約関係における、X―Y間の請負契約上の特約の解釈が問題となっているものである）。

1　請負契約と賃貸借契約
　　（主契約が請負契約、他契約が賃貸借契約である場合）

(1)　総　論
　まず、3当事者間以上の複数の当事者間において、請負契約と賃貸借契約

が締結され、両契約の間の関係が問題となる代表的な類型として、リースされることを前提として、リース対象物について製造請負契約が締結される類型が考えられよう（〔図5〕参照。第2章Ⅰ2と異なるのは、リース対象物を売買によって確保するのではなく、請負契約により製造することによって確保する点である）。

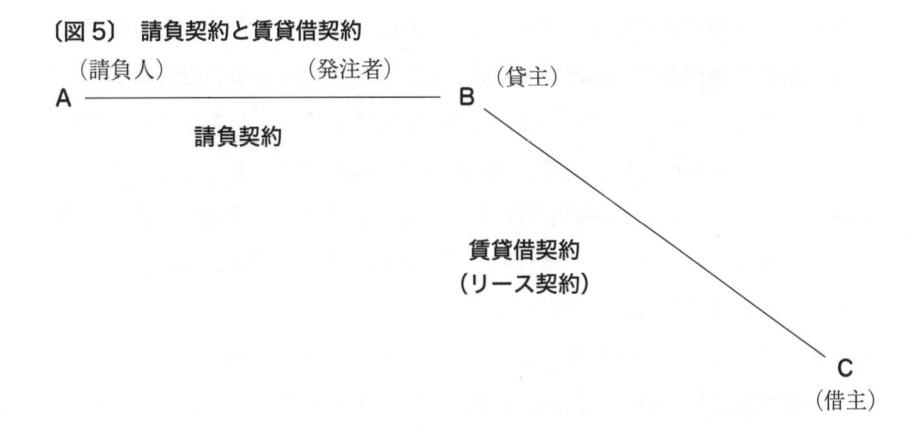

〔図 5〕 請負契約と賃貸借契約

（請負人）　　　（発注者）　　（貸主）
A ─────────────── B
　　　　請負契約

　　　　　　　　賃貸借契約
　　　　　　　　（リース契約）

　　　　　　　　　　　　　　　　　C
　　　　　　　　　　　　　　　　（借主）

請負人（以下、「X」という）の製造した目的物が、注文者（以下、「Y」という）から別会社を介してリース会社に転売され、当該目的物をリース会社がユーザーに対してリースすることが予定されているという状況の下で、XY間の請負契約が締結され、その注文書に「ユーザーがリース会社と契約完了し入金後」請負代金を支払う旨の特約があった場合において、この特約に関し、リース契約の締結・代金支払いを停止条件とする旨を定めるものなのか、リース契約が締結されない場合には請負代金の支払期限が到来するとの不確定期限を定めるものなのかという請負契約上の解釈が問題となった事例がある（〔裁判例⑱〕最三小判平成22・7・20。詳細は、第2部第1章Ⅴ1参照。請負目的物につき、YからBを介してCに転売され、CがAに対してリースすることが予定されているという状況の下、XY間で請負契約が締結されたが、CA間でリース契約が締結されなかったため、上記特約に基づき、YがXに対す

る請負代金の支払いを拒んだという事案である)。

〔裁判例18〕は、前記特約のある請負契約の解釈に関して、リース契約の締結・代金支払いを停止条件とするものとはいえず、リース契約が締結されないことになった時点で請負代金の支払期限が到来するとしており、上記特約が不確定期限であるとの判断を示した。

〔裁判例18〕は、前記特約に関する当事者の意思解釈にあたって、①リース契約は、金融の便宜を付与することを目的とするものであること、②請負人は、請負工事代金の支払確保のため、あえて信用力のある会社を取引に介在させることを求め、その結果として当該会社を注文者として請負契約が締結されたことを指摘したうえで、㋑請負契約を締結するにあたって、当事者の通常の意思として、金融の便宜が得られるかどうかは、代金支払義務を負うかどうかを左右する事実ではないと考えられること、㋺請負人が、契約当事者としてあえて資力のある会社を介在させたことからみると、確実に支払いを受けられるよう配慮していることからすれば、リース契約の締結・代金支払いを停止条件として、代金支払義務が生じるものではなく、リース契約の締結・代金支払いにかかわらず、代金支払義務が生じる意思であったと認定して、前記特約が、リース契約の成否が確定した時点で請負代金の支払期限が到来するという不確定期限を定めたものであるとした(織田博子「判批」民商144巻2号292頁～293頁)。

(2) **実務上の留意点**

〔裁判例18〕で問題となった特約は、一般に注文者の支払能力に不安がある場合に、請負人が自己のリスクを軽減するために、信用力のある会社を形式的な注文者として介在させることを求める場面でみられるものである(〔裁判例18〕では、XがBの資力に不安を覚えたため、信用力のあるYを形式的に注文者として介在させている)。すなわち、介在を求められた会社としては、差額の中間マージンを得ることが目的となるため、あまり過大なリスクを負うことは避けたいという要請が働き、リスク回避を意図して本来の実質的な注文者からの入金後に支払いをする趣旨の条項をおくことを求める場合が多

く、〔裁判例⑱〕の事案でも、そのような事情に基づき、上記特約が設けられたものである（笠井修「判批」速報判例解説9号68頁）。

この点、〔裁判例⑱〕における特約に関する当事者の意思解釈についての認定判断からすれば、複数契約が締結された事案全体の事情を総合考慮して結論を導いており、その意味では、複数の契約が締結された場合において、主契約を解釈する場合に他契約が影響を及ぼすこと自体は認めているものといえよう（もっとも、〔裁判例⑱〕の事案では、他契約に生じた事由が主契約の解釈に影響するとか、他契約のある条項が主契約を解釈に影響を及ぼすとか、そのような形で、主契約を解釈する場合に他契約が影響を及ぼすか否かが明示的に問題とされたものではなかった）。

そのため、実務的には、より明確に他契約（リース契約）による影響を意識した内容の合意をしておくことが望ましいであろう。

たとえば、請負契約において、

> 第〇条
>   発注者は、発注者が当事者（貸主）となるリース契約の成否にかかわらず、請負代金の支払義務を負う。

または、

> 第〇条
>   発注者は、理由のいかんを問わず、発注者が当事者（貸主）となるリース契約が不成立ないし無効である場合には、請負代金の支払義務を負わない。

といった条項を設けておくことが考えられよう。また、より端的に、

> 第〇条
>   発注者は、発注者が当事者（貸主）となるリース契約の締結・代金支払いを停止条件として、請負代金を支払う。

または、

> 第○条
>   発注者は、発注者が当事者（貸主）となるリース契約の成否が確定した時点を請負代金の支払期限として、請負代金を支払う。

といった条項を設けておくことも考えられよう。

2　下請負契約と元請負契約

(1)　総論

　下請負契約と元請負契約とは、法律上は、別個の契約であることは明らかである。

　もっとも、元請負契約に基づく請負代金が支払われない限り、下請負契約に基づく請負代金の支払いはできないのが通常である。このため、下請負契約において、元請負契約の請負代金の支払いがなされて初めて下請負契約の代金の支払いが行われるという条項が合意される場合がある。

　この点につき、順次発注された工事の最終請負人（下請負人。以下、「X」という）とその発注者（元請負人。以下、「Y」という）との間で「入金リンクとする」との記載のある注文書と請書が取り交わされており、Yが自己の請負代金の支払いを受けた後にXに対して請負代金を支払う旨の特約（以下、「入金リンク条項」という）があった場合において、入金リンク条項が、Xに対する請負代金の支払いにつき、Yが自己の請負代金の支払いを受けることを停止条件とする旨を定めたものなのか、Yが自己の請負代金の支払いを受けた時点またはその見込みがなくなった時点で支払期限が到来するとの不確定期限を定めたものなのかという請負契約上の解釈が問題となった事例が存在している（〔裁判例⑲〕最一小判平成22・10・14。詳細は、第2部第1章Ⅴ2参照。〔A→B→C→D→Y→X〕と順次発注され、YがDから請負代金の支払いを受けられなったため、入金リンク条項に基づき、Xに対する請負代金の支払いを拒んだという事案である）。

〔裁判例⓳〕は、入金リンク条項のある請負契約の解釈に関して、入金リンク条項は、請負代金の支払いを受けることを停止条件とする旨を定めたものとはいえず、Yが当該支払いを受けた時点またはその見込みがなくなった時点で支払期限が到来する旨（不確定期限）を定めたものであるとの判断を示した。

そして、〔裁判例⓳〕は、①有償双務契約である請負契約においてXが自らの債務については履行したにもかかわらず、Y側の事情によって報酬の支払いを受けられなくなるというような合意をすることは想定しがたいこと、②特に本件では、請負代金額が高額であり、この請負契約が公共事業に係るものであったから代金支払いも確実に行われることが前提とされていたことから、上記入金リンク条項は停止条件ではなく、不確定期限を定めたものであると判断した（笠井修「判批」民商144巻3号397頁）。

(2) 実務上の留意点

〔裁判例⓳〕で問題となった入金リンク条項は、前記1と同様に、実質的注文者の支払能力に不安がある場合にこれを補うために、請負人からの求めに応じて、信用力のある会社を形式的注文者として介在させるものであり、形式的注文者はマージンと引き換えに実質的注文者の支払能力に関するリスクを引き受けることになるものであるが、請負契約が連鎖する場面などでよくみられる条項である（〔裁判例⓳〕では、XがDの資力に不安を覚えたため、信用力のあるYを形式的に注文者として介在させている）。

この点、前記1と同様、〔裁判例⓳〕の事例においても、複数契約が締結された事案全体の事情を総合考慮して結論を導いており、その意味では、主契約を解釈する場合に他契約が影響を及ぼすこと自体は認められている（もっとも、前記1と同様、いかなる基準により、主契約を解釈する場合に他契約が影響を及ぼすか否かについては、明らかになっていない）。

そのため、実務的には、あらかじめ明確にしておくことが望ましいであろう。

たとえば、下請負契約において、

> 第○条
>   発注者は、平成●年●月●日付けの■と発注者間の工事請負契約に定める請負代金の支払いを発注者が現実に受けることを停止条件として、請負代金を支払う。

または、

> 第○条
>   発注者は、平成●年●月●日付けの■と発注者間の工事請負契約に定める請負代金の支払いを発注者が現実に受けることができるか否かが確定した時点を請負代金の支払期限として、請負代金を支払う。

といった条項を設けておくことが考えられよう。

【書式1】 売買契約書（不動産売買契約書）

不動産売買契約書

●●●●●●（以下，「売主」という）と××××××（以下，「買主」という）とは，次のとおり不動産売買契約を締結する。

第1条（売買の目的物および売買代金）

売主は買主に対し，別紙物件目録記載の土地（以下，「本件土地」という）および別紙物件目録記載の建物（以下，「本件建物」といい，土地および建物を総称して，「本物件」という）を，以下の代金で売り渡し，買主はこれを買い受ける。

売買代金　　金　●●●●●　円（税込）

2　売主および買主は，本物件の売買対象面積を別紙物件目録記載の面積とし，同面積が測量による面積と差異が生じたとしても，売買代金は変更されないことを確認する。

第2条（売買代金の支払時期）

買主は，売主に対し，前条第1項に定める売買代金について，次のとおり支払うものとする。

(1) 買主は，売主に対し，手付金として，本売買契約書締結時に，金●●●●●●　円を売主の指定する銀行口座あてに振り込む方法により支払う。なおこの初回金は，(3)の残代金支払い時に，売買代金の一部に充当するものとし，利息を付さない。

(2) 買主は，売主に対し，中間金として，平成■年■月末日限り，金●●●●●●　円を売主の指定する銀行口座あてに振り込む方法により支払う。なおこの中間金は，(3)の残代金支払い時に，売買代金の一部に充当するものとし，利息を付さない。

(3) 買主は，売主に対し，前条第1項に定める売買代金の残代金として，平成■年■月末日限り，金　●●●●●●●●　円を売主の指定する銀行口座あてに振り込む方法により支払う。

第3条（境界の明示）

●参考書式

　　　売主は買主に対し，残代金支払日までに，本件土地につき現地にて境界標を指示して境界を明示するものとし，境界標が存在しないときは，売主は買主に対し，その責任と負担において新たに境界標を設置して境界を明示するものとする。

第4条（所有権の移転）
　　本物件の所有権は，第2条(3)に定める売買代金の残代金の支払い時に売主から買主に移転する。

第5条（所有権移転登記）
　　売主は買主に対し，第1条第1項に定める売買代金全額の受領と同時に，本物件について所有権移転登記申請手続をする。なお，登記申請に要する費用は，買主の負担とする。

第6条（引渡時期）
　　売主は買主に対し，第2条(3)に定める売買代金の残代金の受領と同時に，本件土地を引き渡す。

第7条（抵当権等の抹消）
　　売主は買主に対し，本物件について，第4条の所有権移転時期までに，その責任と負担において，先取特権，抵当権等の担保権，地上権，賃貸借等の用益権その他名目形式のいかんを問わず，買主の完全な所有権の行使を阻害するいっさいの負担を除去抹消するものとする。

第8条（危険負担）
　　本契約締結後，第6条に定める引渡しの日までに，天災地変または不可抗力によって，本件土地の全部または一部が毀損または滅失した場合には，その損失は売主の負担とする。

第9条（公租公課等の負担）
　　売主，買主は，本物件から生ずる収益または本物件に対して賦課される固定資産税，都市計画税等の公租公課並びにガス，水道，電気料金および各種負担金等の諸負担について，引渡完了日の前日までの分を売主の収益または負担と

し，引渡完了日以降の分を買主の収益または負担として引渡完了日において精算するものとする。

第10条（瑕疵の責任）

売主は買主に対し，引渡完了日から１年間以内に買主から請求を受けたものに限り，本物件の隠れたる瑕疵について，補修または補修に代えて損害を賠償する責任を負うものとする。ただし，本契約締結時に買主がその存在を知っている瑕疵についてはこの限りではない。

2　買主は，本物件の隠れたる瑕疵により，本契約を締結した目的が達せられないとき，引渡完了日から１年間以内に限り，本契約を解除することができる。

第11条（設備）

売主は，買主に対し，別紙設備目録記載の各設備を引き渡すものとする。

第12条（手付解除）

売主および買主は，本契約締結日から１カ月間以内に限り，書面により相手方に通知することにより，本契約を解除することができる。

2　売主が前項により本契約を解除するときは，売主は買主に対し，受領済みの手付金を無利息にて返還し，かつ手付金と同額の金員を支払うものとする。また，買主が前項により本契約を解除するときは，買主は売主に対し，支払い済みの手付金の返還請求を放棄するものとする。

第13条（遅延損害金）

売主および買主は，本契約に基づいて相手方に対して支払うべき金員の支払いを怠った場合には，支払うべき日から支払い済みまで年14.6パーセントの割合による遅延損害金を支払わなければならない。

2　売主が，第６条に定める引渡しの日までに，本物件を買主に引き渡さない場合には，第６条に定める引渡しの日から引渡しが完了する日まで，１日あたり金　●●●●●●　円の遅延損害金を売主は買主に対して支払わなければならない。

第14条（契約違反による解除）

売主または買主のいずれか一方が，本契約に定める義務を履行しない場合に

●参考書式

は，相手方は催告なしに本契約を解除することができる。
2 　前項に基づいて本契約が解除された場合には，義務を履行しなかった売主または買主は，契約解除に伴う違約金として売買代金の10パーセントに相当する金員を相手方に支払わなければならない。ただし，売主が義務を履行しなかった場合には，売主は買主からすでに受領済みの金員を買主に返還のうえで違約金として売買代金の10パーセントに相当する金員を速やかに買主に支払うものとし，買主が義務を履行しなかった場合には，買主はすでに支払済みの金員と違約金との差額を速やかに売主に支払うものとする。
3 　売主または買主は，第1項の解除に伴う損害が違約金を上回る場合であっても，違約金を超える部分については請求することができない。

第15条（印紙）
　売主および買主は，各自が保有する本契約書にその負担において法令所定の印紙を貼付する。

第16条（諸規定の継承）
　売主は買主に対し，本物件に関する環境の維持および管理にかかるすべての諸規定を継承させ，買主はこれを承継する。

第17条（合意管轄裁判所）
　本契約に関連して生ずる売主と買主間のすべての紛争，請求および反対請求については，東京地方裁判所を専属的な第1審の管轄裁判所とする。

第18条（反社会的勢力の排除に関する特約）
　売主，買主は，その相手方に対し，次の各号の事項を確約する。
(1)　自らが，暴力団，暴力団関係企業，総会屋もしくはこれらに準ずる者またはその構成員（以下総称して，「反社会的勢力」という）ではないこと
(2)　自らの役員（業務を執行する社員，取締役，執行役またはこれらに準ずる者をいう）が反社会的勢力ではないこと
(3)　反社会的勢力に自己の名義を利用させ，本契約を締結するものではないこと
(4)　本物件の引渡しおよび売買代金全額の支払いのいずれもが終了するまでの間に，自らまたは第三者を利用して，本契約に関して次の行為をしない

【書式1】 売買契約書（不動産売買契約書）

　　　こと
　　ア　相手方に対する脅迫的な言動または暴力を用いる行為
　　イ　偽計または威力を用いて相手方の業務を妨害し，または信用を毀損する行為
2　売主または買主が，前項に違反した場合には，相手方は，何らの催告を要せずして，本契約を解除することができる。
3　前項の規定により本契約が解除された場合には，解除された当事者は，その相手方に対し，違約金として売買代金の20パーセント相当額を支払う。また解除された当事者は，解除により生じる損害について，相手方に対して何らの請求をすることはできないものとする。

　以上を証するため，売主および買主は本契約書を2通作成し，それぞれ1通ずつ保有・保管するものとする。

平成●年●月●日

　　　　　売　主

　　　　　買　主

（注：別紙は省略）

●参考書式

【書式2】 取引基本契約書（売買取引基本契約書）

売買取引基本契約書

●●●●●●（以下，「甲」という）と，××××××（以下，「乙」という）とは，甲乙間の商品売買の取引に関しその基本的事項について次のとおり契約する。

第1条（適用範囲）

　本契約は，甲乙間のすべての商品売買取引に適用されるものとする。ただし，甲乙間の具体的な個別の商品売買取引（以下，「個別契約」という）において，本契約と異なる定めをした場合には，個別契約の定めが優先する。

第2条（個別契約の内容）

　甲乙間の個別契約においては，発注日，目的物の名称，数量，単価，引渡期日，引渡場所その他必要な事項を定めるものとする。

2　個別契約は，甲が書面，ファクシミリ，メールその他の方法により注文書により乙に発注し，乙が甲の発注を受領してから3日間以内に甲に対して書面，ファクシミリまたはメールにて異議を述べない場合に，成立するものとする。

第3条（納入）

　乙は売買目的物を納期に個別契約に定める引渡場所へ，甲所定の納入手続により納入する。

2　乙は納期に所定の数量の全部または一部を納入できない事情が生じたときまたはそのおそれのあるときは，直ちにその理由および納入予定時期等を甲に申し出，甲乙協議のうえ，対策を決定し実施する。

3　乙が納期に所定の数量の全部または一部を納入できなかった場合には，それが不可抗力による場合を除き，甲は，乙に対し，甲に生じた損害の賠償を請求することができる。

第4条（受入検査）

　甲は，乙が前条に基づき売買目的物を納入してこれを受領した後，甲の定める検査方法等に基づき受入検査を行い，その結果を受領後7日間以内に乙に通

【書式2】 取引基本契約書（売買取引基本契約書）

知するものとする。
2　甲が売買目的物受領後7日間を経過しても乙に対して受入検査の結果を通知しない場合，または，甲が受入検査を実施しない旨を書面にて乙に通知した場合には，受入検査に合格したものとみなす。
3　乙は，受入検査の結果不合格となったものについて，直ちに乙の負担で引き取り，甲の指定する期限までに代品納入を行う。また乙は，受入検査の結果，乙が納入した売買目的物に数量不足が判明したときには，直ちに追加納入をしなければならない。
4　乙は，受入検査の結果，乙が売買目的物を契約数量を超えて超過納入をしていることが判明した場合には，直ちに乙の負担で超過分を引き取るものとする。
5　前2項の場合において，甲に損害が生じた場合には，乙はその損害を賠償しなければならない。
6　受入検査の合格を通知したことをもって，乙から甲への売買目的物の引渡しが完了するものとする。

第5条（特別採用）
　甲は，受入検査の結果，不合格になった物について，その不合格が些細事由によるものであり，甲の工夫により使用可能であると認めるときは，乙と協議のうえ価格を決定し特別にこれを引き取ることができる。この場合，甲が乙と協議のうえで，特別にこれを引き取る旨を乙に通知した時点で，乙から甲への売買目的物の引渡しが完了するものとする。

第6条（所有権および危険負担の移転）
　売買目的物の所有権は，乙から甲への引渡しの完了をもって，乙から甲へ移転する。
2　乙から甲への所有権移転前に生じた売買目的物の滅失，毀損，減量，変質その他いっさいの損害は，乙の負担とする。

第7条（品質保証）
　乙は，売買目的物について，甲の指示・指定する仕様に合致しており，かつ，甲の指示・指定する品質および性能を満足していることを保証する。また乙は，売買目的物が，その使途に応じて適用される法令，条例，JIS規格その

●参考書式

他の公の規格（必ずしも法令により満たすことが求められるもののみならず，当該目的物につき一般的に満たしていることが求められる規格等を含む）を満たしていることを保証する。
2 乙は，売買目的物の品質等を確保するために，売買目的物の品質管理基準，検査方法等を整備し，これに基づき責任をもって品質管理，検査等を行うものとする。
3 乙が第1項または前項に違反したことにより，甲に損害が生じた場合には，乙はその損害を賠償する。

第8条（支払い）
　甲は，売買目的物の対価を，乙に対し，毎月末日締め翌（々）月●日払いで，乙の指定する銀行口座あて振り込む方法により支払う。

第9条（製造物責任）
　売買目的物の欠陥に起因して，第三者の生命，身体または財産に損害が生じたときは，乙はその処理解決にあたり最善の努力をするものとし，これにより甲が被った損害を補償するものとする。

第10条（支給品）
　甲は，次の各号のいずれかに該当する場合は，乙と協議のうえ，売買目的物の製造に必要な原材料（以下，「支給品」という）を乙に有償または無償で支給することができる。
　(1) 目的物の品質，機能または規格を維持するため必要な場合
　(2) 乙からの依頼に基づき，甲が必要と認めた場合
　(3) その他，甲が必要があると認めたとき
2 甲は，支給品を乙に支給する場合，あらかじめ品名，品番，数量，納期等を乙に通知する。

第11条（知的財産権侵害）
　乙は，売買目的物につき，第三者の特許権，実用新案権，意匠権，商標権，著作権その他の知的財産権を侵害しないことを保証する。
2 売買目的物に関し，第三者との間において知的財産権に関する紛争が生じたときは，乙は，自らの責任と負担において紛争を解決するものとし，甲に何ら

迷惑をかけず，また甲が被った損害を補償する。

第12条（権利義務の譲渡禁止）
　　甲および乙は，あらかじめ書面により相手方の承諾を得なければ，本契約および個別契約に定める自己の権利または義務を，第三者に譲渡しまたは担保に供することができない。

第13条（解除）
　　甲または乙は，相手方に次の各号の1つに該当する事由が生じたときは，催告なしに直ちに，本契約および個別契約を解除することができる。なお，当該解除権の行使は，損害賠償の請求を妨げないものとする。
　(1) 本契約の各条項または個別契約に違反したとき
　(2) 手形不渡りまたは銀行取引停止処分を受けたとき，もしくは破産手続，民事再生手続，もしくは会社更生手続等の申立てがあったとき
　(3) 仮差押え，仮処分，強制執行もしくは競売等の申立てを受け，または公租公課の滞納処分を受けたとき
　(4) 営業につき行政庁から取消し，または停止の処分を受けたとき
　(5) 経営または財産状態が悪化し，またはそのおそれがあると認められるとき
2　甲乙間における個別契約が1年間以上行われない場合，甲は書面により乙に通知をすることによって本契約を解約できるものとする。

第14条（期限の利益の喪失）
　　甲または乙について，次の各号の事由の1つに該当する事由が生じたときは，相手方からの通知催告等なくして，本契約および個別契約に基づき相手方に対して負ういっさいの債務について当然に期限の利益を失い，直ちに債務を弁済しなければならない。
　(1) 手形不渡りまたは銀行取引停止処分を受けたとき，もしくは破産手続，民事再生手続，もしくは会社更生手続等の申立てがあったとき
　(2) 仮差押え，仮処分，強制執行もしくは競売等の申立てを受け，または公租公課の滞納処分を受けたとき
　(3) 営業につき行政庁から取消し，または停止の処分を受けたとき
　(4) 乙の責めに帰すべき事由によって，甲に乙の所在が不明となったとき
2　甲または乙について，次の各号の事由が1つに該当する事由が生じたとき

は，相手方からの請求によって，本契約および個別契約に基づき相手方に対して負ういっさいの債務について期限の利益を失い，直ちに債務を弁済しなければならない。
　(1)　本契約および個別契約に基づく債務の履行を怠ったとき
　(2)　本契約または個別契約以外に基づく債務を期限までに支払わなかったとき
　(3)　公租公課を滞納して督促を受けたとき
　(4)　本契約の各条項に違反したとき
　(5)　前各号のほか，経営または財産状態が悪化し，またはそのおそれがあると認められるとき

第15条（有効期間）
　本契約の有効期間は，本契約締結日から●年間とする。ただし，契約期間満了の●カ月前までに当事者から別段の意思表示がない場合には，同一条件にて本契約は●年間更新されるものとする。
2　甲および乙は，●カ月間の猶予期間をおいて相手方に通知することにより，本契約を将来に向かって解約することができる。

第16条（通知義務）
　乙は，次の各号のいずれかに該当する事実が生じたとき，もしくはそのおそれのあるときは，速やかに甲に通知しなければならない。
　(1)　住所，代表者，商号または甲との取引に関連する組織の変更
　(2)　営業の譲渡，貸与，合併その他これに準ずる経営上の重要事項の変動

第17条（損害賠償責任）
　甲または乙は，本契約に定めるほか，本契約もしくは個別契約に違反し，相手方に損害を与えたときは，その損害につき相手方に対して賠償しなければならない。

第18条（管轄裁判所）
　甲および乙は，本契約に関し裁判上の紛争が生じたときは，●●地方裁判所を管轄裁判所とすることに合意する。

【書式2】 取引基本契約書（売買取引基本契約書）

　以上を証するため，甲および乙は本契約書を2通作成し，それぞれ1通ずつ保有・保管するものとする。

平成●年●月●日

　　　　　甲

　　　　　乙

（注：別紙は省略）

●参考書式

【書式3】 賃貸借契約書（建物賃貸借契約書）

建物賃貸借契約書

●●●●●●（以下，「甲」という）と××××××（以下，「乙」という）とは，次のとおり賃貸借契約を締結する。

第1条（賃貸物件の表示）
　甲は，乙に対し，別紙物件目録記載の建物（以下，「賃貸物件」という）を賃貸し，乙はこれを賃借する。

第2条（使用目的）
　乙は，賃貸物件を事務所の目的のためにのみ使用するものとし，その他の目的に使用してはならない。

第3条（賃貸借期間）
　本契約に基づく賃貸借期間は，本契約締結日から満10年間とする。
2　前項に定める賃貸借期間の満了と同時に本契約を終了させようとする場合には，甲または乙は，相手方に対して，終了時点の6カ月前までに，その旨を書面により通知しなければならない。
3　第1項に定める賃貸借期間の満了時に，本契約を更新する場合には，乙は甲に対して更新料として，当該時点における賃料の2カ月分に相当する金員を支払わなければならない。

第4条（賃料）
　乙は，甲に対して，賃料として，月額金　●●●●●●　円を支払う。
2　乙は，前項に定める賃料を，毎月末日までに翌月分を，甲の指定する銀行口座あてに振り込む方法により支払う。なお，1カ月に満たない賃料については，日割計算とする。

第5条（禁止）
　乙は，甲は，別紙の「建物管理規則」を遵守しなければならず，かつ，「建物管理規則」にて禁止されている行為をしてはならない。

第6条（費用の負担）

乙は，賃貸物件を使用することにより生ずる光熱費，水道費その他のいっさいの費用を負担しなければならない。

第7条（賃貸物件の修理等）

甲は，別紙「賃借人修繕事項」記載の事項を除き，賃貸物件の使用および収益に必要な修繕をする義務を負う。

第8条（賃貸物件の変更）

乙は，賃貸物件の造作，設備の新設，除去，変更，その他賃貸物件の原状を変更しようとするときは，あらかじめ甲の事前の承諾を得なければならない。また，原状の変更に要する費用は，すべて乙の負担とする。

第9条（期間内解約）

乙が，前条に定める期間中に本契約を解約するためには，甲に対して，6カ月前までに書面によりその予告をしなければならない。ただし，乙は予告に代えて，6カ月分の賃料相当額を甲に支払うことによって，本契約を即時解約することもできるものとする。

第10条（通知）

乙は，次の各号の1つに該当する事実を発見した場合には，遅滞なくその事実を甲に報告しなければならない。
 (1) 賃貸物件に滅失，毀損その他の事故が生じたとき
 (2) 賃貸物件の使用に関して，第三者から異議，苦情等を受けたとき
 (3) 乙の所在地，商号，代表者，目的，組織，支配株主に変更が生じたとき

第11条（敷金）

乙は，本契約に基づき発生するいっさいの債務を担保するために，敷金として，金　●●●●●●　円を甲に預け入れ，甲はこれを受領した。
2　前項の敷金には，利息を付さないこととする。

第12条（原状回復）

乙は本契約が終了したときは，賃貸物件を乙の負担で原状に回復し，甲に明

け渡すものとする。

第13条（契約の解除）

乙が次の各号の1つに該当するときは，甲は乙に対し，何らの催告なしに本契約を解除することができるものとする。

(1) 賃料の支払いが3カ月以上遅延したとき
(2) 本契約につき重大な違反をしたとき
(3) 乙が仮差押え，仮処分または強制執行の申立てを受け，もしくは，解散の申立てを受けたとき

第14条（不可抗力による契約終了）

法令の施行，改廃，行政処分その他不可抗力等により，甲，乙いずれの責めに帰さない事由により，賃貸物件の全部の使用が不可能になった場合，本契約は終了するものとする。

第15条（立入り）

甲は，賃貸物件の防火，賃貸物件の構造の保全その他の賃貸物件の管理上特に必要があるときは，賃貸物件内に立ち入ることができ，乙は正当な理由がある場合を除き甲の立入りを拒否することができない。

2　甲は，火災による延焼を防止する必要があるなどの緊急の必要がある場合においては，賃貸物件内に立ち入ることができる。この場合において，乙の不在時に立ち入ったときは，甲は，立入り後にその旨を乙に通知するものとする。

第16条（管轄裁判所の合意）

本契約の履行に関し，甲，乙間に紛争が生じたときは，本建物の所在地を管轄する裁判所を第1審の管轄裁判所とする。

以上を証するため，甲および乙は本契約書を2通作成し，それぞれ1通ずつ保有・保管するものとする。

平成●年●月●日

　　　　　　甲

【書式3】 賃貸借契約書（建物賃貸借契約書）

乙

（注：別紙は省略）

●参考書式

【書式4】 消費貸借契約書（金銭消費貸借契約書）

金銭消費貸借契約書

●●●●●（以下，「甲」という）と××××××（以下，「乙」という）および△△△△△（以下，「丙」という）とは，次のとおり金銭消費貸借契約を締結する。

第1条（金銭消費貸借）

甲は，乙に対し，本日，下記の条件で，金 ●●●●● 万円を貸し付けた（以下，「本件貸付金」という）。

記

貸付金額	金 ●●●●● 万円
返 済 日	平成■年■月から平成▲年▲月まで，毎月末日限り
利　　息	年●パーセント（年365日の日割計算）
損 害 金	年●パーセント（年365日の日割計算）

第2条（返済）

乙は，本件貸付金の元金を，以下のとおり支払う。
① 平成　年　月から平成　年　月まで，毎月末日限り
　　　　　　　　　　　　　　　　　金 ●●●●● 円
② 平成　年　月末日限り　　　　　　金 ●●●●● 円
2　乙は，本件貸付金の利息として，毎月末日限り，当月分の利息を支払う。

第3条（元金および利息の支払方法）

乙は，前条に基づく元金および利息を，甲の以下の銀行口座に振り込んで支払う。なお，振込費用は乙の負担とする。

●●●●銀行　●●●●支店
普通預金
口座番号　　××××
口座名義　　●●●●（……）

298

【書式4】 消費貸借契約書（金銭消費貸借契約書）

第4条（期限前弁済）
　乙は，本契約書に基づく債務（以下，「本件債務」という）について，甲の承諾なくして，期限前にその債務の全部または一部を弁済することはできない。

第5条（期限の利益の喪失）
　乙について，次の各号の事由が1つでも生じた場合には，甲から乙に対する通知催告等なくして，乙は甲に対するいっさいの債務について当然に期限の利益を失い，直ちに債務を弁済しなければならない。
　(1)　乙について，支払いの停止または破産もしくは民事再生手続等の申立てがあったとき
　(2)　乙の甲に対する債権について，仮差押え，保全差押えまたは差押えの命令，通知が発送されたとき
　(3)　乙の責めに帰すべき事由によって，甲に乙の所在が不明となったとき
2　乙について，次の各号の事由が1つでも生じた場合には，甲から乙に対する請求によって，乙は甲に対するいっさいの債務について期限の利益を失い，直ちに債務を弁済しなければならない。
　(1)　乙が甲に差し入れている担保および将来差し入れる担保について，差押え，仮差押え，保全差押えの命令通知が発送されたとき，または競売手続の開始があったとき
　(2)　乙が，本件債務の元本または利息の支払いを1回でも怠ったとき
　(3)　乙が，甲に対する本件債務以外の債務を期限までに支払わなかったとき
　(4)　乙が，公租公課を滞納して督促を受けたとき
　(5)　乙が，本契約書の各条項に違反したとき
　(6)　前各号のほか，本件債務の全部または一部について債権保全を必要とする相当の事由が生じたとき

第6条（公正証書の作成義務）
　乙は，甲の請求があるときは，直ちに本件債務について強制執行の認諾がある公正証書を作成するために必要な手続をとるものとする。なお，このために必要な負担は乙が負担する。

第7条（連帯保証）

299

●参考書式

　　　丙は，乙の甲に対する本件貸付金債務その他本契約書に基づき乙が甲に対して負ういっさいの債務について，連帯保証する。

第8条（管轄裁判所）
　　　甲，乙および丙は，本契約に関し裁判上の紛争が生じたときは，●●地方裁判所を管轄裁判所とすることに合意する。

　　　以上を証するため，甲，乙および丙は本契約書を3通作成し，それぞれ1通ずつ保有・保管するものとする。

平成●年●月●日

　　　　　　　甲

　　　　　　　乙

　　　　　　　丙

【書式5】 請負契約書（システム開発委託契約書）

システム開発委託契約書

●●●●●●（以下，「甲」という）と××××××（以下，「乙」という）とは，甲の●●●●システムの開発業務の請負に関して，次のとおり契約する。

第1条（目的）
　甲は，別紙仕様書記載の●●システム（以下，「本件システム」という）の開発業務（以下，「本件業務」という）を乙に発注し，乙はこれを請け負う。

第2条（乙の業務）
　乙は，甲に対し，平成■年■月■日までに本件業務を完成させ，必要なソフトウェアその他の本件業務より生ずる成果物（以下，「本件成果物」という）を甲に提出し，甲の有する別紙記載のシステムにおいて適切な作動が可能な状態にしなければならない。
2　甲は，乙の立会いの下で，本件成果物の動作確認その他必要な検査を行い，検査に合格したことをもって成果物の提出が完了するものとする。ただし，検査に合格したことは，甲の法令に基づく担保責任の追及を妨げるものではない。

第3条（完成期限の変更）
　以下の各号の1つに該当する場合には，乙は甲に対して状況を報告したうえで，甲に対し本件業務の完成期限の変更を求めることができる。
　(1)　甲より提供された本件業務に関する資料その他本件業務遂行に必要な資料，情報，機器等の提供の懈怠，遅延，誤りのため本件業務の進捗に支障が生じたとき
　(2)　本件システムの仕様の変更その他本件業務内容に変更があったとき
　(3)　天災その他不可抗力により完成期限までに本件業務を完成することが困難になったとき

第4条（請負の対価）
　甲は，乙に対し，本件業務の対価として別紙料金表記載の請負料金を，別紙

●参考書式

料金表記載の各期日に，乙の銀行口座あてに振り込む方法により支払う。
2　以下の各号の1つにあたるときは，乙は，再見積を行って甲に対し請負料金および支払方法の変更を求めることができる。
　　(1)　本件システムの仕様，設計が変更されるとき
　　(2)　本件システムの完成期限が変更されるとき
　　(3)　本件業務に関し甲の提供すべき資料，情報の遅延，誤りにより乙の費用が増加したとき

第5条（プロジェクトマネジメント義務）
　　乙は，期限までに本件成果物を完成させることができるよう，常に進捗状況を管理し，かつ，進捗を阻害する要因の発見を行って，これに適切な対応・対処（甲に対する適切な情報を行ったり，甲に対する適切な働きかけを行うことを含むが，これらに限られない）をとらなければならない。

第6条（資料の貸与）
　　甲は，乙に対し，乙が本件業務を遂行するうえで必要となる資料（別途甲乙間で協議のうえ決定するものとする）を無償で貸与しなければならない。
2　乙は，前項に基づき甲から貸与を受けた資料を，本件業務の完成時点または本契約の失効時点のいずれか早い時期に，直ちに甲に返還する。

第7条（再委託の禁止）
　　乙は，本件業務の全部または一部を第三者に再委託することができない。ただし，甲の書面による事前の承諾を得た場合はこの限りでない。

第8条（指揮命令）
　　本件業務の遂行に関する乙の従業員に対する指示，労務管理，安全衛生等に関するいっさいの指揮命令は，乙が行うものとする。

第9条（保証等）
　　乙は甲に対し，本件システムが別紙仕様書どおり，開発されていることを保証する。
2　乙は本件成果物が第三者の著作権のその他のいかなる権利をも侵害していないことを保証する。また，本件成果物に関して，甲または乙と第三者との間

で，著作権その他の権利侵害を理由として紛争が生じた場合には，乙は，自らの責任および費用負担（合理的な範囲の弁護士費用の負担を含む）により，これを解決するものとする。

第10条（第三者ソフトの利用）

乙が本件業務を遂行するにあたり，第三者のソフトウェアの利用が必要となる場合は，甲および乙は，その取扱いについて協議し，甲または乙と当該第三者との間でライセンス契約の締結等，必要な措置を講ずるものとする。

第11条（知的財産の取扱い）

本件業務の遂行の過程で生じた知的財産および知的財産権（発明，特許を受ける権利，著作権，ノウハウその他すべての知的財産および知的財産権を含み，本件成果物に含まれるものも当然に含まれるが，これに限らない。以下，「本件知的財産」という）は，すべて乙に帰属するが，乙は甲が本件成果物を使用する限りにおいて甲が本件知的財産を無償で使用することを許諾する。

第12条（禁止行為）

甲および乙は，この契約によって生ずるいっさいの権利または義務を第三者に譲渡し，または担保の目的に供してはならない。

第13条（解除）

甲または乙は，相手方に次の各号に掲げる事由の1つが生じたときには，何らの催告なく直ちに本契約を解除することができる。
(1) 本契約の各条項に違反したとき
(2) 銀行取引停止の状態に陥り，または破産手続，民事再生手続もしくは会社更生手続等の申立てがあったとき
(3) 仮差押え，仮処分，強制執行もしくは競売等の申立てを受け，または公租公課の滞納処分を受けたとき
(4) 経営または財産状態が悪化し，またはそのおそれがあると認められるとき
2 甲または乙は，相手方が本契約に定める約定に違反し，相当の期間を定めて催告を行ったにもかかわらず，履行されない場合は，本契約を解除することができる。

●参考書式

第14条（秘密情報の取扱い）

甲および乙は，本件業務の遂行のため相手方より提供を受けた技術上または営業上その他業務上の情報のうち，相手方が特に秘密である旨書面で指定した情報（以下，「秘密情報」という）を第三者に開示または・漏洩し，または，本件業務遂行以外の目的で利用してはならない。ただし，次の各号のいずれか1つに該当する情報についてはこの限りではない。

(1) 秘密保持義務を負うことなくすでに保有している情報
(2) 秘密保持義務を負うことなく第三者から正当に入手した情報
(3) 相手方から提供を受けた情報によらず，独自に開発した情報
(4) 本条に違反することなく，かつ，受領の前後を問わず公知となった情報

2　秘密情報の提供を受けた当事者は，当該秘密情報の管理に必要な措置を講ずるものとし，当該秘密情報を第三者に開示する場合は，事前に相手方からの書面による承諾を受けなければならない。ただし，法令の定めに基づきまたは権限ある官公署から開示の要求があった場合はこの限りでない。

第15条（管轄裁判所の合意）

本契約の履行に関し，甲，乙間に紛争が生じたときは，東京地方裁判所を第1審の管轄裁判所とする。

以上を証するため，甲および乙は本契約書を2通作成し，それぞれ1通ずつ保有・保管するものとする。

平成●年●月●日

　　　　　　甲

　　　　　　乙

（注：別紙は省略）

＝判例索引＝

最二小判昭和30・10・7民集9巻11号1616頁〔裁判例❷〕……………………3, 157
東京地判昭和40・4・21判夕178号151頁〔裁判例❹-1〕…………………………26
最一小判昭和42・6・29集民87号1279頁・判時494号41頁………………………127
東京高判昭和44・4・28判時557号241頁〔裁判例❹-2〕………………………9, 26
最一小判昭和45・5・29判時598号55頁〔裁判例❹-3〕………………9, 26, 145
東京高判昭和50・12・18判時806号35頁〔裁判例⓱〕…………………11, 92, 126
東京地判昭和51・11・2判時864号106頁〔裁判例⓬〕……………………55, 140
大阪地判昭和56・9・21判夕465号153頁〔裁判例❺〕……………………………8, 30
東京高判昭和57・6・29金商658号17頁………………………………………………219
高松高判昭和57・9・13判時1059号81頁〔裁判例❽-2〕…………………………187
高松高判昭和57・9・13判時1018号114頁……………………………………………219
名古屋地判昭和58・11・14判時1114号72頁〔裁判例❽-1〕…………………8, 184
福井地判昭和60・3・29判時1161号177頁〔裁判例❶-1〕…………………………15
名古屋高判昭和60・9・26判時1180号64頁…………………………………………186
名古屋高金沢支判昭和62・8・31判時1279号22頁〔裁判例❶-2〕〔裁判例❸-1〕
………………………………………………………………………………………10, 15, 161
名古屋高金沢支判昭和62・8・31判時1254号76頁〔裁判例❶-3〕〔裁判例❸-2〕
…………………………………………………………………………………………3, 17, 161
仙台高判昭和63・2・15判時1270号93頁〔裁判例❶〕……………………………153
最三小判平成2・2・20判時1354号76頁〔裁判例⓯〕……………………………218
東京地判平成2・5・16判時1363号98頁〔裁判例⓾-1-3〕…………………195
大阪地判平成2・8・6判時1382号107頁………………………………164, 169, 191
大阪地判平成2・10・29金法1284号26頁〔裁判例❾-1〕……………12, 188, 268
大阪地判平成2・11・14金法1284号26頁〔裁判例❾-2〕………………………190
東京地判平成3・8・6判時1410号86頁………………………………………………257
東京地判平成3・11・28判時1430号97頁〔裁判例⓭〕……………8, 12, 58, 137
東京地判平成4・7・27判時1464号76頁〔裁判例❻-1〕……………………33, 108
東京地判平成4・8・31判時1468号102頁〔裁判例⓬〕……………………10, 207, 254
広島高判平成5・6・11判夕835号204頁〔裁判例⓾-1-2〕……………………194
東京高判平成5・7・13金法1392号45頁〔裁判例❻-2〕……………………33, 108
大阪地判平成5・11・10判夕843号188頁〔裁判例⓾〕………………………………48

305

判例索引

大阪地判平成6・12・19民集50巻10号2691頁〔裁判例❼-1〕 ……………36, 97, 99
東京地判平成7・1・11判時1557号108頁〔裁判例❶〕 ………………………51
大阪高判平成8・1・31民集50巻10号2698頁〔裁判例❼-2〕 ……………36, 99
仙台地判平成8・2・28判時1614号118頁〔裁判例❿-1-1〕 ………………193
東京地判平成8・3・25判タ920号208頁 …………………………………………201
東京地判平成8・7・10判タ939号188頁 …………………………………………201
最三小判平成8・11・12民集50巻10号2673頁〔裁判例❼-3〕
………………………3, 7, 35, 36, 99, 111, 118, 126, 132, 136, 141, 241, 248, 250, 258, 266, 272
東京地判平成9・6・9金商1038号38頁〔裁判例⓫-1〕 ………………198, 261
東京高判平成10・7・29判タ1042号160頁〔裁判例⓭〕 …………10, 211, 243
東京地判平成10・8・28金法1528号44頁〔裁判例⓮-1-1〕 …………………62
東京地判平成10・10・30判タ988号187頁〔裁判例⓮-2-1〕 …………………65
東京高判平成11・10・27判タ1017号278頁〔裁判例⓮-2-2〕 …………………65
東京高判平成12・1・25金商1084号13頁〔裁判例⓮-1-2〕 …………………62
東京地判平成12・3・31判時1734号28頁〔裁判例❹-1〕 ………………4, 165
東京高判平成13・2・8判時1742号96頁〔裁判例❹-2〕 ……………………165
最三小判平成13・3・27判時1760号19頁〔裁判例⓴〕 …………………238, 241
東京高判平成14・4・23金商1142号7頁〔裁判例⓫-3〕 ……………………205
最一小判平成14・7・11判タ1109号129頁〔裁判例❿-2〕 …………………193
大阪高判平成15・3・26金商1183号42頁〔裁判例⓫-4〕 ……………………205
東京地判平成15・3・28判時1836号89頁〔裁判例⓮〕 ………………7, 11, 215
最二小判平成15・7・18民集57巻7号895頁〔裁判例⓯-2-4〕 ………………82
最三小判平成15・10・21判時1844号37頁〔裁判例⓮-1-3〕 …………………62
最三小判平成15・10・21判タ1140号75頁〔裁判例⓮-2-3〕 …………………65
大阪地判平成15・10・23判タ1148号214頁〔裁判例❽〕 ………………………44
最二小判平成15・11・7判時1845号58頁〔裁判例⓱-2〕 ……………205, 230
東京高判平成16・2・25金商1197号45頁〔裁判例⓫-5〕 ……………205, 225
大阪高判平成16・4・16消費者法ニュース60号137頁〔裁判例❷-1〕 ………19
横浜地判平成16・6・25金商1197号14頁〔裁判例⓫-2〕 …………198, 225, 261
東京地判平成16・8・27判時1886号60頁〔裁判例❺〕 ………………………168
神戸地判平成16・9・21判時1891号115頁〔裁判例❷-6〕 ……………………23
岡山地判平成16・12・21最高裁HP〔裁判例❷-5〕 ……………………………22
東京高判平成17・3・31金商1218号35頁〔裁判例⓫-6〕 ……………………205

306

静岡地浜松支判平成17・7・11判時1915号88頁〔裁判例❷-4〕·················22
広島地判平成17・7・29金商1269号41頁〔裁判例⓯-1-1〕·················73
名古屋地判平成17・10・27判時1950号128頁〔裁判例❷-2〕···········5, 10, 19
東京地判平成17・10・31判時1954号84頁〔裁判例⓰〕············207, 222, 231, 262
東京地判平成17・11・30判タ1223号200頁〔裁判例❸〕··················10, 24, 149
広島高岡山支判平成18・1・31判タ1216号162頁〔裁判例❷-3〕·················19
名古屋地判平成18・4・19金商1284号33頁〔裁判例⓯-2-1〕·················78
最一小判平成18・6・12判時1941号94頁〔裁判例⓱-1〕············227, 231, 269
東京地判平成18・6・30判時1959号73頁〔裁判例❾〕···············3, 46, 115
広島高判平成18・7・20金商1269号37頁〔裁判例⓯-1-2〕·················73
名古屋高判平成18・10・6金商1284号31頁〔裁判例⓯-2-2〕·················78
最三小判平成19・2・13民集61巻1号182頁〔裁判例⓯-1-4〕·················77
最一小判平成19・6・7判タ1248号113頁〔裁判例⓯-1-3〕···············8, 74, 147
最一小判平成19・7・19金商1273号12頁〔裁判例⓯-1-5〕·················77
大阪地判平成19・10・30金商1300号68頁〔裁判例⓯-3-1〕·················83
最二小判平成20・1・18判タ1998号37頁〔裁判例⓯-2-3〕···············9, 78, 89, 147
高松高判平成20・1・29判時2012号79頁〔裁判例❻-1〕·················170
山形地酒田支判平成20・2・14判時1998号101頁〔裁判例⓰〕···············87, 148
大阪高判平成20・4・9金商1300号56頁〔裁判例⓯-3-2〕·················9, 83
大阪地判平成20・4・23判時2019号39頁〔裁判例❻-2〕·················170
津地伊勢支判平成20・7・18金商1378号24頁〔裁判例❼-1〕·················177
名古屋高判平成21・2・19判時2047号122頁〔裁判例❼-2〕·················177
東京地判平成21・6・24判時2060号96頁〔裁判例❼-4〕···············5, 36, 99
最三小判平成22・7・20集民234号323頁〔裁判例⓲〕············233, 241, 277
最一小判平成22・10・14判タ1336号46頁〔裁判例⓳〕············235, 241, 280
最三小判平成23・10・25金商1378号12頁〔裁判例❼-3〕·················178

307

＝編著者略歴＝

小林　和子（こばやし・かずこ）

〔略　歴〕　2002年一橋大学法学部卒業、2004年一橋大学大学院法学研究科修士課程修了、2006年パリ第二大学大学院修士課程（DEA）修了、2008年一橋大学大学院法学研究科博士課程修了、博士（法学、一橋大学）、2008年一橋大学特任講師、2009年筑波大学ビジネス科学研究科准教授

〔主な論文〕　「複数の契約の消滅事由──フランス法との比較」松本恒雄先生還暦記念『民事法の現代的課題』753頁〜780頁（2012年）、「クレジットにおける複数契約の考え方と実務(1)〜(2・完)」市民と法78号10頁〜17頁（2012年）、同79号9頁〜16頁（2013年）、「個品割賦購入あっせんにおいて、購入者と販売業者との間の売買契約が公序良俗に反し無効であることにより、購入者とあっせん業者との間の立替払契約が無効となるか」現代消費者法16号128頁（2012年）、「複数の契約と相互依存関係の再構成──契約アプローチと全体アプローチの相違を中心に」一橋法学8巻1号135頁〜219頁（2009年）、「契約法における理由提示義務(1)〜(3・完)」一橋法学4巻2号499頁〜531頁、同4巻3号1009頁〜1043頁（以上2005年）、5巻1号237頁〜278頁（2006年）　ほか

太田　大三（おおた・たいぞう）

〔略　歴〕　1996年東京大学経済学部経済学科卒業、司法試験合格、1997年東京大学経済学部経営学科卒業、1999年司法修習終了（51期）、弁護士登録（第二東京弁護士会）、丸の内総合法律事務所入所、2003年経済産業省特許庁法制専門官、2004年経済産業省特許庁法改正等説明会講師、経済産業局・職務発明制度相談事業担当弁護士、2005年第二東京弁護士会常議員会常議員、経済産業局・先使用制度事業担当弁護士、2006年弁理士登録、第二東京弁護士会業務委員会委員、2008年第二東京弁護士会弁業センター副委員長、國學院大學専門職大学院教員（倒産法）、2009年特許庁調査業務外注先選定委員、2010年社団法人発明協会模倣被害アドバイザー

〔主な著書〕　共著『一問一答　事業承継の法務』（経済法令研究会・2010年）、共著『そのまま使える株式会社議事録大全』（かんき出版・2009年）、共著（特許法・実用新案法の改訂作業を担当）『工業所有権法（産業財産権法）逐条解説〔第17版〕』（発明協会・2009年）、商事法務『職務発明規程実務ハンドブック』（商事法務・

2005年）　ほか

〔主な論文〕　「知っておくべき文書管理の実務知識」労務事情1249号（2013年、共著）、「契約の成立・不成立で分けるトラブル事例と防止策」BLJ46号（2012年、共著）、「新任担当者のための文書管理の基礎知識」労務事情1205号（2011年、共著）、「『会社の法務』基礎知識Q&A (上)(下)」労務事情1182号・1183号（2010年）、「期間満了による契約終了と債務不履行解除」BLJ24号（2010年）、「合弁会社の設立、期間設計」BLJ23号（2010年）、「業務委託契約」BLJ19号（2009年）　ほか

＝執筆者略歴＝

成瀬　健太郎（なるせ・けんたろう）

〔略　歴〕　2001年東京大学法学部卒業、2002年司法試験合格、2004年司法修習終了（57期）、弁護士登録（第一東京弁護士会）、西村ときわ法律事務所（現西村あさひ法律事務所）入所、2009年丸の内総合法律事務所入所

〔主な著書〕　共著『企業法務判例ケーススタディ300〈企業組織編〉』（金融財政事情研究会・2007年）　ほか

荒井　康弘（あらい・やすひろ）

〔略　歴〕　2003年早稲田大学政治経済学部政治学科卒業、2008年中央大学法科大学院卒業、新司法試験合格、2009年司法修習終了（62期）、弁護士登録（第二東京弁護士会）、丸の内総合法律事務所入所

〔主な著書〕　共著『株主総会の運営と決議Q&A』（第一法規出版・1989年）

〔主な論文〕　「契約の成立・不成立で分けるトラブル事例と防止策」BLJ46号（2012年、共著）

複数契約の理論と実務

平成25年11月22日　第1刷発行

定価　本体3,200円（税別）

編 著 者　小林和子　太田大三
発　　行　株式会社　民事法研究会
印　　刷　シナノ印刷株式会社

発行所　株式会社　民事法研究会
　〒150-0013　東京都渋谷区恵比寿3-7-16
　　〔営業〕TEL 03(5798)7257　FAX 03(5798)7258
　　〔編集〕TEL 03(5798)7277　FAX 03(5798)7278
　　http://www.minjiho.com/　info@minjiho.com

落丁・乱丁はおとりかえします。　ISBN978-4-89628-895-7　C2032　¥3200E
カバーデザイン／袴田峯男

■法令違反の防止とリスク管理に必携の1冊！

取引基本契約書の作成と審査の実務
〔第4版〕

A5判・469頁・定価 4,200円（税込、本体価格 4,000円）

滝川宜信 著

▷▷▷▷▷▷▷▷▷▷▷▷▷▷ 本書の特色と狙い ◁◁◁◁◁◁◁◁◁◁◁◁◁◁

▶反社会的勢力排除条項および改正特許法等に対応した必備書！
▶第4版では、民間・行政を問わず、近時喫緊の課題である反社会的勢力への対応に関連する表明・確約・通知義務、契約の解除に関する基本条文・記載例を追録するとともに、関連機関のモデル条項・取組みも紹介！
▶数十社に及ぶ契約書を比較・検討し、逐条ごとに判例・学説・実例を踏まえて詳解したわが国唯一の実践書！
▶企業の法務・契約担当者、第一線の営業担当者をはじめ、弁護士、司法書士等の法律実務家のみならず、契約法の研究者にとっても必読の書！

━━━━━━━━━━ 本書の主要内容 ━━━━━━━━━━

|第1章| 取引基本契約書の意義と構成
　Ⅰ　予防法学としての契約書作成・審査
　Ⅱ　取引基本契約とは
|第2章| 取引基本契約書の作成・審査の実務
　Ⅰ　買主提示型取引基本契約書
　　（52項目の条項等を逐条解説）
　Ⅱ　売主提示型取引基本契約書
　　（33項目の条項等を逐条解説）
|第3章| 取引契約書例
　Ⅰ　買主提示型取引基本契約書例
　Ⅱ　売主提示型取引基本契約書例
　Ⅲ　㈳日本金型工業会取引基本契約書モデル
　　1　金型図面や金型加工データの意図せざる流出の防止に関する指針
　　2　㈳日本金型工業会取引基本契約書モデル
　・判例索引　　・事項索引

発行 民事法研究会

〒150-0013　東京都渋谷区恵比寿3-7-16
（営業）TEL.03-5798-7257　FAX.03-5798-7258
http://www.minjiho.com/　info@minjiho.com

■SNS活用、大災害への備えなど最新条項を追加！

ビジネス契約書の基本知識と実務
〔第2版〕

弁護士　花野信子　著

A5判・247頁・定価　2,100円（税込　本体2,000円）

▷▷▷▷▷▷▷▷▷▷▷▷▷▷　**本書の特色と狙い**　◁◁◁◁◁◁◁◁◁◁◁◁◁◁

▶ツイッターなどのソーシャルメディアでの不用意な発言による営業秘密の情報漏洩、コンピュータ・システムの開発・運用によるトラブルなどの未然防止につながる実務上知っておきたい留意点を追加し、契約書作成に即活用できる！

▶東日本大震災以降、見直しがされている「不可抗力」条項の要点をはじめ、暴力団排除条例が施行されたことを受け、反社会的勢力の排除に係る契約条項などを新設！

▶契約書に押す印鑑、記名と署名の違い、綴り方などの基本から、条文を理解するための専門用語や要点、後日のトラブルをなくすノウハウまでを、図表を多用して簡潔に解説！

▶若手弁護士・司法書士をはじめ、企業の営業職・法務担当者だけでなく、人事・労務・広報等の管理部門の方にも役立つ実務入門書！　新社会人にも最適！

本書の主要内容

第1章　ビジネス契約とは
Ⅰ　契約とは
Ⅱ　ビジネス契約の特徴、留意点

第2章　ビジネス契約書の基本実務
Ⅰ　体裁・形式
　1　方式自由であるが、マナーを押さえる必要あり
　2　一般的な契約書の形式
Ⅱ　契約書本文のつくり方──ひな形のない契約書のつくり方──
　1　契約書の構成を理解する（3部構成で考える）
　2　契約書本文を作成する
　3　契約書で注意すべき言い回しの例等

第3章　具体的検討例
Ⅰ　各種契約の主なチェックポイント
　1　売買契約
　2　製造委託契約
　3　業務委託契約
　4　金銭消費貸借契約
　5　秘密保持契約
　6　リスク回避の視点
Ⅱ　モデル契約
　1　売買基本契約
　2　動産売買契約（現状有姿売買）
　3　製造委託契約／4　金銭消費貸借契約
　5　秘密保持契約／6　解除通知
　7　債権譲渡通知／8　和解
　9　その他（内容証明・公正証書）

発行　民事法研究会

〒150-0013　東京都渋谷区恵比寿3-7-16
（営業）TEL. 03-5798-7257　FAX. 03-5798-7258
http://www.minjiho.com/　info@minjiho.com

■悪質リース被害救済の実践的ノウ・ハウを伝授！■

Q&A 悪質リース被害の救済
－電話リース被害大阪弁護団のノウ・ハウと実践－

高橋 正人 編著

A5判・126頁・定価 1,365円（税込 本体 1,300円）

本書の特色と狙い

▶リース契約を利用した悪質商法について、リースのしくみや被害の実情から、具体的被害の調査方法、法的な基礎知識、被害救済に向けた実践まで、ポイントを絞り、Q&A形式でコンパクトに解説！

▶第1章では、悪質リース商法による被害の実情や業者の手口などを解説し、第2章では、被害の救済に向けて実態を把握するために行うべき調査方法や資料の整理方法を解説し、第3章では、それらの資料に基づいて法的主張を検討する際に確認しておくべき法令・通達・裁判例を紹介し、第4章では、被害救済のための具体的対応および主張を提示！

▶弁護士、司法書士などの実務家から、消費生活相談員などの各種消費者団体の方々まで悪質リース商法と戦うすべての人の必携書！

本書の主要内容

第1章　悪質リース商法の実態
第2章　被害の実態把握に向けた基礎調査の方法
第3章　法的に検討および確認しておくべき事項
第4章　被害救済のための対応および主張
資料　受任通知書の例、移送申立書の例、長崎簡裁平成17年12月27日判決（全文）、千葉地裁平成22年10月29日判決（全文）ほか

発行　民事法研究会

〒150-0013　東京都渋谷区恵比寿3-7-16
（営業）TEL. 03-5798-7257　FAX. 03-5798-7258
http://www.minjiho.com/　info@minjiho.com

■消費者法を遵守した事業活動を進めることで
企業を成長・発展させる！

Q&A 企業活動のための消費者法
―消費者トラブルを予防して円滑な企業活動を進めるために―

五月会「Q&A企業活動のための消費者法」編集委員会 編
A5判・387頁・定価 3,990円（税込、本体価格 3,800円）

本書の特色と狙い

▶企業法務の現場に立つ弁護士が数多く所属する大阪弁護士会の会派「五月会」のメンバーが、これまであまり論じられることのなかった企業活動という視点から消費者法を解説した画期的な書！

▶ダイレクトメール送付、ビラの配布、ホームページの表示、広告についての規制など、消費者法の観点から企業活動における注意点を明示し、気をつけなければいけない点を明確に説き明かす！

▶行政罰や刑事罰についての横断的な一覧表等収録！

▶企業の営業担当者・お客様相談窓口・法務担当者等をはじめ、企業から相談を受ける弁護士・司法書士等の法律実務家、消費生活アドバイザー・コンサルタント等の必読書！

【企業にとっての消費者法】
消費者法は、消費者の保護を図り、国民生活の安定・向上と、経済の健全な発展に寄与するものです。消費者法が営業活動への締め付けであるかのように捉える企業もあるかもしれませんが、消費者法を遵守することをそのようなデメリットとして捉えることは適切ではありません。消費者法を適切に理解して遵守することは、健全な業界を作り上げることとなり、顧客からの信頼を得ることにつながります。さらに、紛争リスクが軽減され、消費者トラブルの減少・対応コストの削減というメリットにもつながります。消費者法を守ることは、健全な事業を行う企業・業界の発展に結び付くものなのです。

発行 民事法研究会

〒150-0013　東京都渋谷区恵比寿3-7-16
（営業）TEL. 03-5798-7257　FAX. 03-5798-7258
http://www.minjiho.com/　info@minjiho.com